Michael Polanyi

A Lógica da Liberdade

Michael Polanyi

A Lógica da Liberdade

Reflexões e Réplicas

INTRODUÇÃO
Stuart D. Warner

TRADUÇÃO
Joubert de Oliveira Brízida

Copyright © Liberty Fund, 2003

Editor
José Mario Pereira

Editora assistente
Christine Ajuz

Projeto gráfico e capa
Victor Burton

Revisão
Clara Diament

Índice onomástico
Joubert de Oliveira Brízida

Editoração e fotolitos
Eduardo Santos

Gerente do programa editorial em português do Liberty Fund, Inc.
Leônidas Zelmanovitz

Foto do autor: cortesia do Departamento de Coleções Especiais da Biblioteca da Universidade de Chicago

Todos os direitos reservados pela
TOPBOOKS EDITORA E DISTRIBUIDORA DE LIVROS LTDA.
Rua Visconde de Inhaúma, 58 / gr. 203 — Rio de Janeiro — RJ
CEP: 20091-000 Telefax: (21) 2233-8718 e 2283-1039
www.topbooks.com.br / topbooks@topbooks.com.br

Impresso no Brasil

Sumário

Introdução de Stuart D. Warner 9
Prefácio 17
Agradecimentos 21

Parte I

O Exemplo da Ciência

1 — Mensagem Social da Ciência Pura 25
2 — Convicções Científicas 33
3 — Fundações da Liberdade Acadêmica 67
4 — Autogoverno da Ciência 91
5 — Ciência e Bem-Estar 119
6 — Ciência Planejada 145

Parte II

Outros Exemplos

7 — Perigos da Incoerência 155
8 — A Amplitude da Direção Central 179
9 — Lucros e Policentrismo 219
10 — Gerência das Tarefas Sociais 241

Bibliografia 307
Índice onomástico 309

Introdução

Stuart D. Warner

Michael Polanyi nasceu em Budapeste em 1891 e faleceu em 1976. Seus estudos universitários foram inicialmente centrados na medicina, mas sua atenção logo se voltou para a química. No início dos anos 1930, ele publicou mais de cento e setenta e cinco artigos técnicos sobre ciências físicas e ocupou posições de pesquisador na Alemanha, no Instituto Kaiser Guilherme para a Química de Fibras e no Instituto de Físico-Química. Em 1933, deixou a Alemanhá e assumiu a cátedra de Físico-Química da Universidade de Manchester. Relativamente jovem, Polanyi interessou-se pela vida política da Europa, e esse interesse intensificou-se durante os anos 1930, quando a civilização européia tremia ante as perspectivas para seu futuro, e durante os anos 1940, quando os europeus passaram a olhar melancolicamente para seu passado.

Em 1938, Louis Rougier, inspirado por *An Inquiry into the Principles of a Good Society*, de Walter Lippmann, organizou um encontro em Paris com a idéia de formar uma sociedade intelectual que se esforçasse para restabelecer os ideais do liberalismo clássico. Polanyi foi um dos vinte e seis participantes; entre os outros, lá estavam Raymond Aron, F. A. Hayek e Ludwig von Mises. A sociedade tornou-se moribunda durante a Segunda Guerra Mundial, mas Hayek encampou a idéia e, em 1947, deu início à Sociedade Mont Pelerin. Polanyi foi um dos sessenta e quatro membros fundadores da sociedade, como também o foram Bertrand de Jouvenel, Karl Popper, Hans Barth, Carlo Antoni, Milton Friedman, George Stigler, Frank Knight e C. V. Wedgwood.

Embora Polanyi continuasse escrevendo artigos científicos até 1949, a quantidade deles começou a decrescer em meados dos anos 1930, e ele voltou suas energias intelectuais para as reflexões sobre as coisas humanas. Uma experiência crucial na sua peregrinação intelectual ocorreu em 1935, quando visitou a Rússia. O que o impressionou profundamente naquela viagem foi a insistência de Nikolai Bukharin em que não havia significado real na distinção feita entre ciência pura e aplicada — que a ciência só tinha valor quando promovia finalidades práticas e materiais. Na realidade, Bukharin argumentou que o próprio tecido da ciência *tinha* que ser costurado com coisas práticas e materiais, porque era o prático da vida sempre responsável pela reflexão científica. Acreditando que tal concepção instrumentalista representava um mau e perigoso entendimento da ciência, e que ele estava ganhando aceitação até mesmo na Inglaterra onde vivia, Polanyi escreveu uma série de artigos opondo-se à idéia e reforçando a propriedade da ciência teórica pura.

As reflexões de Polanyi sobre a natureza da ciência foram inicialmente instigadas e marcadas pelas contingências circunstanciais de sua própria época; todavia, elas logo assumiram um molde filosófico bastante distinto e chegaram a seu entendimento mais agudo em *Personal Knowledge* (1958). O aspecto filosófico do pensamento de Polanyi buscava a compreensão da ciência como um modelo para entendimento de gama mais ampla de atividades humanas — na verdade, como modelo para o entendimento de alguns elementos fundamentais da situação humana. O desvio que Polanyi fez para a filosofia por fim levou à sua indicação para a cátedra de estudos sociais em Manchester.

A Lógica da Liberdade, inicialmente publicado em 1951, consiste em uma série de artigos, todos, menos um, escritos depois da Segunda Guerra Mundial. Polanyi declara no Prefácio que o livro representa "seus esforços renovados com constância para esclarecer a posição da liberdade em resposta a diversas questões levantadas por nosso conturbado período da história". Tal declaração, acoplada ao fato de diversos artigos serem réplicas aos defensores de uma concepção instrumentalista da ciência, pode levar à tentação de se considerar o livro de época ou paroquial, tentação essa que deve ser combatida, pois isso seria uma apreciação totalmente errônea do caráter e da têmpera do livro de Polanyi. Como o próprio título da obra sugere, a preocupação central de Polanyi foi como melhor entender a estrutura fundamental da liberdade. Trata-se de uma preocupação perene. Ele explora o assunto tanto direta — em especial, na segunda metade do livro — quanto indiretamente. A linha de inquirição indireta reflete seu desejo de compreender os movimentos contemporâneos — teóricos e práticos — que eram hostis à liberdade. Nesse particular, Polanyi acreditou que se pudesse, pelo menos, captar parte da razão pela qual a liberdade estava sendo obscurecida; ele assim estaria, ao mesmo tempo, entendendo mais, indiretamente, a própria lógica da liberdade.

A Lógica da Liberdade explora a estrutura da liberdade *pública*. A visão de Polanyi sobre liberdade pública leva à sua concepção sobre as formas de ordem social. Existe uma tendência generalizada de se considerar todas as ordens sociais como intencionalmente projetadas e alcançadas por algumas pessoas ou grupos. Contra essa tendência, Polanyi sustenta que as ordens sociais mais importantes para o bem-estar dos homens são *espontâneas*, ou seja, resultam do inter-relacionamento dos indivíduos, que ajustam mutuamente suas ações às ações dos outros. Polanyi reconhece que o mercado econômico é exemplo de ponta de uma tal ordem e destaca Adam Smith como alguém que, com muita perspicácia, articulou a lógica dessa ordem. Contudo, o que fascina mais Polanyi, e o que ele acha mais revelador sobre liberdade, são as ordens espontâneas *intelectuais*, especialmente a ciência.

A ciência é uma ordem espontânea, quer em termos da atividade da ciência em si, quer pelos resultados da investigação científica. Por meio da consulta, da competição e da persuasão, os cientistas, impulsionados por suas próprias iniciativas, ajustam suas linhas de pesquisa e de julgamento às de outros cientistas. Polanyi acredita, no entanto, que, para que haja uma ordem científica, é necessário alguma coisa mais – um "instrumento" canalizador por intermédio do qual as diversas ações dos cientistas são coordenadas. Esse "instrumento" é o objetivo, ou finalidade, da ciência, e Polanyi identifica tal finalidade como a busca da verdade. Para ele, é na crença da realidade transcendental da verdade que a ciência tem seu caráter extraordinário como um *sistema* intelectual.

A ciência não é apenas o modelo mais importante para Polanyi de uma ordem intelectual espontânea, mas também o modelo mais importante de liberdade *pública*. A idéia de liberdade pública é o conceito mais notável de *A Lógica da Liberdade* e também o mais difícil de apreender. A dificuldade está no fato de que a liberdade, nos dias de hoje, é freqüentemente relacionada seja com os direitos dos indivíduos de perseguir cursos de ação privados, seja com os direitos políticos, como o voto, por exemplo. A liberdade que Polanyi elucida é algo bem diferente.

Por "liberdade pública", Polanyi entende a *liberdade* cujo exercício contribui para a formação e a manutenção de uma ordem espontânea. No caso da ciência, a liberdade de que Polanyi fala refere-se à atividade dos cientistas, agindo por iniciativa própria, na tentativa de captar a verdade. Ele cita a lei comum como outro exemplo de ordem intelectual espontânea e, por via de conseqüência, como outro exemplo de liberdade pública. A liberdade aqui é a atividade dos juízes, compatibilizando suas decisões com as de outros juízes, de modo a atingir a determinação da justiça.

O que caracteriza primordialmente tais liberdades como *públicas* é que o cientista e o juiz funcionam como membros de instituições *públicas*, a saber, a ciência e a lei. De fato, é por causa dos benefícios públicos resultantes de suas ações que conferimos ao cientista e ao juiz a liberdade de agir por iniciativa própria — sujeita, é claro, às limitações inerentes à ciência e à administração da justiça que, de resto, as tornam possíveis: liberdade pública não é licenciosidade pública. A liberdade dos cientistas e dos juízes os envolve numa questão de confiança pública — o fato de participarem de instituições públicas implica a responsabilidade fiduciária para com o público. Nessa análise, portanto, a liberdade e a responsabilidade estão irremediavelmente entrelaçadas.

Polanyi afirma também no seu Prefácio que defende uma sociedade livre e não uma "aberta". A distinção que faz é importante porque, para Polanyi, uma sociedade livre, diferentemente de uma "aberta", é "dedicada a um conjunto distinto de crenças", isto é, crê nas realidades transcendentes da verdade, da justiça, da caridade e da tolerância. É a crença em tais realidades, constituindo um compromisso moral incapaz de ser provado, que caracteriza uma sociedade livre, e é a crença em tais realidades que justifica as liberdades públicas e as torna possíveis. O que Polanyi enfatiza é que a sociedade livre se caracteriza menos pelas liberdades privadas e mais pelas públicas e pelas crenças compartilhadas num domínio público.

Uma apreciação detalhada daquilo que se destaca numa variedade de críticas à liberdade pública ao tempo de Polanyi tem posição preeminente na elucidação de sua idéia sobre esse tipo de liberdade. A ciência é o principal modelo de Polanyi de liberdade pública e também o principal modelo de liberdade pública sob ataque. O ataque mais importante contra a ciência teórica lançado pelo totalitarismo tem sua âncora, acredita Polanyi, numa visão materialista da natureza humana que rejeita essas realidades — verdade, justiça, caridade e tolerância — sobre as quais repousa a liberdade pública. A rejeição dessas liberdades conduz à concepção da ciência como instrumental, e tal concepção requer que a ciência seja utilizada a serviço de finalidades materiais. Nas mãos daqueles que subscrevem as "virtudes" da ciência planejada, as atividades dos cientistas devem ser diretamente prescritas pelo Estado. A ciência, então, como uma liberdade pública, é subvertida. Na realidade, o totalitarismo subverte todas as liberdades públicas: o Estado controla todos os caminhos "públicos" da vida. Dessa forma, o poder do Estado se transforma na única fonte da ordem e no adjudicador de todos os conflitos e desacordos, inclusive os intelectuais, como ficou evidente no caso Lysenko.

É óbvio que o totalitarismo solapa incessantemente a liberdade. Muitos daqueles que consideram tal fato colocam o foco sobre a liberdade privada — os indivíduos não podem almejar desejos próprios com muita facilidade, para não falar de sua sujeição a uma brutalidade enorme. Embora Polanyi, por certo, reconheça tal situação, sua ênfase é colocada na maneira pela qual a liberdade pública é eclipsada nos regimes totalitários. Sua motivação é o entendimento que tem de que a liberdade pública constitui a fundação inescapável de uma sociedade livre, uma fundação que proporciona as condições pelas quais a liberdade privada pode conseguir algum grau de eficácia social. Todavia, pensa Polanyi, não é apenas o totalitarismo que ameaça a liberdade pública. Todos os movimentos e práticas intelectuais que tentam anular as ordens espontâneas — que são assaltados pela idéia de que toda ordem social ou é, ou deveria ser, planejada — também põem em risco a liberdade pública e, assim, ameaçam o tecido de uma sociedade livre.

Que uma sociedade livre — aquela onde impera a liberdade pública — e uma boa sociedade — a animada por uma crença em realidades transcendentais — são uma só coisa é o conceito que ocupa posição central em *A Lógica da Liberdade*. Levando-se em conta tal fato e também a argumentação do parágrafo precedente, poder-se-ia esperar uma declaração de Polanyi no sentido de que as considerações morais não estariam presentes nos regimes totalitários. O que Polanyi acha peculiar sobre o totalitarismo é que, a despeito de sua rejeição à realidade transcendental, ele exibe um alto grau de paixão moral. Tal paixão moral, contudo, não é sinal de honra – ao contrário, é de desonra. Polanyi argumenta que as paixões morais que podem, de fato, animar o totalitarismo – e também algumas formas menos virulentas da insensatez humana – se tornaram totalmente alienadas das realidades que poderiam restringi-las. O que se tem é a paixão moral sem qualquer juízo moral. Polanyi assevera que ocorreu uma "inversão moral": a paixão moral agora invoca quaisquer meios, por mais grotescos e *imorais* que sejam, para satisfazer seus anseios. Assim disfarçada, a paixão moral serve a causa do fanatismo, em vez de rechaçá-la. Aí está uma causa que continua, em nosso tempo, a colocar em risco a liberdade, liberdade essa que é o foco do livro de Polanyi.

Prefácio

> *É lamentável que, só depois de termos coletado por muito tempo, de forma assistemática, observações para servir de materiais de construção, seguindo a orientação de uma idéia que jaz latente em nossas mentes, e, na realidade, só depois de gastarmos muito tempo no arranjo técnico de tais materiais, nos tornemos capazes de visualizar tal idéia de maneira mais clara e de organizá-la arquitetonicamente como um todo, de acordo com as intenções da razão.*
>
> KANT, *Crítica da Razão Pura*

Os artigos que se seguem foram escritos ao longo dos últimos oito anos. Eles representam meus esforços renovados com constância para esclarecer a posição da liberdade em resposta a diversas questões levantadas por nosso conturbado período da história. Foram reconsiderados todos os aspectos da liberdade, um atrás do outro, à medida que, com o passar do tempo, cada um deles foi revelando sua vulnerabilidade. A dialética cobriu uma faixa relativamente ampla de questões relevantes e evocou, acredito, algumas respostas válidas, provadas em combate. Pensei em fundir todo o material e moldá-lo num sistema abrangente, mas depois isso me pareceu prematuro; a tentativa não poderia ser feita sem que primeiro fosse estabelecida uma fundação melhor do que a que hoje possuímos para a sustentação de nossas crenças.

Porém, espero que minha coleção forneça alguns elementos para uma doutrina coerente futura, uma vez que ela segue, ao longo de todo o caminho, uma linha consistente de pensamento. Levo aqui mais a sério do que o fiz no passado os pressupostos fiduciais da ciência; isto é, o fato de que nossa descoberta e aceitação do conhecimento científico são um compromisso com certas crenças que nutrimos, mas que outros podem recusar compartilhar. A liberdade na ciência surge, assim, como a Lei Natural de uma comunidade comprometida com certas convicções, e o mesmo parece se aplicar, por analogia, a outras espécies de liberdade intelectual. Nessa ordem de idéias, a liberdade de pensamento é justificada, desde que acreditemos no poder do pensamento e reconheçamos nossa obrigação de cultivar as questões da mente. Uma vez comprometidos com tais crenças e obrigações, temos que sustentar a liberdade, mas, ao fazê-lo, ela não deve ser nossa consideração primordial.

Encaro a liberdade econômica como uma técnica social adequada, quase indispensável, para a administração de uma determinada técnica produtiva. Embora estejamos, nos dias de hoje, profundamente envolvidos com tal tecnologia, outras alternativas poderão, no futuro, apresentar fortes argumentos a seu favor.

A liberdade para o indivíduo agir a seu bel-prazer, desde que respeite o direito do próximo de agir da mesma maneira, desempenha pequeno papel nessa teoria de liberdade. O individualismo particular não é pilar importante da liberdade pública. Uma sociedade livre não é uma Sociedade Aberta, mas dedicada por inteiro a um conjunto distinto de crenças.

Existe uma ligação entre minha insistência em reconhecer as fundações fiduciárias da ciência e do pensamento em geral e minha rejeição à fórmula individualista de liberdade. Tal fórmula só podia ser defendida na inocência do racionalismo do século XVIII, com suas ingênuas auto-evidências e inabaláveis verdades científicas. A liberdade moderna, que tem que fazer frente a uma crítica total às suas fundações fiduciárias, terá que ser concebida em termos mais positivos. Seus pleitos terão que ser mais cerradamente circunscritos e, ao mesmo tempo, mais afiados para uma defesa contra novos oponentes, incomparavelmente mais poderosos do que aqueles contra os quais a liberdade alcançou suas primeiras vitórias nos séculos mais amenos da Europa moderna.

Creio que essas questões abarcantes não podem ser consideradas com indiferença, mas que seu tratamento requer a participação total do escritor nas matérias que compõem o assunto. Incluí, portanto, nesta obra alguns pronunciamentos feitos em ocasiões controvertidas.

Agradecimentos

O autor deseja expressar seu reconhecimento aos editores das publicações seguintes pela permissão para que os artigos, ou excertos de artigos, fossem utilizados neste livro, os quais apareceram pela primeira vez nas suas páginas:

Advancement of Science, Archiv der Staatswissenschaften, The Bulletin of the Atomic Scientists, Economica, Humanitas, The Lancet, The Listener, Measure, Memoirs and Proceedings of the Manchester Literary and Philophical Society, The Nineteenth Century, The Political Quarterly, The Scientific Monthly.

M. P.

Parte I

O exemplo da ciência

CAPÍTULO I

Mensagem Social da Ciência Pura[1]
(1945)

A ciência aplicada tem um objetivo claro: ela serve ao nosso bem-estar e segurança. E o que dizer da ciência pura? Que justificativa existe para os estudos científicos que não têm uso prático visível? Até bem recentemente, era habitual supor-se que tais estudos serviam a seus objetivos próprios: a descoberta do conhecimento pelo amor à verdade. Será que ainda aceitamos esse ponto de vista? Será que ainda acreditamos ser válido que um cientista gaste recursos públicos em estudos tais como a prova do teorema de Fermat — ou a contagem do número de elétrons do universo: estudos que, conquanto não deixem talvez de

---
[1] Em agosto de 1938, a Associação Britânica para o Avanço da Ciência fundou uma nova Divisão para as Relações Sociais e Internacionais da Ciência, que, desde o início, ficou muito motivada pelo desejo de dar uma orientação deliberadamente social ao progresso da ciência. Esse movimento ganhou considerável impulso nos anos que se seguiram, de modo que, quando a Divisão se reuniu, em dezembro de 1945, para discutir sobre o Planejamento da Ciência, esperei que o encontro fosse decididamente em favor do planejamento. Meu discurso de abertura, *The Social Message of Pure Science*, foi escrito com essa idéia em mente, porém, na verdade, a reunião transformou-se num ponto de inflexão. Tanto os palestrantes como a audiência se mostraram bastante favoráveis à posição tradicional da ciência pura, perseguida livremente para seu próprio bem. Desde então, o movimento pelo planejamento da ciência declinou rapidamente no Reino Unido, atingindo a insignificância.

ter alguma remota possibilidade de utilização prática, pouco provavelmente dariam dividendos materiais em qualquer atividade humana nos domínios da sanidade? Não, em geral não aceitamos hoje a opinião, como o fizemos até os anos 30, de que é adequado para a ciência perseguir o conhecimento para sua própria satisfação, independentemente de qualquer vantagem para o bem-estar da sociedade. E a mudança não se deu por alteração nas circunstâncias, e sim representa uma virada fundamental na opinião pública, induzida por um movimento filosófico definido dos tempos recentes.

O movimento filosófico que, dessa forma, pôs em dúvida a posição tradicional da ciência lançou seu ataque por dois lados diferentes. Um deles está dirigido contra a reivindicação de autogoverno da ciência; essa é a linha da análise materialista moderna que nega que o intelecto humano possa operar independentemente segundo sua própria orientação e afirma que o objetivo do pensamento é, no fundo, sempre prático. A ciência, de acordo com tal perspectiva, é uma mera ideologia cujos conteúdos são determinados pelas necessidades sociais. O desenvolvimento da ciência é, assim, explicado pelos sucessivos surgimentos de novos interesses práticos. Newton, por exemplo, teria descoberto a gravidade em resposta às crescentes necessidades navegacionais, e Maxwell desvendara o campo eletromagnético estimulado pelas comunicações transatlânticas. Tal filosofia repudia a idéia de que a ciência pura possa ter um objetivo em si mesma e liquida com a distinção entre ciência pura e aplicada. A ciência pura só teria, então, valor por não ser totalmente pura – pelo fato de poder vir a ser, afinal, útil.

A outra linha de ataque tem base em motivos morais. Ela insiste em que os cientistas deveriam voltar seus olhos para a miséria que grassa no mundo e pensar sobre o lenitivo que poderiam a ela proporcionar. Pergunta também se, ao olharem em volta, os cientistas achariam justo o emprego de seus dons apenas para a elucidação de algum problema abstruso – a contagem dos elétrons do universo ou a solução do teorema de Fermat. Seriam eles tão egoístas...? Os cientistas seriam moralmente reprováveis por se utilizarem da ciência apenas pelo amor ao conhecimento.

Portanto, pode-se ver a ciência pura na atualidade sujeita ao fogo cruzado de dois ataques com motivações bastante disparatadas: formando uma combinação algo incongruente – que é, todavia, típica da mente moderna. Um novo ceticismo destrutivo se vincula aqui a uma nova e apaixonada consciência social; uma descrença absoluta no espírito do homem se acopla a demandas morais extravagantes. Vemos, assim, funcionando a forma de ação que já desferiu golpes tão destrutivos no mundo moderno: o cinzel do ceticismo acionado pelo martelo da paixão social.

Isso traz de volta as implicações mais amplas de nosso problema, reveladas pelo espetáculo da Europa. A destruição de nossa civilização em grandes áreas do continente não se deveu a explosões acidentais de bestialidade fascista. Os eventos que, a partir da Revolução Russa, alastraram-se pelo continente representam, ao contrário, um processo singelo e coerente: uma vasta sublevação geral. Grandes ondas de humanitarismo e de sentimentos patrióticos foram seus impulsionadores principais e concorreram para a destruição da Europa. A selvageria está sempre à espreita entre nós; mas ela só pode se manifestar em grande escala quando paixões morais insurgentes destroçam primeiro os controles da civilização. Sempre existem por perto potenciais Hitlers e Mussolinis, porém eles apenas adquirem poder quando conseguem deturpar as forças morais, fazendo com que se adaptem aos seus desígnios.

Poderíamos, contudo, perguntar por que as forças morais se deixaram assim deturpar. Por que as grandes paixões sociais de nosso tempo se transformaram em canais violentos e destruidores? A resposta só pode ser a falta de outro canal disponível para elas. O ceticismo radical aniquilou a crença popular na realidade da justiça e da razão. Ele rotulou tais idéias como meras superestruturas; como ideologias obsoletas de uma era burguesa; como biombos para encobrir interesses egoístas; e, de fato, como fontes de confusão e fraqueza para quem se dispusesse a acreditar nelas.

Não sobraram crenças na justiça e na razão suficientemente fortes para que nelas fossem personificadas as paixões sociais. Toda uma geração se desenvolveu plena de ardor moral, mas desprezando a razão e a justiça. Acreditando, então, em quê? – nas forças que lhe restaram para acreditar – o Poder, o Interesse Econômico, o Anseio Subconsciente. Essas passaram a ser as realidades que a geração pôde abraçar. Aí, ela encontrou abrigo moderno e seguro para a incorporação de suas aspirações morais. A compaixão se transformou em ódio implacável, o desejo de fraternidade, em luta mortal de classes. O patriotismo degenerou em fascismo abominável; as pessoas mais ruins, as mais patrióticas, foram as que enveredaram pelo fascismo.

O Sr. Attlee, recentemente, descreveu a necessidade mais premente da Europa dos dias de hoje: "Precisamos", disse ele, "de uma concepção de justiça, não como desejo de uma parcela, mas como algo absoluto" e de uma liderança "que eleve as pessoas do simples anseio por benefícios materiais para um sentido da missão mais nobre da humanidade". O Sr. Bevin esposou idéia semelhante quando, ao se deparar com as multidões famintas da Europa, falou a respeito de uma "fome espiritual que é mais devastadora que a fome física".

Porém, infelizmente, a doutrina que vem sendo tão eficazmente martelada em nossas cabeças pelo movimento filosófico que liderou a geração passada ensina exatamente o seguinte: que a justiça nada mais é do que o desejo de uma parcela; e que não pode haver nada mais elevado do que o anseio pelas benesses materiais – de modo que falar em missões mais elevadas é tolice ou fraude. A necessidade mais premente de hoje é a oposição a cada ponto de tal filosofia; para nós, cientistas, a missão é atacá-la no campo da ciência. O serviço mais vital que devemos ao mundo da atualidade é a restauração de nossos ideais científicos, que caíram em descrédito sob a influência do movimento filosófico moderno. Temos que reafirmar que a essência da ciência está no amor ao conhecimento e que a utilidade desse último não é nossa preocupação primordial. Devemos demandar uma vez mais para a ciência aqueles respeito e suporte públicos que lhe são devidos pela busca do conhecimento, e só dele. Isso porque nós cientistas estamos penhorados com valores mais preciosos e com serviço mais urgente do que o bem-estar material.

Quão incisivamente o espírito do academicismo puro se opõe aos reclamos do totalitarismo ficou suficientemente provado em muitas ocasiões cruéis durante a história contemporânea. Universidades que defenderam a pureza de seus padrões tiveram, sob o totalitarismo, que agüentar pressão inominável e, diversas vezes, ficaram sujeitas a penalidades pesadas. Todo o mundo reconhece hoje o débito que tem com as universidades da Polônia, Noruega, Holanda, Bélgica e França, onde tais pressões e castigos foram suportados com estoicismo. Esses locais são testemunhas das convicções que sublinham nossa civilização européia, e repositórios da esperança numa genuína recuperação do continente. E, ao contrário, onde as universidades se deixaram engabelar, ou, aterrorizadas, comprometeram seus padrões, sentimos que as próprias raízes de nossa civilização foram danificadas. Lá, as esperanças em nosso futuro são desanimadoras.

O mundo, nos dias de hoje, precisa da ciência como um exemplo da vida boa. Espalhados pelo planeta, os cientistas formam, mesmo na atualidade e embora submerso pelo desastre, o corpo de uma grande e boa sociedade. Ainda hoje, os cientistas de Moscou e Cambridge, de Bangalore e San Francisco respeitam os mesmos padrões da ciência; e, nas profundezas dos escombros da Alemanha e do Japão, um cientista ainda é um de nós, defensor do mesmo código do trabalho científico. Conquanto isolados uns dos outros, como hoje nos encontramos, ainda carregamos a marca de uma herança intelectual comum e reivindicamos a sucessão dos mesmos e grandes predecessores.

Essa é minha concepção da relação da ciência com a comunidade de nossos dias. Na grande batalha por nossa civilização, a ciência ocupa setor importante da linha de frente. No movimento que está minando a posição da ciência pura, vejo um destacamento de forças atacando toda a nossa civilização. Já disse que essas forças incorporam alguns dos mais empreendedores e generosos sentimentos da atualidade – o que, a meu ver, as torna ainda mais perigosas. Teremos que combater nesse embate algumas das melhores motivações do progresso humano. Mas não podemos deixar-nos desviar por eles. A sabedoria fácil do pessimista moderno, que destrói a orientação espiritual do homem e desencadeia tanto entusiasmo sem tutela, já nos custou demais. Seja qual for o escárnio sobre nós lançado pelos que consideram fora de moda nossa fé na ciência pura e seja qual for a condenação a nós imputada por egoísmo, temos que persistir defendendo os ideais da ciência.

CAPÍTULO II

Convicções Científicas[1]

I

Existem muitas piadas sobre a futilidade de se filosofar, e é verdade que a ciência é uma ocupação que se assemelha aos negócios, na qual cada conquista, por modesta que seja, pode proporcionar grande satisfação. Pois lá está o trabalho realizado, público, compelindo atenção urgente e permanente; ele é a prova de que, por um momento, foi permitido que se fizesse história intelectual. Desvendou-se alguma coisa até então desconhecida e que – assim se espera – dali por diante permanecerá conhecida enquanto durar a memória de nossa civilização.

Alguns filósofos do século passado ficaram tão impressionados com essa espécie de conquista positiva que decidiram liquidar com toda a filosofia, repartindo seus diferentes temas pelas diversas ciências. Numerosas ciências que tratam do homem ou das questões humanas foram criadas àquela época e pareceram cumprir suas finalidades. A Psicologia e a Sociologia foram aclamadas como principais herdeiras desse compartilhamento da substância da filosofia.

Essa filosofia-para-acabar-com-toda-a-filosofia pode ser designada, embora algo frouxamente, como Positivismo. Ele deu continuidade, nos séculos XIX e XX, à rebelião contra a autoridade das

---
[1] Expandido de *The Nineteenth Century*, 1949.

Igrejas Cristãs, iniciada nos dias de Montaigne, Bacon e Descartes; mas se propôs não apenas a liberar a razão dos grilhões da autoridade como também a desfazer-se de todas as idéias tradicionalmente orientadoras, desde que não demonstráveis pela ciência. Destarte, no senso positivista, a verdade passou a ser identificada com a verdade científica, e esta última tendeu a ser definida – pela crítica positivista da ciência – como uma simples ordenação da experiência.

A justiça, a moralidade, os costumes e a lei mostram-se agora meros conjuntos de convenções, carregados de aprovação emocional, que constituem o próprio estudo da sociologia. A consciência é identificada como o medo de quebrar convenções socialmente aprovadas, e sua investigação é atribuição da psicologia. Os valores estéticos são relacionados a um equilíbrio de impulsos opostos no sistema nervoso do observador.[2] Na teoria positivista, o homem é um sistema que responde regularmente a uma certa faixa de estímulos. O prisioneiro torturado por seus carcereiros para que revele os nomes de seus confederados, e, da mesma forma, os carcereiros que o torturam com esse propósito, todos estão meramente registrando respostas adequadas para suas situações.

Sob a orientação de tais conceitos, espera-se que sejamos verdadeiramente indiferentes e objetivos em nossa abordagem para o mundo como um todo, inclusive com nossos *eus* e com as questões humanas. O homem científico dever dominar tanto seus conflitos interiores como os de seu ambiente social e livrar-se das ilusões

---

[2] Somente o último item dessa lista requer evidência que lhe dê apoio, para a qual veja *The Principles of Literary Criticism*, de I. A. Richards (1924), pp. 245, 251 (edição de 1930).

metafísicas, recusando a submissão a quaisquer obrigações que não se enquadrem em seus próprios interesses.

Tal programa implica, é claro, uma ciência "positiva" em si, no sentido de que não envolva afirmação de crenças pessoais. Como isso é, de fato, falso – como pretendo demonstrar –, não surpreende que o movimento positivista, tendo inicialmente elevado a ciência para o arbítrio universal, agora ameace subvertê-la e destruí-la. A tensão entre o marxismo e a ciência, que fez sua aparição na Rússia soviética e que se tornou persistentemente mais intensa nos últimos quinze anos, é uma manifestação dessa ameaça e uma conseqüência lógica do conflito entre as aspirações do positivismo e a natureza autêntica da ciência.

II

Estaremos colocando nossa própria atitude em relação à ciência numa melhor perspectiva se, por um momento, fizermos uma digressão sobre outras formas de conhecimento que não fazem parte da ciência e que a maioria de nós considera inadequadas. Tomemos a bruxaria e a astrologia. Suponho que ambas são consideradas falsas pelo leitor; porém, isso não é uma unanimidade, mesmo hoje em dia. A bruxaria, por exemplo, vem sendo praticada por povos primitivos de todo o planeta. Para enfeitiçar alguém o bruxo se apropria de alguma coisa relacionada com a vítima, tal como uma mecha de cabelo, um osso que ela tenha cuspido ou outro qualquer excremento, e a queima, pronunciando uma praga de sua autoria. A crença é de que isso funciona, e é comum entre esses povos primitivos atribuir, invariavelmente, o incidente da morte aos efeitos do sortilégio.

Ora, se perguntamos "O que é a bruxaria?", é claro que não podemos dizer que "é a destruição de seres humanos pela queima de uma mecha de cabelo, etc.", porque não acreditamos que o homem possa ser morto dessa forma. Temos que dizer que "Existe uma crença na bruxaria, de que não partilhamos, que afirma ser possível matar uma pessoa se for queimada uma mecha de seu cabelo." Da mesma forma, não podemos definir astrologia como um método de predição do destino das pessoas pela análise de seus horóscopos, mas poderíamos apenas descrevê-la como uma crença – de que não compartilhamos – de predição do futuro pelos astros.

Naturalmente, o feiticeiro e o astrólogo diriam coisas diferentes. O primeiro poderia asseverar que a bruxaria é o modo de matar um homem pela queima de uma mecha de seu cabelo, ou algo parecido; o segundo descreveria a astrologia como a arte de predizer o futuro pelos horóscopos. No entanto, pressionados por nosso pessimismo, eles estariam dispostos, sem dúvida, a refazer seus relatos sobre bruxaria e astrologia para declarações de formas semelhantes às nossas definições, trocando as palavras "uma crença de que não partilhamos" pela expressão "uma crença de que compartilhamos". Nessas bases, concordaríamos em discordar.

Tudo isso tem aplicação óbvia na ciência. Qualquer declaração sobre ela que não a descreva explicitamente como alguma coisa em que acreditamos é, na essência, incompleta e uma pretensão falsa. Trata-se da alegação de que a ciência é essencialmente diferente e superior a todas as crenças humanas que não forem declarações científicas, e isso não é verdade.

Para mostrar a falsidade de tal pretensão, talvez baste recordar que a originalidade é a mola mestra da descoberta científica. A originalidade na ciência é o dom de uma crença singela numa linha de experimentação ou de especulação até então considerada incapaz de dar dividendos. Os cientistas passam todo o seu tempo apostando suas vidas, aos pouquinhos, numa crença pessoal atrás da outra. No momento em que a descoberta é proclamada, que a crença singela se transforma em pública e que existem evidências que a favorecem, produz-se uma resposta entre os cientistas que pode variar numa extensa gama entre a aceitação e a rejeição. Se uma determinada descoberta será aceita e ainda mais desenvolvida, ou desencorajada e mesmo asfixiada no nascedouro, dependerá da espécie de crença ou descrença que ela desperte na opinião científica.

Exemplificando, vamos considerar a sugestão excêntrica que apresento mais adiante, onde é buscada uma correlação entre o período de gestação de alguns animais e os múltiplos do número π. A rejeição não-hesitante da ciência a tal correlação é ponto de vista relativamente recente. Para um cientista como Kepler, a relação sugerida não seria tão repugnante. Ele próprio derivara a existência dos sete planetas conhecidos ao seu tempo e o tamanho relativo de suas órbitas da existência de sete sólidos perfeitos e dos tamanhos relativos de suas esferas inscritas e circunscritas, mantido constante o comprimento das arestas de todos os sólidos. A ciência de sua geração ainda perseguia com constância a suposição pitagórica de um mundo regido por determinadas regras e relações geométricas. Os termos pelos quais a ciência daqueles dias interpretava a natureza não são mais aceitos hoje em dia.

Levaria muito tempo se eu tentasse detalhar os sucessivos estágios através dos quais as premissas da ciência passaram dos tempos de Kepler para o nosso. O principal período, de Galileu a Young,

Fresnel e Faraday, foi dominado pela idéia de um universo mecânico consistindo na matéria em movimento. Isso foi modificado pelas teorias de campos de Faraday e Maxwell, mas não mudou radicalmente enquanto se sustentou o postulado do éter material. Até o fim do século XIX, os cientistas acreditavam implicitamente na explicação mecânica de todos os fenômenos. Nos últimos cinqüenta anos, essas premissas da ciência foram abandonadas, porém não sem antes causar considerável retardo no progresso das descobertas que eram inacessíveis com tais premissas. Um bom número de provas da existência do elétron estava disponível, havia bastante tempo, antes que fosse ultrapassada a resistência oferecida pela suposição de que todas as propriedades da matéria tinham que ser explicadas pela massa em movimento.

Uma suposição inteiramente nova, com base na filosofia de Mach, foi introduzida na ciência pela teoria da relatividade de Einstein. Mach se propusera a eliminar todas as tautologias das declarações científicas; Einstein supôs que, pela alteração de nossas concepções de tempo e espaço segundo as linhas de tal programa, seria possível conceber um sistema que eliminasse algumas anomalias existentes e, possivelmente, levasse a novas conclusões verificáveis. Tratava-se do método epistemológico que, hoje em dia, está firmemente enraizado em nossa concepção do universo.

A firmeza de nossa crença na nova concepção, epistemologicamente esquadrinhada, de tempo e espaço pode ser ilustrada pelo seguinte evento. Em 1925, o físico americano D. C. Milner repetiu, pela primeira vez depois de uma geração, o experimento de Michelson sobre o qual a teoria da relatividade se baseara originalmente. Equipado com os instrumentos mais modernos, ele achou que tinha o direito de checar aquelas observações bastante veneráveis do grande mestre. Seus resultados contradisseram os de Michelson, e ele os apresentou perante um grupo muito representativo de físicos. Entretanto, nenhum deles pensou num instante sequer em abandonar a teoria da relatividade. Em vez disso – como certa vez *Sir* Charles Darwin relatou –, eles mandaram Milner de volta para casa para corrigir seus resultados.

A função exercitada dia a dia pelas crenças científicas na regulação da resposta dada pelos cientistas a publicações correntes pode ser ainda mais bem exemplificada por um par de situações que demonstram ser uma interessante comparação. Em 1947, dois artigos de renomados físicos do Reino Unido surgiram quase simultaneamente, e sua recepção por parte da opinião científica constituiu contraste gritante. Um dos artigos foi publicado no *Proceedings of the Royal Society*, em junho de 1947, por Lorde Rayleigh, distinto membro da sociedade. Nele eram descritas algumas experiências simples que provavam, na opinião do autor, que um átomo de hidrogênio, se introduzido num fio metálico, poderia transmitir a esse fio energias que chegavam a uma centena de elétron-volts. Uma observação dessas, se correta, teria imensa importância; seria bem mais revolucionária, por exemplo, do que a descoberta da fissão atômica por Otto Hahn, em 1939. Todavia, quando o artigo apareceu e eu pesquisei as opiniões de vários físicos, eles, simplesmente, deram de ombros: não achavam nada de errado na experiência, mas não acreditavam em seus resultados, nem consideravam que valia a pena repeti-la. Como Lorde Rayleigh já faleceu, o assunto parece que foi esquecido.

Quase ao mesmo tempo do artigo de Lorde Rayleigh (maio de 1947), o professor P. M. S. Blackett publicou o fato de que uma relação simples entre o momento angular e o magnetismo estelar era aplicável à Terra, ao Sol e a uma terceira estrela, cujos dados se estendiam por larga faixa de valores. Tal comunicação, conquanto bem mais parca quando comparada com a de Rayleigh e sem significação óbvia, foi recebida como descoberta importante. Na realidade, foi uma recepção excepcional: o discurso original foi publicado na íntegra pela *Nature* logo depois de pronunciado na Royal Society, e a imprensa diária encarregou-se de reproduzir longos extratos dele, com fac-símiles das fórmulas propostas e manuscritas pelo próprio Blackett. Não poderia ter sido concentrada maior atenção sobre uma nova contribuição para a ciência.

Tenho certeza de que, trinta anos antes, a reação teria sido exatamente a contrária. Antes da descoberta da relatividade geral, a espécie de relação sugerida por Blackett teria sido recebida com indiferença, como uma curiosa coincidência numérica a mais, das quais tantas já existiam; enquanto as observações de Lorde Rayleigh seriam aclamadas por sua atualidade, de vez que não demonstrariam incompatibilidade com as teorias então correntes com relação à natureza dos processos atômicos.

O que vemos aqui, então, é a função vital exercitada pelas crenças em voga quanto à natureza das coisas em relação ao estágio do desenvolvimento científico. Pode ter muito bem ocorrido uma crença inadequada da opinião científica em uma das situações descritas, ou talvez nas duas. Porém, isso não invalida o exercício de tais decisões fiduciais, já que, sem elas, a ciência não poderia operar em absoluto.

Tal fato tem que estar em nossas mentes quando testemunhamos erros sérios cometidos pela opinião científica, cerceando novas descobertas, como, por exemplo, no memorável caso oferecido pela história do hipnotismo. O processo hoje denominado "hipnose" parece ter sido conhecido por pessoas não-científicas de épocas remotas. O poder dos sortilégios entre as tribos primitivas pode ser devido à hipnose. As práticas dos faquires hindus são outros exemplos dela, e muitas performances mágicas, bem como alguns reputados milagres cristãos, podem ser hoje explicados com base na hipnose.

No entanto, nossas crenças fundamentais da ciência surgiram inicialmente em oposição direta às crenças na bruxaria e nos milagres, e, portanto, os antigos fatos do hipnotismo não encontraram lugar na nova perspectiva científica. Eles foram ignorados, juntamente com as incontáveis superstições que a ciência veio a suplantar. Quando os fatos foram trazidos novamente à luz por diversos cientistas, há cerca de dois séculos, suas observações foram mansamente descartadas pela ciência. Então, pelo fim do século XVIII, a questão atingiu um ponto crítico com a demonstração pública de um tal Friedrich Anton Mesmer, médico clínico vienense cujas curas hipnóticas trouxeram-lhe fama em toda a Europa. Comissões científicas investigaram repetidamente os fatos produzidos por Mesmer e trataram de negá-los ou invalidá-los pela explicação. No final, Mesmer foi à falência, sua arte foi desacreditada, e ele mesmo, estigmatizado como impostor. Uma geração mais tarde, outro pioneiro do hipnotismo, Elliotson, professor de Medicina na Universidade de Londres, recebeu ordem das autoridades universitárias para descontinuar seus experimentos hipnóticos; em conseqüência, ele renunciou à cátedra. Quase ao mesmo tempo, Esdaile, cirurgião a serviço do governo da Índia, realizou mais de 300 operações importantes com anestesia hipnótica, mas os periódicos médicos recusaram a publicação do relato de seus casos. Os pacientes, que se sujeitaram sem reclamações ao corte de seus membros, foram acusados de conluio. Na Inglaterra, em 1842, W. S. Ward amputou uma coxa com o paciente em transe mesmérico e reportou o caso à Real Sociedade de Medicina e Cirurgia. A evidência era de que o paciente não experimentara qualquer dor durante a intervenção. A Sociedade, não obstante, recusou-se a acreditar. Marshall Hall (o pioneiro no estudo da ação reflexa) alegou que o paciente deveria ser um impostor, e a nota sobre o documento, depois de lida, não constou das atas da Sociedade. Oito anos mais tarde, Marshall Hall informou à mesma Sociedade que o paciente confessara ser um impostor, mas que a fonte de tal informação era indireta e confidencial. O paciente, no entanto, em razão disso, assinou uma declaração afirmando que a operação fora indolor.[3]

O conflito foi apaixonado e violento. Braid, médico clínico em Manchester, que retomou a matéria logo depois de Esdaile, foi ouvido com um pouco menos de hostilidade, porque começou atacando os seguidores de Mesmer e tentando invalidar o processo da sugestão pela explicação. Porém, até mesmo o trabalho de Braid (que finalmente estabeleceu a realidade da sugestão) foi negligenciado e ignorado por cerca de vinte anos após sua morte. Só quando Charcot assumiu a hipnose no Salpetrière, em Paris, quase um século depois da aclamação de Mesmer pelo público leigo, foi que o hipnotismo ganhou aceitação total entre os cientistas.

O ódio contra os descobridores de um fenômeno que ameaçava desfazer crenças acalentadas pela ciência foi tão amargo e inexorá-

---

[3] Esse relato do caso Ward está em *History of Experimental Psychology*, de E. G. Boring (1929), p. 120. Baseei-me também nesse trabalho para outras partes do estudo do mesmerismo.

vel como o da perseguição religiosa de dois séculos antes. Na verdade, teve o mesmo caráter.

Um paralelo contemporâneo ao menosprezo da ciência pelos fatos do hipnotismo parece ser sua atitude presente em relação à percepção extra-sensorial. Não me preocupo aqui com a questão de tal atitude ser certa ou errada, pois não estou seguro sobre ela. Quero apenas mostrar o que entendo por crenças científicas, cuja sustentação e aplicação são essenciais para a concretização da inquirição científica.

III

As pessoas que aceitam os achados da ciência normalmente não os encaram como um ato pessoal de fé. Elas acham que estão submetendo à evidência aquilo que, por sua natureza, compele seus assentimentos e aquilo que tem o poder de forçar uma dose semelhante de anuência de qualquer outro ser humano racional. Isso porque a ciência moderna é o resultado de uma rebelião contra a autoridade. Descartes liderou o caminho com seu programa de dúvida universal: *de omnibus dubitandum*. A Real Sociedade foi fundada com o lema: *Nullius in verba*, Não aceitamos qualquer autoridade. Bacon alegou que a ciência tinha que se fundamentar em métodos puramente empíricos, e *Hypotheses non fingo*, Nada de especulações!, fez eco Newton. A ciência vem sendo, por séculos, o açoite de todos os credos que personificam um ato de fé e supunha-se — e ainda hoje se supõe — erigida, em contraste com esses credos, sobre fundações constituídas de fatos puros, e só de fatos.

Todavia, é bastante fácil ver que isso não é verdade, como David Hume assinalou pela primeira vez há cerca de 200 anos. A argumentação pode ser estabelecida, sem qualquer ambigüidade verbal, em termos matemáticos puros. Suponha-se que a prova sobre a qual uma proposição científica tenha que se basear consista em uma série de medidas feitas em determinadas ocasiões ou em coincidência com qualquer outro parâmetro mensurável. Em outras palavras, consideremos pares de duas variáveis medidas v_1 e v_2. Poderíamos decidir, a partir de uma série de pontos v_1 plotados em relação a v_2, que existe uma função $v_1 = f(v_2)$, e, se pudéssemos, qual seria ela? Claro que não poderíamos fazer nada disso. Qualquer conjunto de pares de valores de v_1 e v_2 é compatível com um número infinito de relações funcionais entre as quais não há nada a escolher do ponto de vista dos dados selecionados. Optar por uma das infinitas funções possíveis e conceder-lhe a distinção de uma proposição científica não tem, até aqui, qualquer significado. Os dados medidos são insuficientes para a construção de uma função definida $v_1 = f(v_2)$, exatamente da mesma maneira que dois elementos de um triângulo são insuficientes para defini-lo.

Tal conclusão não se altera, apenas fica obscurecida com a introdução do elemento de previsão científica. Para começar, a predição não é um atributo regular das proposições científicas. As leis de Kepler e a teoria darwiniana não predizem coisa alguma. De qualquer maneira, a predição bem-sucedida não modifica fundamentalmente o *status* da proposição científica; ela só adiciona algumas observações — as observações antecipadas — à nossa série de medidas e não pode alterar o fato de que qualquer série de medidas é incapaz de definir uma função entre as variáveis mensuradas.[4]

Como alguns leitores podem se mostrar relutantes em aceitar isso, devo ilustrar o fato um pouco mais. Suponha-se que um jogador observe a quantidade de pretos e vermelhos que aconteceram em cem giros consecutivos da roleta. Ele pode plotar os resultados num gráfico e derivar uma função à luz da qual poderia fazer uma previsão. Poderia, então, jogar e ganhar; jogar mais uma vez e também ganhar; jogar de novo e ganhar pela terceira vez. Isso provaria sua generalização? Claro que não, provaria apenas que alguns jogadores são sortudos, ou seja, as previsões seriam meras coincidências.

Período Médio de Gestação e $n\pi$

n	$n\pi$	Período médio de gestação (dias)	Número de gestações	Animal
10	31,416	31,41	64	Coelho inglês
36	113,097	113,1 ± 0,12	203	Porca
48	150,796	150,8 ± 0,13	195	Ovelha Karakul
		150,8 ± 0,19	391	Cabra Black Forest
49	153,938	154	?	Cabra Saanen
92	289,026	288,9	428	Vaca Simmental

Há alguns anos, apareceu na *Nature*[5] uma tabela de números provando, com grande precisão, que o tempo de gestação, medido em dias, de diversos animais diferentes, que iam dos coelhos às vacas, era um múltiplo do número π. Reproduzi aqui a tabela para mos-

---

[4] Essa argumentação foi apresentada pela primeira vez no meu *Science, Faith and Society* (1946), p. 7.
[5] *Nature*, Vol. 146, (1940), p. 620.

trar quão surpreendente é a concordância. Contudo, uma relação exata dessa espécie não causa impressão alguma no cientista moderno, nem qualquer prova adicional o convenceria da existência de uma relação entre o período de gestação de animais e o número π.

Quem quer que tenha amigos entre os astrólogos pode ter por intermédio deles exemplos extraordinários de previsões confirmadas, difíceis de serem rivalizadas pela ciência. Mesmo assim, os cientistas rejeitam considerar até o mérito das previsões astrológicas.

Mesmo na ciência, eu poderia falar de previsões que foram verificadas de forma admirável, porém baseadas em premissas que mais tarde se revelaram errôneas. Assim foi o caso da descoberta do hidrogênio pesado. Não existe critério racional pelo qual a concretização acidental de uma previsão possa ser discriminada de uma confirmação autêntica.

Aqueles que estavam convencidos de que a ciência podia se basear exclusivamente em dados experimentais tentaram evitar o peso de tal análise crítica reduzindo as alegações da ciência em nível mais moderado. Eles ressaltaram que as proposições científicas não alegavam ser verdades, apenas possibilidades; que elas não prediziam coisa alguma com certeza, mas só como probabilidade; que elas eram provisórias e não alegavam caráter final.

Tudo isso é irrelevante. Se alguém afirma que, dados dois ângulos, se pode determinar um triângulo, sua afirmação não faz sentido, quer ele queira fazer uma construção verdadeira, quer seja apenas uma construção provável, quer seja a construção de um triângulo meramente provável. A seleção de um só elemento entre um conjunto infinito deles, todos satisfazendo as condições estabelecidas pelo problema, permanece sendo injustificável, quaisquer que sejam as qualidades positivas que emprestemos à nossa seleção. Seu valor é inteiramente nulo. Na realidade, os cientistas fariam objeção tanto a regras seriais para jogos de azar quanto a previsões astrológicas, ou a relações entre períodos de gestação de animais e o número π, independentemente de serem feitas com certeza, como meras probabilidades, ou se revestirem de caráter provisório. Elas não seriam, por causa disso, consideradas menos disparatadas.

Nem uma outra tentativa para aliviar a responsabilidade dos ombros dos cientistas revelou-se mais bem-sucedida. A ciência, diz-se, não alega descobrir a verdade, mas apenas fazer uma descrição ou resumo de dados observados. Então, por que faz objeção à astrologia ou à descrição dos períodos de gravidez como múltiplos do número π? Obviamente, porque não são descrições *verdadeiras* ou *racionais*; o que traz o problema exatamente de volta para onde estava. Pois não é mais fácil encontrar justificativa para selecionar dos dados observados uma das descrições como verdadeira ou racional do que escolher qualquer outra relação, sejam quais forem as alegações.

Uma outra tentativa de abrandar a dificuldade para justificar as alegações da ciência foi a sugestão de que as declarações científicas não reivindicam ser verdades, mas que são simples. Porém, os cientistas não rejeitam a astrologia, a mágica ou a cosmologia da Bíblia porque elas não são suficientemente simples. Não é nada disso. A menos que a palavra "simples" seja tortuosamente deturpada para significar "racional" e venha, finalmente, a coincidir com "verdadeiro".

Para onde nos voltarmos, não poderemos evitar o fato de que a validade das declarações científicas não é obrigatoriamente inerente à evidência a que se refere. Aqueles que acreditam na ciência têm que admitir, portanto, que estão colocando na evidência de seus sentidos uma interpretação pela qual devem assumir certa dose de responsabilidade. Ao aceitarem a ciência como um todo e ao subscreverem qualquer declaração dela, eles estarão confiando, em certa medida, em convicções pessoais próprias.

IV

O positivista pode reconhecer que as interpretações científicas contemplam um elemento fiduciário, porém, mesmo assim, insistirá em que existe um núcleo de fatos puros ou sensações primárias, que qualquer teoria terá que aceitá-las como tal.

Entretanto, é muito difícil descobrir quaisquer dessas sensações primárias sem antes fazermos alguma interpretação delas.[6] Uma criança diante de uma bandeja com diversos objetos percebe apenas aqueles com os quais tem alguma familiaridade. Os habitantes da Terra do Fogo, que Charles Darwin visitou desembarcando do *Beagle*, ficaram excitados com a visão dos pequenos barcos que transportaram a comitiva para a praia, mas não notaram o próprio navio ancorado à frente deles.[7] Nossos globos oculares são repletos de pequenos corpos opacos flutuantes que normalmente não notamos, mas que nos enchem de apreensão quando qualquer problema com a vista desperta nossa atenção para tais corpos. Existe

---

[6] "Uma sensação pura é uma abstração", diz William James em *The Principles of Psychology*, Vol. II, p. 3. Esse ponto de vista tem sido desde então poderosamente desenvolvido pela psicologia da Gestalt. Meus exemplos que ilustram a percepção organizada são, em sua maioria, dos escritos dessa escola.

[7] *The Principles of Psychology*, William James (1891), Vol. II, p. 110.

um ponto cego em nosso campo de visão que pode obliterar a cabeça de um homem à distância de dois metros, mas que parece ter permanecido despercebido pelos registros históricos de tempos relativamente recentes. Dizer que somos possuidores de sensações que não percebemos parece muito pouco aceitável. Porém, a partir do momento em que notamos uma coisa, digamos, pela visão, nós a percebemos *como* alguma coisa. Normalmente a identificamos por estar a certa distância, por fazer parte de algo mais, ou por ter outras coisas como pano de fundo. Implícitos nessas percepções estão o tamanho do objeto e o fato de ele estar em repouso ou se movimentando. A cor percebida de um objeto depende em grande parte da interpretação que dele fazemos. Um *smoking* à luz do sol é visto como preto, e a neve no crepúsculo, como branca, mesmo que a neve branca envie menos luz para o olho do que o *smoking* negro. Fatos como esses deixam pouco espaço para as sensações como dados iniciais de um problema. Eles mostram que, mesmo nos estágios mais elementares da cognição, já estamos comprometidos com um ato de interpretação.

Sempre existe um certo grau de escolha na nossa forma de percepção, e, toda vez que vemos alguma coisa de determinada forma, não podemos vê-la, ao mesmo tempo, de outra. Uma mancha preta num fundo branco ou pode ser vista como uma mancha mesmo ou como um buraco, mas o olho tem que optar por uma das duas formas de vê-la. Podemos ver um trem em movimento parado e sentir que estamos nos movimentando, e vice-versa, porém temos que escolher entre as duas formas de percepção. Um ataque aos nossos sentidos pode muito bem atrair nossa atenção. Mas, se o fizer, também atrairá nossa percepção e nos comprometerá com alguma maneira de receber a impressão e não a conhecer de outro modo.

Tais observações têm significação geral. Quando se adota uma forma de ver as coisas, estão sendo destruídos, no mesmo momento, alguns modos alternativos de vê-las. Daí a razão de a controvérsia aberta ser deliberadamente usada como um método para a descoberta da verdade. Num tribunal, por exemplo, requer-se que os advogados de defesa e de acusação assumam, cada um, seu lado da questão em julgamento. Supõe-se que, pelo fato de os dois advogados enveredarem por direções opostas, eles possam descobrir tudo o que venha a favorecer suas causas. Se, por outro lado, o juiz entrar em consultas amigáveis com os dois lados, na busca de um acordo entre as partes, isso seria considerado um grande malogro para a justiça.

Porém, nem sempre se percebe que até no tratamento científico de sistemas inanimados são possíveis diferentes abordagens mutuamente excludentes. As leis da natureza, com freqüência, fazem predições definidas. Por exemplo, a lei de Boyle, $pv = $ constante, é uma dessas predições sobre as mudanças de pressão que acompanham a expansão e a compressão de um gás. Se é verdade ou não que um determinado gás sob observação deve ser apreciado quanto ao fato de satisfazer ou negar tal predição é um requisito que ainda resta ser decidido; entretanto, mesmo assim, a predição teórica seria definida. Tome-se, por outro lado, um átomo radioativo que tende a se desintegrar e do qual sabemos o tempo de vida provável. Suponha-se que esse tempo seja de uma hora. É bem fácil imaginar um equipamento com o qual possamos observar a decomposição desse átomo singelo, e – para evitar fatos colaterais irrelevantes – pode-se imaginar também que tal átomo é o único de sua espécie no mundo. O tempo provável de vida seria, sem dúvida, ótimo indicador do comportamento do átomo, mas nada tão definido como $pv =$ constante. Ao aceitarmos que o período provável de vida é de uma hora, estaremos nos comprometendo com uma expectativa, porém, se ela não se concretizar — se o átomo se decompuser em cinco segundos ou nos deixar esperando por uma semana —, o máximo que poderemos dizer é que nos surpreendemos; isso porque nossa afirmativa era apenas a indicação de um evento e não excluía a possibilidade de ocorrência do inesperado.

As duas espécies de expectativas que acabei de descrever podem ser alimentadas em relação à mesma situação, contudo, elas são mutuamente excludentes. Podemos dizer que a chance de se conseguir um duplo seis com o arremesso de dados é de 1:36, mas não poderemos dizer isso, nem mais nada sobre as possibilidades, se soubermos exatamente quais as condições mecânicas que prevalecerão por ocasião do arremesso. Com base em tais condições, poderemos prever o resultado do arremesso — todavia, o conceito de chance teria desaparecido e se tornaria inconcebível para um sistema conhecido em tais detalhes. Destarte, o conhecimento mais detalhado pode destruir completamente um padrão, o qual só pode ser visualizado de um ponto de vista que exclua esse conhecimento.

Algo bastante semelhante se aplica a uma máquina, cuja observação detalhada pode ser totalmente irrelevante e, portanto, enganadora. O que interessa para o entendimento de um objeto como uma máquina é, exclusivamente, o *princípio* de sua operação. O conhecimento de tal princípio, como definido, digamos, por uma patente, deixa as particularidades físicas da máquina em grande parte indeterminadas. O princípio da alavanca, por exemplo, pode ser empregado em tão infinita variedade de formas, que, dificilmente, uma característica física poderia se aplicar a todas elas. Trata-se de uma categoria lógica que corre o risco de ser obscurecida pela descrição detalhada de um objeto ao qual ela se aplica.

Novamente, existem objetos inanimados que funcionam como sinais: por exemplo, as marcas no papel que formam a letra "a". Tais marcas, tomadas como sinais, não têm que ser *observadas*, e sim *lidas*. A observação de um sinal como objeto destrói seu significado como sinal. Caso se repita a palavra *"travel"* vinte vezes em sucessão, ficaremos totalmente conscientes dos movimentos de nossa língua e dos sons envolvidos pela pronúncia de *"travel"*, mas acabar-se-á dissolvendo o significado dessa palavra.

Martin Buber e J. H. Oldham trouxeram à luz a diferença fundamental de se tratar uma pessoa como objeto ou como pessoa. Nessa última relação, *encontramos* a pessoa; na outra, não a vemos absolutamente. O amor é um modo de encontro. Podemos amar uma pessoa como criança, como homem ou mulher e, finalmente, como um ser em idade avançada; podemos continuar amando tal pessoa depois da morte dela. Qualquer tentativa de fixar nossa relação com uma pessoa pela observação de suas características ou de seu comportamento está fadada a comprometer nosso encontro com ela. Um homem ou uma mulher, encarados puramente por seus atributos físicos, podem ser objetos de desejo, mas jamais serão verdadeiramente amados. Suas pessoas teriam sido destruídas.

O mais importante par de abordagens mutuamente excludentes para a mesma situação é o formado pelas interpretações alternativas de questões humanas em termos de causas e razões. Pode-se tentar representar ações humanas totalmente em termos de suas causas naturais. Tal é, de fato, o programa do positivismo ao qual já me referi. Caso ele seja implementado, considerando as ações humanas, inclusive a expressão de suas convicções, como um conjunto total de respostas a um dado grupo de estímulos, então estaremos suprimindo quaisquer fundamentos com os quais tais ações ou convicções poderiam ser aceitas ou contestadas. Pode-se interpretar, por exemplo, este ensaio em termos das *causas* que determinaram minha ação de escrevê-lo, mas se pode também indagar quais as *razões* para o que eu digo. Todavia, as duas abordagens – em termos de causas e razões – se excluem mutuamente.

V

O positivismo fez com que encarássemos as crenças humanas como manifestações pessoais arbitrárias, das quais deveríamos nos livrar caso quiséssemos atingir uma imparcialidade científica autêntica; as crenças necessitam ser reabilitadas do descrédito em que foram lançadas para que sejam reconhecidas, daqui por diante, como partes de nossas convicções científicas.

As crenças científicas não são uma preocupação pessoal. Mesmo que fosse assumida por uma só pessoa, como pode ter sido a crença de Colombo numa rota ocidental alternativa para as Índias, quando a concebeu pela primeira vez, isso não faz dela uma preferência individual – como o amor de alguém pela esposa ou pelos filhos. As crenças dos cientistas referentes à natureza das coisas são sustentadas com uma alegação de validade universal e assim possuem caráter normativo. Eu descreveria, então, a ciência como uma crença normativa, de que partilho; justamente como a astrologia é uma crença normativa que rejeito – mas que é aceita pelos astrólogos.

Analisando agora a controvérsia de que todas as crenças são arbitrárias, tenho que me estender um pouco sobre as crenças em geral. Quem quer que abrace uma crença aceita um compromisso. Os compromissos não só são assumidos pelas pessoas que acreditam em alguma coisa, como também por quase todos os seres vivos, em particular pela totalidade dos animais engajados em ação intencional (que persiga um objetivo). Uma ameba flutuante emite pseudópodos para todas as direções, até que seu núcleo fica desprovido de protoplasma no centro. Quando um dos pseudópodos encontra um ponto firme, os outros são para lá atraídos, e toda a massa de protoplasma flutua para o novo ponto de ancoragem. Essa é a forma de locomoção da ameba. Temos aqui o protótipo de um fenômeno que é repetido num milhão de variantes em todo o reino animal. Existe coordenação entre os movimentos simultâneos dos membros dos animais e também entre os movimentos que se sucedem no tempo. Podemos caracterizar tais seqüências coordenadas pelo fato de qualquer parte da seqüência não ter significado se tomada individualmente, mas que faz sentido em conjunção com as outras partes. Cada uma delas só pode ser entendida como integrante de um estratagema para a conquista de um objetivo que, temos razão para acreditar, proporciona satisfação ao animal, como, por exemplo, a obtenção de alimento ou o afastamento do perigo. Quanto mais indiretos forem os métodos empregados para se atingir um objetivo, mais sagaz parecerá ser a coordenação e mais claramente reconheceremos neles um esforço sustentado por tal objetivo.

Dizer que uma ação é intencional é admititir que ela pode malograr. Se o objetivo dos animais é a sobrevivência até que tenham se reproduzido, então, sem dúvida, a vasta maioria das ações intencionais malogra; posto que apenas uma fração pequena de cada geração de animais vive para procriar. De qualquer forma, nenhum animal engajado numa ação intencional pode estar certo de que seus esforços frutificarão. Nem pode também haver certeza de que um curso alternativo de ação tem maior chance de sucesso. Todas as ações intencionais, por conseguinte, expõem seu agente a certos riscos. As formas intencionais de comportamento são uma fieira de compromissos irrevogáveis e incertos.

Podemos dizer que compromissos dessa ordem expressam uma crença; onde houver um esforço intencional, existirá uma crença no sucesso. Com toda a certeza, ninguém pode acreditar verdadeiramente em alguma coisa a menos que esteja disposto a se comprometer com a força de sua crença. Concluímos, dessa forma, que a assunção de uma crença é um compromisso de que são capazes os seres humanos e que envolve cerrada analogia com o compromisso pelo qual os animais, universal e quase inevitavelmente, se engajam quando embarcam num curso de comportamento intencional.

Voltemos agora às crenças científicas. Quando dizemos que a afirmação de um cientista é falsa ou verdadeira, normalmente não precisamos nos referir explicitamente às nossas crenças científicas fundamentais. Podemos voltar as costas para elas e tomá-las como base inconsciente de nosso julgamento. Porém, quando alguma questão fundamental está em jogo (como o hipnotismo, a telepatia, etc.), nossas crenças se tornam, visivelmente, partícipes ativas da controvérsia, e podemos achar mais conveniente dizer, por exemplo, "Não acredito que isso seja verdade." Uma tal crença pode acabar sendo falsa ou verdadeira, conforme o caso, mas a afirmação da crença não cai em nenhuma das duas categorias; essa afirmação de uma crença só pode ser ou *sincera* ou *insincera*. Crenças sinceras são aquelas com as quais nos comprometemos, e os compromissos fiduciais são, portanto, por definição, sinceros. Nossos compromissos podem se revelar *ousados*. Mas é da natureza de uma crença não ser totalmente justificada no momento em que é assumida, já que é inerente a todos os compromissos a incerteza do resultado na ocasião em que com ele nos engajamos.

Portanto, o único motivo de crítica para a assunção sincera de uma crença ou para o engajamento em qualquer outro tipo de compromisso é o de não se levar suficientemente em conta sua possível ousadia. Contudo, temos que nos lembrar que qualquer adiamento do julgamento em prol de sua reconsideração é, em si, um compromisso. Continuar hesitando para se estar mais seguro quanto à decisão pode ser a mais desastrosa e, na verdade, a mais irresponsável das linhas de ação. Em conseqüência, quando uma crença é sincera e responsavelmente assumida — isto é, com percepção consciente de sua própria falibilidade —, há uma afirmação presente que não pode ser criticada por razão alguma. É uma forma de ser cuja justificativa não pode ser racionalmente questionada.

Tal situação está, é claro, sujeita a revisões, e uma crença do momento presente pode ser rejeitada ou modificada pela reflexão do momento seguinte, mas essa reflexão e seu resultado serão, mais uma vez, um compromisso definido, que ainda não se tornou objeto de reflexão ou de crítica. Os compromissos devem ter duração. Qualquer tentativa de acompanhá-los, simultaneamente, com reflexões é autocontraditória em termos lógicos, e a persistência dessa atitude resulta na desintegração de nossa pessoa. Se não pudermos nos desorientar em absoluto, mas nos sentirmos compelidos a nos observar em tudo o que fazemos, tornamo-nos despersonalizados da maneira que Sartre descreveu com tanta perspicácia. As pessoas que não podem se libertar do sentimento de que estão "representando" se tornam incapazes de sustentar convicções. O resultado não é um distanciamento de grau superior, mas um niilismo impotente.

O distanciamento, no rigoroso sentido da palavra, só pode ser atingido num estado de completa imbecilidade, bem abaixo do nível animal normal.[8] Em todos os estados da mente acima desse, há compromissos inevitáveis, e compromissos que, normalmente, excluem outros enfoques. A abordagem científica descritiva como concebida pelo positivismo é inadequada até mesmo para o tratamento dos sistemas inanimados nos quais temos que avaliar chances, ou entender máquinas, ou ler sinais; e, quando aplicada a pessoas (humanas ou animais) e suas ações, ela anula ambas como pessoas e como seres racionais. Tal abordagem, longe de representar um estágio de absoluto distanciamento, é, na verdade, um comprometimento com um conjunto específico e extremamente irracional de pressuposições, com as quais ninguém se comprometeria conscientemente, a não ser que tais suposições fossem assumidas para proporcionar uma abordagem objetiva e completamente indiferente do mundo.

O distanciamento, no sentido ordinário e autêntico, significa o compromisso com uma abordagem particular que se julga apropriada para a ocasião e o desengajamento de outros pontos de vista que parecem inadmissíveis na ocasião. Sustentar um equilí-

---

[8] Penso aqui na demência dos cachorros descerebrados (Goltz), nos ratos descorticados (*Brain Mechanism and Intelligence*, de Lashley, p. 138) e no comportamento de puro reflexo dos organismos inferiores incompletos, como as *Planaria* descritas por Kepner (*Animals Looking into the Future*, [1925], p. 176). Em tais casos, pode-se observar comportamento incoerente, sem qualquer propósito.

brio entre nossos enfoques alternativos possíveis é nosso compromisso definitivo, o mais fundamental de todos.

VI

As crenças que os homens encampam lhes são repassadas, na sua maior parte, pela educação recebida. Algumas são adquiridas por intermédio do treinamento profissional e de uma enorme variedade de influências educativas que se infiltram em nossas mentes via imprensa, obras de ficção e outros inumeráveis contatos. Tais crenças formam sistemas de longo alcance e, conquanto cada um de nós seja afetado apenas por limitada parte deles, estamos comprometidos por implicação a todo o padrão por eles conformado.

Na sua maioria, a transmissão de crenças na sociedade não se dá por meio de preceitos, e sim de exemplos. Considere-se a ciência: não existe livro didático que chegue mesmo a tentar o ensino de como fazer descobertas, ou mesmo de sugerir quais evidências devem ser aceitas na ciência para dar fundamento a uma alegação de descoberta. Toda a prática da pesquisa e da verificação é transmitida pelo exemplo, e seus padrões são sustentados por um contínuo relacionamento crítico dentro da comunidade científica. Quem quer que tenha experimentado o deplorável nível de desconfiança nos resultados que emergem das regiões onde os padrões científicos não estão firmemente estabelecidos pela tradição, ou que vivenciou a dificuldade em fazer bom trabalho científico dentro de tal *milieu*, entende muito bem a característica comunitária das premissas que dão sustentação à moderna obra científica.[9]

---

[9] Este assunto é detalhado mais adiante, p. 101.

Os cientistas, é claro, não são unânimes em *todas* as questões. Podem mesmo ocorrer choques ocasionais sobre a natureza geral das coisas e sobre os métodos fundamentais da ciência (como no caso do hipnotismo, da telepatia, etc.). Ainda assim, o consenso sobre as crenças científicas não vinha sendo seriamente ameaçado nos últimos 300 anos, até que a Rússia soviética tentou se separar da comunidade internacional da ciência e estabelecer uma nova comunidade científica com base em crenças acentuadamente diferentes. Até então, sempre existira, entre os cientistas de todas as partes do mundo e entre as gerações que se sucediam, consenso suficiente sobre as crenças fundamentais para assegurar a conciliação de todas as diferenças.

A comunidade científica se mantém unida, e todas as suas questões são pacificamente administradas mediante a aceitação conjunta das mesmas crenças científicas fundamentais. Pode-se dizer, portanto, que tais crenças dão forma à constituição da comunidade científica e incorporam sua vontade geral soberana e definitiva. A liberdade da ciência consiste no direito de buscar a exploração dessas crenças e de defender, sob sua orientação, os padrões da comunidade científica. Para tanto, é necessário um certo grau de autogoverno, com o qual os cientistas mantêm uma estrutura de instituições, assegurando posições independentes para aqueles de mais experiência; os candidatos a tais posições são selecionados sob a direção da opinião científica. Assim se estabelece a autonomia da ciência no Ocidente, que flui logicamente da natureza do objetivo básico e das crenças fundamentais, aos quais se dedica aqui a comunidade de cientistas.

A concepção marxista de ciência é diferente daquela do Ocidente, e sua aplicação na Rússia já ensejou por lá sérias mudanças na posição da ciência e penetrou como uma cunha, em várias regiões, dividindo as opiniões científicas entre o Oriente e o Ocidente. A ação de maior alcance nesse sentido foi o repúdio abrangente e oficial das leis de Mendel e de toda a concepção da biologia relacionada com essas leis por parte da Academia Soviética, em 26 de agosto de 1948.

Foram muitos os protestos indignados no Reino Unido contra a decisão da Academia Soviética e mais ainda contra a pressão exercida pelo governo soviético, à qual a academia cedeu ao tomar tal decisão. Eu subscrevo tais protestos, mas gostaria que seus fundamentos teóricos adequados fossem mais claramente entendidos. Caso se proteste em nome apenas da liberdade geral, fica-se em situação embaraçosa porque, até aqui, tem-se que admitir que só os antimendelianos e toda a escola de Michurin e Lysenko tiveram suas publicações excluídas das principais revistas científicas da União Soviética e cujos ensinamentos deixaram de constar dos currículos universitários russos, ao contrário do que ocorre no Ocidente. Os marxistas têm razão quando ressaltam que sempre existiram pontos de vista aceitos sobre questões gerais que foram impostos pela opinião científica por meio de revistas especializadas, livros didáticos e currículos acadêmicos; de modo geral, a dissidência em relação a tais pontos de vista colocou em risco as chances futuras dos candidatos a postos científicos de relevo. Eles também têm razão quando apontam que pontos de vista assim impostos por vezes se revelaram falsos, justificando as posições dos dissidentes.

Temos que reconhecer que o corpo existente da ciência – ou, o que dá no mesmo, suas crenças fundamentais – é uma ortodoxia no Ocidente. Milhões são gastos anualmente no cultivo e na disseminação da ciência pelas autoridades públicas, que não dariam um centavo para o desenvolvimento da astrologia ou da bruxaria. Em outras palavras, nossa civilização está profundamente comprometida com certas crenças sobre a natureza das coisas; crenças diferentes, por exemplo, daquelas em que acreditavam as antigas civilizações egípcia ou asteca. É para o cultivo dessas crenças particulares — e só delas — que se concede uma certa medida de independência e de apoio oficial a um certo grupo de pessoas no Ocidente.

Eis aí o que entendemos por liberdade acadêmica. Troque-se a ciência, como por nós conhecida, por qualquer outro estudo em que não acreditemos e deixaremos de protestar contra a interferência política. Suponha-se, por exemplo, que a Lysenko e seus seguidores fosse concedido o prazo claro de 30 anos para que transformassem a biologia, a química e a física, sob a imagem do materialismo dialético, em todas as universidades da URSS; e que, subseqüentemente, por um passe de mágica, o marxismo fosse abandonado pelo governo da União Soviética. Evidentemente, não apoiaríamos as liberdades acadêmicas para os então ocupantes de posições científicas contra um anti-Lysenko que agisse como Lysenko age hoje, mas, dessa vez, para o restabelecimento de nossa concepção de ciência. Pode-se até assegurar um certo grau de liberdade para qualquer tolice num país livre, porém não é isso que entendemos por liberdade acadêmica.

Aqueles que se engajam com os marxistas na discussão sobre a liberdade na ciência devem estar preparados para enfrentar essa situação. Os adeptos dessa ideologia estão bem perto da verdade quando dizem que, ao demandarmos liberdade, estamos simplesmente procurando estabelecer nossa própria ortodoxia. A única objeção válida para tal argumentação é que nossas crenças fundamentais não são apenas uma ortodoxia; elas são crenças autênticas que estamos dispostos a defender. Acontece também que essa visão verdadeira abre maior espaço para a liberdade do que as outras, as falsas visões; isso, de fato, é assim, porém, de qualquer forma, nosso compromisso com aquilo em que acreditamos tem prioridade.

Falando de maneira mais geral, a liberdade da ciência não pode ser hoje defendida com base na concepção positivista da ciência, a qual envolve um programa positivista para a ordenação da sociedade cuja implementação completa resultaria na destruição da sociedade livre e no estabelecimento do totalitarismo.

Isso porque uma interpretação causal das questões humanas desintegra todos os motivos racionais com os quais os homens sustentam convicções e agem segundo elas. Tal interpretação deixa a imagem de questões humanas construídas em torno de apetites apenas refreados pelo medo. Tudo o que tem que ser explicado para que se entenda a história e, com ela, a política, as leis, a ciência, a música, etc., é o porquê de o apetite de certo grupo conseguir vantagem, em determinados momentos, sobre seus rivais. Nesse ponto, tem-se várias opções; Marx e Engels decidiram responder à questão em termos de luta de classes. Afirmaram eles que a classe que, ao se apoderar dos meios de produção, puder fazer o melhor uso deles para o crescimento da riqueza irá prevalecer. Para eles, a vitória da classe emergente é inevitável, embora ela só possa ser alcançada pela violência, já que a classe que governa não pode concordar com sua própria aniquilação. Essa teoria foi apresentada como uma proposição científica: como a descoberta das "leis do movimento" que regem a sociedade. Na realidade, alguma concepção dessa espécie vem, inevitavelmente, de uma aplicação consistente do programa positivista às questões do homem.

MICHAEL POLANYI

Segundo tal teoria positivista da sociedade, nenhum julgamento humano – seja ele na política, nas leis, na arte ou em qualquer outro campo do pensamento humano, inclusive na própria ciência – pode ser considerado válido, a menos que sirva aos interesses de um certo poder. Na versão marxista, esse poder é o da classe emergente, como corporificado no governo soviético. Tal é a teoria da ciência com que nos deparamos hoje na Rússia. É lá que o movimento positivista, que se propôs a estabelecer o reino da ciência sobre todo o pensamento humano, está culminando com a derrubada da própria ciência.

A sociedade livre – da qual uma comunidade científica livre naturalmente faz parte – só pode ser defendida pelo reconhecimento expresso de crenças características encampadas em comum por tal sociedade e por ela preconizadas como autênticas. A crença principal – diria mesmo, fundamental – que embasa uma sociedade livre é a de que o homem é receptivo à razão e suscetível aos reclamos de sua consciência. Entendemos aqui por razão coisas como a prática ordinária da objetividade no estabelecimento de fatos e do juízo de valor nos casos individuais. Os cidadãos de uma sociedade livre acreditam que, por intermédio de tais métodos, são capazes de resolver conjuntamente – para a satisfação suficiente de todos – qualquer dissensão atual que possa existir entre eles ou que venha a surgir no futuro. Eles visualizam um campo de atuação inexaurível para o melhor ajuste das instituições sociais e estão dispostos a conseguir isso de forma pacífica, pelo acordo.

Assim como, numa escala menor, a comunidade científica organiza, disciplina e defende o cultivo de certas crenças sustentadas por seus membros, também a sociedade livre como um todo é mantida para a prática e pela prática de determinadas crenças mais amplas, porém, ainda assim, bastante características. O ideal para uma sociedade livre é ser, em primeiro lugar, uma *boa* sociedade – um corpo de homens que respeitem a verdade, desejem a justiça e amem o próximo.[10] É só porque tais aspirações coincidem com os reclamos de nossa própria consciência que as instituições que se preocupam com sua concretização são por nós reconhecidas como salvaguardas de nossa liberdade. É enganador descrever uma sociedade assim constituída, que é um instrumento de nossas consciências, como estabelecida para o bem de nossos *eus* individuais; porque ela protege nossa consciência contra nossa própria ganância, ambições, etc., da mesma forma que o faz contra a corrupção por parte de outros. Moralmente, os homens vivem pelo que sacrificam para suas consciências; por conseguinte, os cidadãos de uma sociedade livre, dos quais grande parte da vida moral é organizada mediante contatos cívicos, dependem fortemente da sociedade para sua existência moral. Suas responsabilidades sociais proporcionam-lhes uma vida moral com a qual não privam aqueles que não desfrutam da liberdade. Daí ser a sociedade livre um fim em si mesma, que

---

[10] Nota adicionada em dezembro de 1949: Churchill tem dito freqüentemente que a afeição entre os ingleses é a garantia de sua segurança. Um exemplo recente foi a observação que fez no Parlamento a respeito dos votos de congratulações pelo transcurso do aniversário do Sr. Attlee (12/01/1949). Eles, disse Churchill, faziam-lhe lembrar "quão mais fortes são aqueles sentimentos que nos unem do que aquelas questões que, conquanto bastante importantes, são muitas vezes ocasiões de debate nesta Casa e fora dela". Compare-se com a precária manutenção das instituições livres na Alemanha, que se deve à falta de sentimentos amistosos entre oponentes políticos, como manifestada – também muito recentemente – pelo líder da Oposição, ao acusar o Chanceler alemão de servir aos Aliados.

pode, com correção, demandar os serviços de seus integrantes para a manutenção e a defesa de suas instituições.

A formulação e a aceitação fiduciárias da ciência encaixam-se em nossa concepção fiduciária de sociedade livre. As crenças científicas são partes das crenças cultivadas por uma tal sociedade e aceitas por seus membros. Essa é sua lídima defesa contra o marxismo. Todavia, devemos ter em mente que tal defesa aceita uma posição para o conhecimento na sociedade que, em muitos aspectos, lembra aquela abraçada pelo marxismo. Isso significa que a sociedade livre ampara uma ortodoxia que exclui certas suposições amplamente divulgadas na atualidade. Qualquer representação do homem e das questões humanas que, se sustentadas com consistência, destruiriam as crenças constitutivas de uma sociedade livre tem que ser negada por tal ortodoxia. Um behaviorismo que contesta a própria existência da esfera moral em função da qual uma sociedade livre é organizada, ou uma psicologia que desacredita como mera racionalização secundária os propósitos considerados molas mestras dessa sociedade livre, será rejeitado por tal ortodoxia.

A sociedade livre deixaria de existir se seus integrantes viessem a acreditar que algum conflito importante tivesse que ser resolvido pela força bruta dentro dessa sociedade. Tal admissão seria, portanto, subversiva e constituiria um ato de deslealdade para com a sociedade livre. Nem os membros dessa sociedade devem jamais admitir que a experiência possa refutar que as forças morais operam na história, da mesma forma que um cientista não admitiria que a experiência possa negar a concepção científica da natureza das coisas. Ao contrário, eles devem persistir pesquisando a história para a manifestação de um senso de justiça, e tentar descobrir em cada reconciliação e pacificação os frutos da confiança humana em resposta à confiança.

A ciência ou o academicismo nunca podem ser mais do que uma afirmação das coisas em que acreditamos. Tais crenças serão, por sua própria natureza, de caráter normativo, pleiteando validade universal; elas devem ser também crenças responsáveis, sustentadas com a devida consideração pela evidência e pela falibilidade de todas as crenças; porém, afinal, elas são compromissos marcantes que levam a chancela de nosso julgamento pessoal. Em resposta a escrúpulos críticos que ainda possam advir, temos que, em determinada ocasião, afirmar: "É porque eu acredito que seja assim."

Estamos vivenciando um período que requer grandes reajustamentos. Um deles é aprender mais uma vez a sustentar crenças, nossas próprias crenças. A tarefa é formidável, pois por séculos fomos ensinados a crer apenas no resíduo daquilo que não possa ser assaltado por dúvidas. Não mais existe tal resíduo hoje em dia, daí a necessidade de readquirirmos, uma vez mais e sistematicamente, a capacidade de acreditar com os olhos abertos.

CAPÍTULO III

Fundações da Liberdade Acadêmica[1]

I

A análise das fundações sobre as quais repousa a liberdade é de grande interesse prático para os que dão valor a essa liberdade. Isso porque, ao esclarecermos tais fundações, podemos ter a esperança de torná-las mais seguras. Com o levantamento de questões relativas à natureza e à justificativa da liberdade, pode-se tentar eliminar algumas das ambigüidades que a têm deixado, particularmente em nossos dias, suscetível a mal-entendidos e, o que é pior, a deturpações e descréditos.

A liberdade é um pouco indeterminada porque existem diversas maneiras de ser livre. Uma delas é a liberdade dos condicionantes externos. Os limites racionais dessa liberdade são estabelecidos pela condição de que ela não interfira no direito das outras pessoas à mesma liberdade. Sou livre, por exemplo, para escolher entre dormir ou ouvir rádio, contanto que minha decisão não prejudique a opção de meu vizinho por uma das duas alternativas. É essa a abordagem de liberdade que os grandes utilitaristas têm inculcado em nossa era. Ela está ligada à idéia de que o objetivo básico de uma boa sociedade é a maior felicidade para o maior número de

---
[1] *The Lancet,* 1947.

pessoas, e de que a liberdade é a condição para tal propósito. Essa concepção individualista e arrogante de liberdade pode, infelizmente, ser usada para justificar todas as espécies de comportamento condenável. Ela tem sido invocada, em diversas ocasiões, para proteger as piores formas de exploração, inclusive a manutenção de escravos. Ela serviu como base para o Movimento Romântico na sua exaltação do indivíduo sem par e sem lei, e das nações que buscaram poder a qualquer preço. Sua refutação fundamental a quaisquer peias pode facilmente levar ao niilismo.

Uma outra concepção de liberdade está, em sua forma mais extremada, quase em oposição à primeira. Ela encara a liberdade como a desoneração de interesses pessoais pela submissão a obrigatoriedades impessoais. Seu protótipo é Lutero enfrentando a Assembléia hostil, em Worms, com as palavras, "Hier stehe ich und kann nicht anders." Tal rendição à compulsão moral é, por certo, uma forma de liberação. Porém, a teoria de tal liberdade pode se tornar muito semelhante à do totalitarismo. Ela vira totalitarismo por completo quando se considera o Estado como guardião supremo do bem público, já que o indivíduo se torna livre entregando-se por inteiro ao Estado.

Essas discrepâncias na concepção de liberdade são um perigo real para ela. Mesmo que não levemos em conta os extremos, seja do niilismo, seja do totalitarismo, pode-se muito bem sentir que a teoria individualista é egoísta ou, pelo menos, pouco estimulante, enquanto a teoria da liberdade pela auto-rendição parece não se coadunar com nossa simpatia pela busca do indivíduo da própria felicidade à sua maneira.

Creio que o estudo da liberdade acadêmica pode servir como orientação para esse dilema. Isso porque nas fundações dessa liberdade devemos encontrar os dois aspectos tão firmemente entrelaçados, que suas relações essenciais e o verdadeiro equilíbrio entre eles se tornarão facilmente aparentes.

II

O estudo da liberdade acadêmica tem, em qualquer caso, a grande vantagem de podermos expressar com relativa facilidade o que entendemos por liberdade. A liberdade acadêmica consiste no direito de escolher o problema a investigar, em conduzir a pesquisa sem qualquer controle externo e em ensinar o assunto em pauta à luz de opiniões próprias.

À primeira vista, essa espécie de liberdade pode parecer que levanta dificuldades para as duas grandes teorias da citada liberdade. Pois, sem dúvida, não é conferida liberdade ao acadêmico para que ele promova sua própria felicidade; mas ele não está também, meramente, cumprindo uma obrigação. Conquanto ambas sejam funções autênticas da liberdade, fica a sensação de estar faltando algum princípio que deveria uni-las – é necessário um estereoscópio para juntar essas duas imagens de liberdade. Deveremos encontrá-lo num terceiro princípio que, até aqui, vem merecendo pouca atenção nas discussões filosóficas importantes sobre liberdade.

A prática corrente da vida científica contempla a alegação de que a liberdade é uma forma eficiente de organização. Supõe-se que a oportunidade proporcionada aos cientistas experientes de escolher e perseguir seus próprios problemas resulta na melhor utilização dos esforços conjuntos de todos os cientistas numa tarefa comum. Em outras palavras: se os cientistas do mundo são vistos como uma equipe que se propõe a explorar as ocasiões propícias para descobertas, presume-se que seus esforços serão eficientemente controlados se for permitido a cada um deles seguir suas próprias inclinações. Alega-se, de fato, que não existe outra maneira eficiente de organizar uma equipe, e que qualquer tentativa de coordenação de seus esforços mediante diretrizes de uma autoridade superior destruiria, inevitavelmente, a efetividade de sua cooperação.

Ora, isso, de certa forma, surpreende, já que normalmente se entende a coordenação como um processo de impor condicionantes sobre o poder discricionário de indivíduos. Tentemos analisar, portanto, como o contrário se aplica à ciência, ou seja, que a coordenação ótima é alcançada quando se liberam os impulsos individuais.

O usual, é claro, indica que, quando algumas pessoas agem por sua própria conta sobre as partes de uma mesma tarefa, seus esforços permanecem, na essência, sem coordenação. Uma equipe de mulheres descascando ervilhas representa um esforço não-coordenado, de vez que o resultado final é simplesmente a soma dos trabalhos individuais. Da mesma forma, uma equipe de jogadores de xadrez é essencialmente não-coordenada porque cada um enfrenta seu oponente pondo em prática a própria capacidade, e o desempenho da equipe é a soma simples dos jogos ganhos independentemente.

A característica que distingue a ciência é exatamente a oposta; ela não é conduzida por esforços isolados como os dos jogadores de xadrez e das descascadoras de ervilhas, e não progride dessa maneira. No dia em que todas as comunicações entre cientistas forem cortadas, a ciência, praticamente, paralisará. Descobertas poderão continuar sendo feitas no ritmo normal durante os primeiros anos de tal estado de coisas, mas o fluxo cedo irá diminuir, e, a partir de então, o progresso mostrar-se-á espasmódico e esporádico, dando um fim por completo ao crescimento continuado e sistemático da ciência. O princípio coordenativo da ciência aflora assim com toda a sua natureza simples e óbvia. Ele consiste no ajuste das atividades de cada cientista aos resultados até então alcançados pelos outros. Ao compor-se com os outros, cada cientista age independentemente, ainda que, em virtude dos diversos ajustamentos, os cientistas ampliem, com eficiência máxima, as conquistas da ciência como um todo. A cada passo, um cientista seleciona dos resultados obtidos pelos outros aqueles elementos que poderá usar com maior eficiência em seu trabalho, fazendo, dessa forma, a melhor contribuição possível para a ciência; ele abre, dessa forma, o campo para que outros cientistas, por sua vez, façam suas contribuições ótimas — e assim indefinidamente.

Deparamo-nos aqui — pelo menos nos parece — com um princípio básico que leva, de maneira bastante geral, à coordenação de atividades individuais sem a intervenção de qualquer autoridade coordenadora. Suponha-se, por exemplo, que nos cabe montar um quebra-cabeça enorme que nos consumiria dias ou semanas para concluir. Imagine-se também que a tarefa é realmente urgente, pois a descoberta de um segredo importante depende da solução do quebra-cabeça. Sem dúvida, convocaríamos uma equipe de ajudantes; mas como organizá-los? Não faria sentido providenciar diversas cópias do problema (que poderia ser fotograficamente duplicado) e as entregarmos aos colaboradores para, ao fim de determinado período de tempo, juntar as contribuições. Embora tal método pudesse permitir o alistamento de um número considerável de ajudantes, o resultado não seria compensador. A única maneira de terminar a missão rapidamente é reunir o número máximo de colaboradores que possam trabalhar convenientemente sobre um só quebra-cabeça e deixar que cada um monte o que lhe aprouver, segundo iniciativa individual. Cada ajudante iria observando a situação à medida que o progresso fosse sendo feito e proporia a si mesmo novos problemas, de acordo com o último estágio da figura completada por todos os outros. As tarefas realizadas por uns iriam se encaixando nas dos outros. Conseqüentemente, os esforços conjuntos de todos formariam um todo altamente organizado, ainda que cada um deles seguisse totalmente seu julgamento individual.

Ademais, fica óbvio o que aconteceria se alguém, acreditando na eficácia suprema da direção central, interviesse e tentasse melhorar as coisas aplicando os métodos da administração centralizada. É impossível planejar antecipadamente os passos da montagem de um quebra-cabeça. Tudo o que a administração centralizada conseguiria, portanto, seria estruturar os ajudantes num corpo hierarquizado e dirigir suas atividades a partir de um centro. Cada um teria que esperar por orientação de seu chefe e tudo ficaria em compasso de espera até que fosse tomada uma decisão no escalão superior. Na realidade, todos os participantes, exceto o que agisse como chefe da organização, deixariam de prestar qualquer contribuição apreciável para a montagem do quebra-cabeça. O efeito cooperativo cairia a zero.

Podemos ver, então, aqui confirmadas as duas vertentes: uma em que as ações de indivíduos, agindo segundo seus próprios juízos, podem ser, espontânea e, ainda assim, eficientemente, coordenadas numa tarefa comum, enquanto, na outra, a subordinação dos esforços individuais a uma autoridade central redundaria no fim da coordenação. Além disso, pode-se ver claramente prenunciada a aplicabilidade dessa lógica à autocoordenação dos cientistas na busca da descoberta. Pois essa lógica parece consistir simplesmente na extensão de um padrão desconhecido por meio de passos individuais, de acordo com a dupla condição de que cada novo passo sugerido possa ser rapidamente julgado quanto à sua correção ou não, e que cada passo novo seja com rapidez levado à atenção de todos os participantes e por eles considerado quando tiverem que dar o próximo passo.

III

Será isso tudo o que pode ser dito sobre a curiosa alegação de que os caminhos para as descobertas potenciais são mais efetivamente explorados se deixarmos os cientistas escolherem seus próprios problemas? Será assim tão simples?

De certa forma é. A base lógica para a coordenação espontânea dos cientistas na busca da ciência é tão simples quanto — na verdade, tem muita identidade com — a que opera a autocoordenação de uma equipe engajada na montagem de um quebra-cabeça. Mas existe alguma coisa profundamente diferente, e também muito significativa, no modo pelo qual os elementos da mesma maquinaria lógica são proporcionados nos dois casos. As peças de um quebra-cabeça são compradas numa loja com a certeza de que levarão à solução conhecida pelo fabricante. No entanto, o Criador do Universo não dá a nós, cientistas, garantia semelhante de que encontraremos uma "projeção horizontal" para esse Universo ao continuarmos juntando os elementos de nossa experiência.

Nem mesmo está claro em que sentido se pode dizer que a ciência – ou o academicismo em geral, ao qual todas essas considerações também se aplicam – tem absolutamente qualquer tarefa abrangente. A procura por uma "planta" do Universo só tem significado num sentido vago e fluido. Pitágoras e Kepler buscavam uma projeção horizontal em termos de regras numéricas e geométricas; Galileu e Newton, em termos de mecanismo; hoje, a estamos novamente buscando em termos de harmonias matemáticas, mas diferentes das regras numéricas de Pitágoras. No campo do academicismo geral, mudanças mais radicais ainda continuam ocorrendo no propósito da inquirição. Compare-se a interpretação moral da história feita por um Lorde Acton ou um Toynbee com a maneira com que a história é interpretada por marxistas como Laski e G. D. H. Cole, ou por psicanalistas como Franz Alexander ou Jung. Além disso, enquanto no caso do quebra-cabeça uma nova peça ou se encaixa em determinado espaço ou deixa de fazê-lo da forma mais óbvia, na ciência não é bem assim. Algumas descobertas novas podem levar imediatamente a uma posição que não pode ser contestada, mas outras alegações, freqüentemente mais importantes, podem permanecer incertas por alguns anos. Para cada passo do progresso científico, está associado um elemento de incerteza concernente ao seu objetivo e ao seu valor científico.

Não há a menor dúvida de que a lógica da autocoordenação no caso da ciência – e do academicismo em geral – se baseia em elementos que são muito mais vagos do que os presentes no caso de um quebra-cabeça. Na ciência e no academicismo, a incerteza do trabalho final e o caráter duvidoso de cada passo são tais que podem muito bem levar ao questionamento de toda a analogia que, até aqui, vimos buscando.

Contudo, na minha opinião, isso deve ser considerado um alerta para que se use tal analogia com cuidado. Tome-se, uma vez mais, o caso da ciência. A despeito das mudanças profundas na perspectiva geral e no método que ocorreram só nos últimos 400 anos de desenvolvimento científico, pode-se ver uma coerência marcante da contribuição para a ciência nesse período. A maioria dos cientistas que eram altamente respeitados ao seu tempo continua desfrutando de consideração elevada entre os cientistas de hoje, e poucos alcançaram a posição de grandes cientistas na atualidade entre aqueles cujos trabalhos eram considerados sem valor à sua época. É verdade que muitos dos argumentos de Kepler, ou mesmo de Galileu ou Newton, podem parecer irrelevantes nos nossos dias. Provavelmente, também, Galileu e Newton ficariam muito insatisfeitos com a espécie de explanação que a mecânica quântica nos proporciona dos processos atômicos. Porém, apesar disso, Galileu e Newton continuam sendo clássicos da ciência moderna. Suas descobertas formam a própria base para a imagem que hoje procuramos fazer da natureza, e seus processos investigativos estão ainda entre os arquétipos do método científico moderno. Seus exemplos pessoais são reconhecidos com imutável lealdade e, na verdade, com uma reverência que cresce com os séculos, enquanto o reino da ciência, que eles fundaram, continua a estender seus domínios.

Essa coerência da ciência através dos séculos é acompanhada por sua coerência em todas as regiões do planeta. Algumas tentativas enérgicas têm sido feitas nos últimos quinze anos, ou perto disso, para que os cientistas na Alemanha creiam que, como alemães, devam colocar em dúvida a relatividade e a mecânica quântica, e, desde 1939, grande pressão tem sido exercida sobre os cientistas da Rússia para que rejeitem as teorias de Mendel, em função de sua suposta incompatibilidade com o marxismo, mas esses esforços censuráveis felizmente têm sido esporádicos. No geral, a ciência é ainda aceita hoje da mesma forma em todo o mundo.

Aqui, acredito eu, temos diante de nós razões lógicas suficientes para a coordenação espontânea das descobertas científicas individuais. As razões estão na coerência que a ciência possui. Desde que exista um propósito definido e estável em cada passo da descoberta científica, e que cada um deles possa ser competentemente julgado quanto à sua conformidade com esse propósito e ao seu sucesso em se aproximar dele, tais passos podem se somar espontaneamente para a mais eficiente busca da ciência.

IV

Vamos elaborar um pouco mais o que foi dito acima, já que lá está o resultado essencial de toda a nossa linha de raciocínio.

Não basta reconhecer que a ciência persegue um objetivo constante. Isso também fazem os estudantes da cabala, os caçadores de bruxas e os astrólogos, e devemos distinguir os propósitos da ciência dessas concepções equivocadas. Não podemos falar de um verdadeiro crescimento espontâneo da ciência se considerarmos sua coerência aparente como fruto de uma série de acidentes ou como expressão de um erro persistente. Temos que acreditar, ao contrário, que ela representa a expansão consistente de alguma espécie de verdade. Dizendo de outra forma, temos que aceitar a ciência como algo real, uma realidade espiritual desvendada parcialmente num determinado momento pelas conquistas científicas do passado e que se tornará ainda mais manifesta com as descobertas que ainda virão. Devemos considerar que as mentes dos cientistas engajados na pesquisa procuram contato intuitivo com aquelas partes ainda ocultas da ciência e buscam a descoberta por meio de contatos com a realidade até então escondida. Sempre que um cientista esgrime com sua consciência intelectual, seja para aceitar, seja para rejeitar uma idéia, ele deve ser visto como em contato com toda a tradição da ciência; na verdade, com todos os cientistas do passado cujos exemplos está seguindo, com todos os contemporâneos cuja aprovação procura, e com todos os cientistas do futuro aos quais está propondo o estabelecimento de um novo conhecimento.

A coerência da ciência deve ser encarada como expressão do enraizamento comum de todos os cientistas na mesma realidade espiritual. Só assim se pode entender adequadamente que, ao dar um passo, cada cientista está perseguindo um propósito comum definido e pode julgar suficientemente — em geral, de acordo com outra opinião científica — se sua contribuição é válida ou não. É desse modo que as condições para a coordenação espontânea dos cientistas são apropriadamente estabelecidas.

Tal visão da coerência da ciência nos leva de volta aos dois aspectos rivais da liberdade e nos permite combiná-los. A ciência, podemos ver agora, demonstra fortes características correspondentes aos dois aspectos da liberdade. A afirmação da paixão pessoal é a marca registrada do grande pioneiro, aquele cujas qualidades são muito valiosas para a ciência. A originalidade é a principal virtude de um cientista, e o caráter revolucionário do progresso científico é, de fato, proverbial. Ao mesmo tempo, a ciência é detentora de uma tradição profissional das mais cerradamente entrelaçadas; rivaliza com a da Igreja de Roma e a da profissão jurídica em termos de continuidade da doutrina e de espírito corporativo. O rigor científico é tão notório quanto seu radicalismo. A ciência fomenta o máximo de originalidade, enquanto impõe também um grau excepcional de rigor crítico.

Ainda assim, não há desarmonia entre estas duas últimas características. Uma colisão pode ocasionalmente ocorrer entre a originalidade de um indivíduo e a opinião crítica de seus companheiros cientistas, mas não pode existir conflito entre os *princípios* da espontaneidade e do condicionante. Não há cientistas românticos que demandem a prerrogativa de expressar suas individualidades como tais, sem consideração pela opinião dos outros cientistas. O revolucionário na ciência não reivindica ser ouvido em função de qualquer direito à afirmação de sua personalidade contra coerção externa, e sim porque acredita que tem motivos para estabelecer uma nova opinião que irá compelir atenção universal. Ele quebra a lei existente em nome daquela que, para ele, é a que deveria existir. Tem uma visão intensamente pessoal de alguma coisa que, no seu ponto de vista, dali por diante todos irão reconhecer.

Essa unidade entre paixão criativa pessoal e vontade de se submeter à tradição e à disciplina é uma conseqüência necessária da realidade espiritual da ciência. Quando a intuição dos cientistas persegue a descoberta, ela está fugindo ao contato com a realidade da qual todos os outros cientistas participam com ele. Portanto, seus atos mais pessoais de intuição e consciência o ligam firmemente ao sistema universal e aos cânones da ciência. Embora todo o progresso científico se deva à força de impulsos individuais, tais impulsos não são respeitados pela ciência como tais, mas só quando eles são dedicados à tradição dessa ciência e disciplinados por seus padrões.

As considerações acima podem ser, em geral, estendidas ao academicismo. A liberdade acadêmica pode alegar ser uma forma eficiente de organização para a descoberta em todos os campos do estudo sistemático, controlado por uma tradição de disciplina intelectual.

V

O exemplo do quebra-cabeça provou ser útil. Ele nos guiou para a união efetiva dos dois aspectos rivais da liberdade. Deu-nos também uma idéia referente aos perigos de uma autoridade externa central abafando os impulsos das iniciativas individuais. Podemos agora ver com mais clareza como isso se aplica aos esforços acadêmicos, em especial na sua relação com o Estado. Se o crescimento espontâneo do academicismo requer que os acadêmicos se dediquem ao serviço de uma realidade transcendente, então isso significa que eles devem ser livres de toda autoridade temporal. Qualquer intervenção da parte de uma autoridade externa só pode destruir o contato deles com os objetivos que se empenham por perseguir.

Até aqui, a posição é razoavelmente simples. Acontece que, na atualidade, a tolerância do Estado para com a liberdade acadêmica não tem sido suficiente. Na escala moderna, as instituições de ensino e aprendizado superiores só podem ser mantidas com subsídios públicos. Portanto, como os acadêmicos são recompensados pelo Estado e dele recebem os meios para conduzir suas pesquisas, o governo pode muito bem exercer uma pressão que os desvie dos interesses e padrões acadêmicos. Por exemplo, um estado produtor de laticínios como o estado americano de Iowa pode não gostar que seus acadêmicos se esforcem para mostrar as vantagens econômicas e nutritivas da margarina, e a legislação estadual pode intervir contra sua própria Universidade Estadual, impedindo-a de publicar tais conclusões, como de fato aconteceu recentemente no estado em questão. Existem muitas oportunidades de conflito entre os interesses imediatos do Estado e aqueles do aprendizado e da verdade, cultivados por amor à ciência e à própria verdade. Como evitá-los?

Até certo ponto, a solução para tais conflitos é razoavelmente direta. O fato de o rei nomear e pagar os juízes não afeta a independência dos últimos se o rei se sujeita à lei. O rei da Inglaterra também nomeia e paga o principal oponente de seu próprio governo, na pessoa do líder da oposição parlamentar. O patrocínio do governo não constitui perigo para a independência das pessoas nomeadas, desde que seja permitido que elas atuem apropriadamente. Nesse caso, trata-se de um empreendimento governamental, proporcionando óleo e combustível para uma máquina sobre cuja operação não tem controle. No exemplo dos juízes, a máquina é controlada pelos princípios da justiça, como preconizados nas leis e interpretados pela profissão jurídica; no caso das nomeações políticas, o rei sanciona a vontade popular, como expressa na máquina eleitoral vigente.

Tais exemplos, em particular a nomeação de juízes pelo governo, são uma ilustração muito semelhante do caminho pelo qual o

Estado pode dar suporte ao acadêmico sem ameaçar sua independência. O Estado deve encarar a vida acadêmica independente da mesma forma que o faz com a administração independente da justiça. O respeito emprestado pelo Estado ao academicismo e aos princípios que orientam o livre avanço e disseminação do conhecimento deve ser profundamente enraizado como o da lei e o da justiça. Ambos devem derivar suas validades das mesmas fontes: dos princípios transcendentais incorporados nas grandes tradições, a cujo serviço nossa civilização se dedica.

Todavia, por maior que fosse o respeito do Estado por um judiciário independente, tal atitude não teria conseqüências se a profissão jurídica estivesse dividida em escolas rivais de pensamento; aí então o Estado teria que arbitrar entre elas. Algo semelhante também se aplica ao academicismo. O governo pode observar por completo a liberdade da ciência nas questões em que a opinião científica concorda como um todo; porém, se tal opinião estiver dividida em profundidade quanto aos méritos das descobertas e à capacidade dos acadêmicos, não haverá possibilidade de ser mantida a liberdade acadêmica. Suponha-se que, na ocasião em que um comitê competente de acadêmicos viesse a se reunir para eleger um novo professor, não buscasse aconselhamento de líderes acatados, nem tivesse também padrões aceitáveis para julgar o candidato. As cátedras seriam, então, preenchidas à luz de considerações que não as acadêmicas, e, provavelmente, ir-se-ia buscar o agrado da opinião pública ou do governo. Uma opinião acadêmica forte e homogênea, que deva sua coerência ao aferramento à mesma tradição acadêmica, é uma salvaguarda importante para a liberdade acadêmica. Se tal opinião existe e é respeitada pela opinião pública, então a liberdade acadêmica não corre risco. Nesse caso, é irrelevante se a fonte dos recursos para a universidade é pública ou privada.

Um levantamento em universidades de vários países revela a grande variedade da maquinaria para que sejam feitas as nomeações acadêmicas. Não obstante, vejo pouca conexão entre a natureza dessas constituições e a força da liberdade acadêmica em seus domínios. Em alguns países do continente europeu – p. ex., Holanda, Bélgica, Suécia, Noruega, Dinamarca, Suíça –, as universidades estatais são um sucesso completo; em certos estados da América, entretanto, elas têm sido repetidamente prejudicadas por legislação intolerante. A diferença está, por completo, na opinião pública, que tem respeitado bem mais a liberdade acadêmica, digamos, no cantão de Zurique do que no estado de Iowa. O autogoverno das universidades também não é garantia contra a corrupção da liberdade acadêmica. Conheço exemplos de universidades dirigidas, durante uma geração, por um grupo de professores que exerciam um sistema fechado de nepotismo e de patronato político. Qualquer candidato que tivesse adquirido reputação científica era logo tachado de caçador de publicidade, tentando se imiscuir na universidade por meios de práticas desleais. Se bem que salvaguardas da liberdade acadêmica sejam desejáveis, não se deve esquecer que elas não são suficientes e podem se transformar até em escudo para uma opinião acadêmica corrupta.

Entre as salvaguardas institucionais convenientes, eu gostaria de citar, particularmente, o costume da nomeação acadêmica permanente. Nomeações vitalícias, ou até a idade para a aposentadoria, garantem um alto grau de independência para o acadêmico, como acontece com os juízes e os ministros da Igreja. O caso da nomeação permanente do acadêmico, contudo, é algo peculiar. Por certo, em contraste com o juiz ou o ministro da religião, suas obrigações, nem remotamente, estão fixadas por qualquer regra explícita. Seus encargos como professor e administrador não devem consumir todo o seu tempo, mas deixá-lo livre para devotar suas energias principais ao trabalho criativo. Não há como obrigá-lo a realizar tal trabalho. Só se pode confiar no seu amor a esse trabalho e esperar que ele seja duradouro. Não se deve contar também com a substituição desse amor por um senso de dever, como acontece, às vezes, no casamento, porque ninguém pode fazer descobertas forçado por um sentido de dever sem paixão criativa. Pode-se ver aqui quão completamente o aspecto pessoal da liberdade — o da auto-afirmação — coincide, no campo acadêmico, com o aspecto social dessa mesma liberdade — o de entregar-se a serviço de princípios impessoais.

VI

Gostaríamos de testar ainda mais tais pontos de vista, analisando-os à luz de detalhes. Podemos começar, por exemplo, com a diferença, que à primeira vista parece intrigante, entre a posição independente defendida pelos membros da profissão acadêmica e a condição reconhecidamente subordinada de cientistas bem-treinados e engajados em diversas formas de pesquisas, de acadêmicos empregados como bibliógrafos e assim por diante. A simples explicação para essa diferença reside na distinção entre trabalho criativo e rotineiro. Voltemos ao exemplo do quebra-cabeça. A liberdade é concedida aos ajudantes porque eles têm que conjeturar sobre o caminho que tomarão a cada passo. Agora, conjeturar sobre a solução de um problema oferecido pela natureza – como o que se espera dos cientistas – requer o exercício de faculdades intuitivas controladas por consciência intelectual; são esses os meios para estabelecer contato com uma realidade encoberta. Cada um desses contatos conduzirá a nova partida numa direção mais ou menos desconhecida, e é exatamente para encontrar tais direções que cada acadêmico deve agir independentemente. Num processo de levantamento, por outro lado, a direção do progresso é estabelecida com antecedência. O levantamento, então, subentende que os que estão com ele envolvidos devem aceitar um projeto abrangente que lhes foi antes apresentado. Quando tal esquema existe, sua concretização mediante contribuições de pesquisadores individuais pode ser dirigida por uma autoridade central, e é aconselhável que assim seja. As tarefas desses pesquisadores individuais serão, de cima, adequadamente repartidas entre eles, que não podem, assim, alegar liberdade acadêmica.

É também fácil descartar a alegação de liberdade acadêmica para os cientistas que pesquisam para a indústria ou para as agências governamentais. A respeito desse assunto, campeia uma boa dose de confusão intelectual, emocional e política. O fato óbvio é que qualquer pesquisa conduzida explicitamente para uma finalidade que não seja o avanço do conhecimento deve ser, no final das contas, guiada pela autoridade responsável pela consecução desse objetivo que vem de fora. Tais objetivos externos normalmente são práticos, como a condução da guerra, o aprimoramento de algum serviço público – como a telefonia ou as estradas – ou simplesmente o lucro de alguma empresa. Se quem faz a pesquisa está a serviço de qualquer desses objetivos, tem que submeter sua própria contribuição ao julgamento dos que, em última análise, são os responsáveis pela direção da guerra, pela operação do sistema de telefonia, pela construção das estradas ou pelo lucro do empreendimento comercial. Tem que aceitar a decisão dessas pessoas quanto ao que dele se espera para que o objetivo seja alcançado. Ele só fará um bom trabalho se, depois de bem discutir o assunto, confiar na decisão final do executivo ao qual se reporta. A medida de subordinação, essencial para um trabalho bem-sucedido, de um cientista que realiza pesquisa aplicada poderá variar bastante. Contudo, não deverá haver grande dificuldade em equacionar qualquer caso particular com base no mesmo princípio geral. Em termos bem amplos, deve ser feita a opção entre a dedicação ao avanço de um sistema do conhecimento, que requer liberdade, e o trabalho na ciência aplicada, que envolve subordinação.

É claro que não existe diferença em termos pessoais pelo fato de o indivíduo estar engajado na pesquisa aplicada ou fazer ciência pura. Pode ser o mesmo homem em diferentes períodos de sua vida. Durante a guerra, muitos cientistas acadêmicos se apresentaram voluntariamente para realizar trabalho prático; todos tiveram que aceitar uma certa subordinação. Estou apenas dizendo que existem tarefas cujo desempenho eficiente exige que o homem seja livre, enquanto outras requerem a sujeição a uma autoridade superior.

VII

É evidente que a liberdade acadêmica não é jamais um fenômeno isolado. Ela só pode existir numa sociedade livre, porque os princípios em que se baseia são as mesmas fundações sobre as quais repousam as liberdades essenciais da sociedade.

A análise das atividades acadêmicas livres nos deu uma concepção clara de homens e mulheres avaliando as possibilidades ocultas da mente. Nós os observamos convivendo com uma tradição criativa comum e fazendo contato com uma realidade espiritual básica dessa tradição. Vimos como eles exercitam os poderes da intuição e como julgam suas próprias idéias à luz da consciência intelectual. Referências foram feitas a analogias importantes tais como as atribuições dos juízes e dos ministros da religião, que poderiam ser ainda mais ampliadas. Numa tribunal, por exemplo, existem outros, que não os juízes, que agem com motivações espirituais. Há as testemunhas que podem ter dificuldade em dizer a verdade, mas o fazem. Existem os jurados e os advogados que, em muitas ocasiões, batalham com suas consciências. (Imagine-se a situação dos jurados no famoso julgamento de Emile Zola, que foram ameaçados por cartas e demonstrações à frente de suas casas durante todo o processo.) Em todas as partes do mundo, existem pessoas às quais seus concidadãos delegam a responsabilidade de dizer a verdade ou de ser justas; existem consciências comovidas pela compaixão, lutando contra os vínculos ao conforto e à insensibilidade provenientes dos maus costumes.

Nossas vidas são repletas de tais conflitos. Sempre que são feitos contatos com obrigações espirituais, há a possibilidade de afirmação da liberdade. A história nos proporciona grandes exemplos, como também são inúmeras as ocasiões na vida cotidiana em que as pessoas asseveram suas liberdades por tais razões. Uma nação cujos cidadãos são sensíveis aos reclamos da consciência e não temem segui-los é uma nação livre. Um país no qual as questões da consciência são geralmente encaradas como reais, e as pessoas, no todo, estão dispostas a admiti-las como motivos legítimos e mesmo a arrostar consideráveis inconvenientes e apuros causados por outras que não pensam assim — esse é um país livre.

Tais contatos com obrigações transcendentais podem chegar a altos níveis de criatividade. Podem inspirar declarações proféticas ou outras grandes inovações. Em alguns campos — como na ciência, no meio acadêmico ou na administração da lei — isso contribuirá para o desenvolvimento de um sistema intelectual. Nesse caso, pode ser observado um processo definido de autocoordenação, porém em todos os contatos com realidade espiritual há uma dose de coerência. Um povo livre, no qual muitas pessoas estão alertas para os apelos da consciência, demonstrará uma coerência espontânea dessa espécie. Essas pessoas podem ter o sentimento de que tudo vem do fato de elas estarem arraigadas à mesma tradição nacional, mas essa pode ser meramente uma variante da tradição humana universal. Isso porque uma coerência similar pode ser achada entre diferentes nações que seguem uma tradição nacional desse tipo. Elas formam uma comunidade de povos livres. Podem argumentar e discutir, mas no final das contas conseguem acertar cada nova dificuldade surgida, em função das raízes profundas na mesma razão transcendental.

VIII

Finalmente, retornemos brevemente ao grande problema do perigo do totalitarismo sobre o qual dei indicação no início. Podemos ver dois pontos emergindo de nossa discussão sobre a liberdade acadêmica e a liberdade em geral.

Parece, primeiro, que a antítese usual indivíduo *versus* Estado é uma orientação falsa para a questão liberdade *versus* totalitarismo. As liberdades mais essenciais não são aquelas em que o indivíduo, na busca de interesses pessoais, pleiteia respeito por parte do Estado. A liberdade é demandada em função das razões às quais o indivíduo se dedica. Ele fala ao Estado como vassalo de um mestre superior, para o qual requer homenagem. A verdadeira antítese, então, é entre o Estado e as coisas invisíveis que guiam os impulsos criativos dos homens e nas quais as consciências desses homens estão firmemente enraizadas. As fundações gerais da coerência e da liberdade na sociedade podem ser consideradas seguras na medida em que os homens sustentam suas crenças na realidade da verdade, da justiça, da caridade e da tolerância, e aceitam dedicar-se ao serviço dessas realidades; por outro lado, pode-se esperar que a sociedade se desintegre e afunde na servidão caso essas realidades e obrigações transcendentais sejam negadas, minimizadas pela explicação ou desconsideradas.

A forma totalitária de Estado surge logicamente da negação da realidade desse reino das idéias transcendentais. Quando as fundações espirituais para toda a livre dedicação às atividades humanas – do cultivo da ciência ou do academicismo, da distribuição da justiça, da profissão de religião, do exercício da arte sem peias e da livre discussão política –, quando as razões transcendentais para todas essas atividades livres são sumariamente negadas, então o Estado se transforma, necessariamente, em herdeiro de toda a devoção do homem. Pois se a verdade não é real e absoluta, parece apropriado que as autoridades públicas decidam o que deve ser chamado de verdade; e se a justiça não é real e absoluta, que elas proclamem o que deve ser considerado justo ou injusto. De fato, se nossas concepções de verdade e justiça são determinadas por interesses dessa ou daquela espécie, é correto que o interesse público venha a sobrepujar os pessoais. E temos aqui uma justificativa completa para o Estado totalitário.

Em outras palavras, quando uma negativa radical das obrigações absolutas não consegue destruir as paixões morais do homem, essas ficam desabrigadas. O anseio pela justiça e pela fraternidade não mais poderá ter livre curso, mas procurará incorporação em alguma teoria da salvação mediante a violência. Daí o surgimento das formas pessimistas, duras e supostamente científicas de fanatismo tão características de nossa era moderna.

O estudo da liberdade acadêmica que vimos fazendo pode servir para mostrar o ponto decisivo da questão da liberdade. Ele consiste em certas suposições metafísicas sem as quais a liberdade não pode ser logicamente atingível; se tais suposições também não forem firmemente professadas, a liberdade só poderá ser sustentada num estado de lógica pendente, que ameaça entrar em colapso a qualquer momento e que, nesses tempos revolucionários e de procura, está fadada a desmoronar em breve.

Os poderes de destruição que o homem vem crescentemente desenvolvendo cedo levarão essas idéias de nosso tempo a um teste crucial. Talvez tenhamos que enfrentar o fato de que, apenas pela retomada da grande tradição que incorpora a fé nessas realidades, possamos tornar possível e desejável a continuidade da raça humana na Terra, equipada com os poderes da ciência moderna.

CAPÍTULO IV

Autogoverno da Ciência[1]

É difícil encontrar uma declaração completa e peremptória sobre o argumento usado para dar suporte ao controle do Estado sobre a ciência; porém, acredito que, em sua forma mais precisa, ela seria assim: "Nenhuma afirmação científica é absolutamente válida porque está sempre presente alguma suposição básica cuja aceitação representa um ato arbitrário de fé. A arbitrariedade prevalece uma vez mais quando o cientista escolhe endereçar a pesquisa para uma direção em vez de outra. Considerando-se que tanto o conteúdo da ciência como seu progresso afetam, de forma vital, a comunidade em seu todo, é errado deixar-se as decisões ligadas à ciência a cargo de pessoas privadas. Decisões como essas deveriam ser reservadas às autoridades públicas que são responsáveis pelo bem público; daí a conclusão de que o ensino da ciência e a condução da pesquisa têm que ser controlados pelo Estado."

Creio que essa linha de raciocínio é falaciosa e sua conclusão errada. Contudo não tentarei opor-me a ela ponto por ponto, mas, ao contrário, vou fazê-lo no conjunto, analisando o estado real das

---

[1] Discurso pronunciado na Sociedade Literária e Filosófica de Manchester, fevereiro de 1942.

questões que ela deturpa em geral. Analisarei os indivíduos e grupos que, normalmente, tomam as decisões que contribuem para o crescimento e a disseminação da ciência. Mostrarei que os cientistas individuais, o corpo de cientistas e a opinião pública desempenham cada um determinada parte e que tal distribuição de funções é inerente ao processo do desenvolvimento científico, e que nenhuma delas pode ser delegada a uma autoridade superior. Argumentarei que qualquer tentativa de fazer isso só poderia resultar na distorção – e, se houver persistência, na completa destruição – da ciência. Mostrarei exemplos de onde tal tentativa foi feita e onde a destruição da ciência realmente ocorreu.

I

As decisões primárias na formatação do progresso científico são tomadas por investigadores individuais quando embarcam numa determinada linha de inquirição. O investigador independente é, nos dias de hoje, via de regra um cientista profissional, nomeado por autoridades públicas, com base em registros científicos, para uma função na qual se espera que ele faça pesquisa. A ele é dada liberdade para utilizar seu próprio tempo nessa pesquisa, ao mesmo tempo em que lhe é concedido também o controle sobre recursos financeiros e humanos.

A garantia de tal poder discricionário aos indivíduos para os propósitos de sua profissão é razoavelmente comum em todas as atividades da vida. Os detentores de altos cargos na política, nos negócios, no direito, na medicina, no exército, na Igreja são todos investidos de poderes que lhes permitem seguir seus próprios julgamentos, dentro de uma moldura delimitada por certas regras, e usar tal liberdade para a consecução de suas atribuições. Todavia, o grau de independência concedida ao cientista pode parecer maior do que o dado a outros profissionais. O dever do homem de negócios é conseguir lucros, o do jurista, impor a lei, o do general, derrotar o inimigo; enquanto em cada caso a escolha dos meios específicos para o cumprimento da missão é deixada à pessoa responsável, os padrões para o sucesso vêm de fora. Para o cientista, isso não acontece na mesma medida. Faz parte de sua tarefa revisar e renovar, por meio de conquistas pioneiras, os próprios padrões pelos quais seu trabalho deverá ser julgado. A ele pode ser negado reconhecimento por um tempo considerável – ainda que seus pleitos possam ser, afinal, justificados. Mas a diferença é somente de medida. Todos os padrões do sucesso profissional experimentam alguma mudança ao curso da prática da profissão, e, por outro lado, até o mais ousado pioneiro da ciência aceita as concepções gerais da conquista científica e baseia suas alegações, essencialmente, nos padrões tradicionais.

De qualquer forma, os poderes para usar seu próprio julgamento intuitivo e a coragem para perseguir linhas originais de inquirição não são concedidos ao cientista para a satisfação dos anseios pessoais próprios. O alto grau de independência de que desfruta lhe é assegurado para que desempenhe com mais eficiência suas obrigações. Sua tarefa é de descobrir, no estado vigente da ciência, as oportunidades para a mais bem-sucedida aplicação de seus talentos e devotar-se à exploração dessas oportunidades. Quanto maior sua liberdade, maior a força com que pode lançar sua convicção pessoal no ataque ao problema com que se depara.

No começo, sua tarefa ainda está encoberta, mas, apesar disso, definida. Grande é a evidência a mostrar que, em qualquer momento, as próximas possibilidades de descoberta na ciência são poucas. O próximo passo a ser dado num determinado campo é, algumas vezes, de fato tão claro que chega à divulgação de uma "corrida dramática" de cientistas de ponta numa descoberta prestes a acontecer. Uma série de tais corridas teve lugar no período de poucos anos para a descoberta da síntese de várias vitaminas. Em 1935, Karrer, em Zurique, e Kuhn, em Heidelberg, competiram na síntese da vitamina B_2. Em 1936, três equipes — Andersag e Westphal, na Alemanha, Williams e Cline, nos Estados Unidos, e Todd e Bergel, na Inglaterra — competiram pela síntese da vitamina B_1. E, em 1938, um dos participantes da corrida da B_1, Todd, e um da B_2, Karrer, rivalizaram numa corrida apertada pela vitamina E. Poucos anos antes (1930), uma grande corrida foi ganha na física quando Cockcroft e Walton, trabalhando sob a orientação de Rutherford, em Cambridge, conseguiram a desintegração artificial do elétron por intermédio de descarga elétrica — à frente de Lange e Brasch, na Alemanha, e de Breit, Tuve, Hafstad, Lauritsen, Lawrence e outros, na América. Ou, para dar um exemplo na física puramente teórica: entre 1920 e 1925, o problema enfrentado pelos físicos teóricos foi o da conciliação da mecânica clássica com a teoria quântica; e, em torno de 1925, diversos físicos (de Broglie, Heisenberg, Born, Schrödinger, Dirac) realmente descobriram — de forma mais ou menos independente — as várias partes da solução. Na resenha da biografia produzida por Eve sobre Rutherford, *Sir* Charles Darwin[2] esti-

---

[2] *Nature*, 3670, Vol. 145, p. 324, 2 de março de 1940.

mou, *grosso modo*, o tempo que Rutherford deveria ter se antecipado aos seus contemporâneos nas várias descobertas, e sugeriu que, na maioria dos casos, tal período de tempo ficou entre apenas alguns meses e três ou quatro anos. O próprio Rutherford disse que ninguém era capaz de ver nada que ultrapassasse um oitavo de polegada além do nariz e que até mesmo um grande homem só enxergava até essa distância.

A pesquisa científica não se torna menos criativa ou menos independente pelo fato de que, em qualquer momento particular, somente umas poucas descobertas são possíveis. Não desfazemos do gênio de Colombo porque havia apenas um Novo Mundo neste planeta para que ele descobrisse.

Conquanto a tarefa seja bastante definida, o achado da solução é, entretanto, intuitivo. O essencial para o início da ciência é a hipótese correta sobre a direção da pesquisa ulterior. Toda a carreira de um cientista permanece, freqüentemente, vinculada ao desenvolvimento de um único assunto que foi estimulado por suas hipóteses iniciais. Ao longo de todo o tempo, o cientista está constantemente coletando, desenvolvendo e revisando um conjunto de suposições meio conscientes, uma coleção de pistas particulares, que são seus guias confidenciais para o domínio do assunto.

Esse sistema vago de intuições não pode ser formulado em termos definitivos. Ele representa uma visão pessoal que só pode ser transmitida — de resto, muito imperfeitamente — a colaboradores próximos que podem observar, por um ano ou dois, sua aplicação diária aos problemas correntes do laboratório. Tal visão é tão emocional quanto intelectual. As expectativas que suscita não são conjeturas vazias, mas esperanças ativas repletas de entusiasmo.

As emoções do cientista também expressam e sustentam os valores que orientam a pesquisa; elas se transformam em coragem e confiança, e provocam desdém para com o lugar-comum e o fantasioso. Tais emoções também só podem ser transmitidas pelo contato direto no curso da colaboração ativa. O líder de uma escola de pesquisa não tem função mais importante do que a de manter o entusiasmo por ela entre seus estudantes e instilar neles o amor por seu próprio campo particular.

Essa é a missão dos cientistas. O estado vigente do conhecimento e dos padrões da ciência define o horizonte dentro do qual ele encontrará sua tarefa. Ele tem que prever em que campo e em que problema novo seus próprios dons específicos podem ser mais vitoriosamente aplicados. Nesse estágio, seus dons ainda estão encobertos, seu problema, obscuro. Dentro de si, o cientista guarda uma chave escondida capaz de abrir um cofre também escondido. Existe apenas uma força capaz de revelar tanto a chave quanto o cofre, e de reuni-los: a ânsia criativa que é inerente às faculdades humanas e que as guia, instintivamente, para as oportunidades em que podem se manifestar. O mundo exterior pode ajudar pelo ensino, pelo estímulo e pela crítica, mas todas as decisões essenciais que conduzem à descoberta permanecem pessoais e intuitivas. Ninguém que tenha um mínimo de experiência em posto elevado ou em qualquer função que requeira julgamento de alto nível poderia conceber a possibilidade de decisões como essas serem tomadas por uma pessoa no lugar de outra. Decisões dessa espécie só podem ser suprimidas, de fato, pela tentativa de transferi-las para uma autoridade externa.

Michael Polanyi

II

O cientista de hoje não pode praticar seu ofício no isolamento. Ele tem que ocupar posição definida dentro de um quadro de instituições. Um químico se torna membro da profissão química; o zoólogo, o matemático ou o psicólogo – cada um deles pertence a um grupo de cientistas especializados. Os diferentes grupos de cientistas constituem a *comunidade científica*.

A opinião dessa comunidade exerce influência profunda sobre o curso de qualquer investigação individual. Falando de modo geral, enquanto a escolha dos assuntos e a conduta real da pesquisa são da inteira responsabilidade do cientista individual, o reconhecimento das alegações de descobertas fica sob a jurisdição da opinião científica expressa pelos cientistas como um corpo. Normalmente, tal expressão se faz de maneira informal, mas, em parte também, pelo emprego de uma maquinaria organizada. Num determinado momento, só uma certa gama de assuntos é considerada por tal opinião proveitosa para o trabalho científico, e, em conseqüência, nenhum treinamento ou funções são oferecidos fora dessa faixa, seja para ensino, seja para pesquisa, da mesma forma que as escolas de pesquisas e as revistas disponíveis para publicação não ficam acessíveis para tais assuntos.

Na realidade, até mesmo dentro dos campos reconhecidos num instante particular, os artigos científicos só podem ser publicados com a aprovação preliminar de dois ou três árbitros independentes, convocados como consultores pelo editor da revista. Tais árbitros expressam opinião particularmente sobre dois pontos: se as alegações do artigo são substancialmente bem fundamentadas ou se eles despertam suficiente grau de interesse científico que recomende a publicação. Ambas as características são analisadas à luz de padrões convencionais que mudam com o passar do tempo de acordo com as alterações da opinião científica. Algumas vezes, pode ser sentido que a tendência dos autores é por especulação demasiada, e os árbitros tentam então corrigi-la impondo mais disciplina. Noutras, pode ser visto um perigo de absorção em mero trabalho mecânico, cabendo aos árbitros, mais uma vez, a advertência de que os trabalhos devam ser mais profundos e originais. É natural que, em períodos diferentes, haja também marcante variação quanto às conclusões consideradas suficientemente plausíveis. Há alguns anos, houve um período em que era fácil publicar um artigo que tratasse da transformação de elementos químicos por processos laboratoriais comuns;[3] hoje – como em tempos anteriores – isso seria difícil, senão impossível.

Os árbitros que dão assessoria às revistas científicas deverão também encorajar, até certo ponto, as linhas de pesquisa que considerem particularmente promissoras, desestimulando aquelas sobre as quais têm opinião desfavorável. As competências dominantes a esse respeito, todavia, são inerentes aos árbitros que assessoram sobre nomeações científicas, sobre a alocação de subsídios especiais ou sobre a concessão de distinções. A assessoria em tais campos, que normalmente envolve questões importantes para a política da ciência, é em geral solicitada a um pequeno número de cientistas seniores universalmente reconhecidos como os mais eminentes num dado ramo. São as pessoas mais influentes, os governantes

---

[3] *Science, Faith and Society*, de minha autoria (1946), p. 76.

oficiosos da comunidade científica, cujo aconselhamento pode acelerar ou retardar o crescimento de uma nova linha de pesquisa. Elas podem, a qualquer momento, proporcionar subsídios para tais linhas. Com a concessão de prêmios e outras distinções, elas investem um pioneiro promissor, quase da noite para o dia, de posição de autoridade e independência. Mais lentamente, porém sem perda de eficiência, um novo investimento pode ser estimulado pela política das pessoas influentes na assessoria de novas nomeações. No período de cerca de uma década, pode ser estabelecida uma nova escola de pensamento por meio da seleção de candidatos adequados para as cátedras que vagarem naquele período. O mesmo objetivo pode ser alcançado com maior eficácia ainda pela criação de novas cátedras.

O constante redirecionar do interesse científico promovido por líderes da opinião científica cumpre o importante papel de manter os padrões de desempenho em diferentes campos da ciência aproximadamente em igual nível. Tal nível é conjuntamente caracterizado por três fatores: (1) o interesse intrínseco do assunto, que pode ser contemplativo ou prático; (2) a profundidade ou interesse sistemático das generalizações envolvidas; e (3) a certeza e a precisão das novas afirmativas feitas. Em cada campo da ciência, essa avaliação com três aspectos terá que ser aplicada em conjunto, dando-se particular atenção às amplas variações no interesse de assuntos diversificados. Conseqüentemente, precisão e sistemática menores serão requeridas, por exemplo, no estudo das matérias relacionadas com a vida e com os seres humanos do que com o estudo das coisas inanimadas. Os líderes da opinião científica são responsáveis pela manutenção, durante todo o tempo, da fronteira avançada da ciência em padrões de valores aproximadamente uniformes. Guiados por tais padrões, eles farão com que os recursos mutantes e os encorajamentos sejam desviados para os pontos mais desenvolvidos da ciência, a expensas dos menos promissores; isso produzirá uma tendência para a utilização mais econômica da totalidade dos recursos disponíveis para a ciência, tanto em cabeças pensantes como em dinheiro.

A continuada equalização dos padrões em todos os campos é necessária, não apenas para uma distribuição racional de meios e de recrutas para as escolas de pesquisa por toda a amplitude da ciência, como também para dar suporte em cada campo à autoridade da ciência perante a opinião pública. Em termos de relação entre ciência e público, devo, agora, entrar em algum detalhe. Contudo, um aspecto particular dela requer menção nesse estágio, já que envolve a fase final do processo pelo qual o reconhecimento é outorgado a novas alegações científicas. Os artigos publicados ficam abertos a discussão, e seus resultados podem permanecer controversos por determinado período. Mas as polêmicas científicas são em geral estabelecidas — ou são engavetadas à espera de mais evidências — dentro de um tempo razoável. Os resultados são então repassados, sob a forma de livros didáticos, para universidades e escolas, e se tornam parte da opinião geralmente aceita. Esse processo final de codificação fica também sob o controle do corpo da opinião científica, que o expressa pelas resenhas, sob cuja autoridade os livros didáticos entram em circulação.

Os padrões da ciência — como os de todas as outras artes e profissões — são transmitidos em grande parte pela tradição. A ciência, no senso moderno, teve origem há cerca de 300 anos com a obra de um pequeno grupo de pioneiros, entre os quais se destacam Vesalius e Galileu, Boyle, Harvey e Newton. Os fundadores dessa ciência moderna discutiram extensamente e com considerável visão os novos métodos que aplicaram; ademais, as doutrinas da filosofia contemporânea — em especial, com John Locke — deram expressão completa a essa visão. Não obstante, o âmago do método científico repousa no exemplo prático de seus trabalhos. Seja o que for que as várias filosofias do método científico venham ainda a revelar, a ciência moderna deve continuar a ser definida como a busca da verdade segundo as linhas traçadas pelos exemplos de Galileu e seus contemporâneos. Nenhum pioneiro da ciência, por mais revolucionário — nem Pasteur, Darwin, Freud ou Einstein —, negou a validade dessa tradição ou chegou sequer a minimizá-la.

A ciência moderna é uma tradição local que não se transmite facilmente de um lugar para outro. Países como a Austrália, a Nova Zelândia, a África do Sul, a Argentina, o Brasil, o Egito e o México estabeleceram cidades grandes e modernas com universidades amplas, mas raramente conseguiram fundar importantes escolas de pesquisas. A produção científica corrente nesses países, antes da guerra, era ainda menor que as contribuições individuais da Dinamarca, Suécia ou Holanda. Aqueles que visitaram partes do mundo onde a vida científica está apenas começando conhecem a luta insana que a falta de tradição científica impõe sobre os pioneiros. Aqui, o trabalho de investigação estaciona por falta de estímulo, acolá, ele corre sem rumo na ausência de uma adequada influência diretiva. Reputações não-sólidas crescem como cogumelos com base em nada mais do que conquistas ordinárias, ou mesmo em empáfias vazias. A política e os negócios enveredam pela desordem com as nomeações e a alocação de subsídios para a pesquisa. Por mais rico que seja o fundo para subsidiar a genialidade local, um tal ambiente a torna incapaz de frutificar. Logo nas primeiras fases, a Nova Zelândia perde seu Rutherford, a Austrália, seu Alexander e seu Bragg, e tais perdas retardam ainda mais o crescimento da ciência em um país novo. Raramente, se é que alguma vez, foi conseguida a aclimatação final da ciência fora da Europa, até que o governo de um país é bem-sucedido em induzir uns poucos cientistas de algum centro tradicional a se estabelecerem em território nacional e lá desenvolverem um novo lar para a vida científica, moldada pelos próprios padrões tradicionais. Isso demonstra da forma talvez mais expressiva o fato de que a ciência, em conjunto, é baseada — do mesmo modo que a prática de qualquer escola singela de pesquisa — numa tradição local, consistindo num fundo de abordagens intuitivas e valores emocionais, que somente pode ser transmitido de uma geração para outra por intermédio da colaboração pessoal.

A pesquisa científica — em suma — é uma arte; é a arte de fazer certas espécies de descobertas. A profissão científica como um todo tem a função de cultivar tal arte pela transmissão e desenvolvimento da tradição de sua prática. O valor que atribuímos à ciência — quer seu progresso seja considerado bom, mau, quer indiferente, sob um ponto de vista escolhido — não interessa aqui. Qualquer que seja esse valor, a verdade é que a tradição da ciência como uma arte só pode ser repassada pelos que a praticam. Por conseguinte, não faz sentido uma outra autoridade substituir a opinião científica no desempenho dessa função; e qualquer tentativa de fazê-lo somente pode resultar em embaraçosa distorção – e se persistentemente aplicada – na destruição mais ou menos completa da tradição da ciência.

III

Os cientistas profissionais formam uma minoria diminuta na comunidade, talvez um para cada dez mil. As idéias e opiniões de um grupo tão pequeno só têm importância em virtude da resposta que provocam do público em geral. Tal resposta é indispensável para a ciência, uma vez que essa última depende daquela a fim de que haja dinheiro para pagar os custos da pesquisa e para convocar recrutas que preencham os quadros da profissão. Fica claro que a ciência só pode continuar a existir na escala moderna se a autoridade que pleiteia é aceita por vastos grupos da população.

Por que o público decide aceitar a ciência como válida? Será que ele não pode ver as limitações das demonstrações científicas – nas evidências pré-selecionadas, nas teorias preconcebidas, na documentação sempre deficiente em termos básicos? Sim, ele pode detectar essas falhas, ou pelo menos ser alertado para vê-las. Mas a realidade é que ele precisa decidir, de uma forma ou de outra, sobre as coisas materiais que o cercam. Os homens têm que formar idéia sobre o universo material que os circunda e abraçar convicções definitivas a respeito. Jamais se teve notícia da existência de uma parte da raça humana sem um sistema de tais convicções, e está claro que sua ausência representaria a aniquilação intelectual. O público tem que escolher, portanto, seja em acreditar na ciência ou então em alguma explanação rival da natureza, tais como as oferecidas por Aristóteles, pela Bíblia, pela Astrologia ou pela Mágica. Entre todas essas alternativas de nosso tempo, o público, em sua maioria, optou pela ciência.

Tal aceitação da ciência foi conseguida gradualmente, ao longo de séculos de batalhas que não tentarei recontar aqui. Mas a vitória não foi completa nem necessariamente final. Bolsões de opiniões anticientíficas persistem em várias formas. Por exemplo, a medicina científica é rejeitada pelo público dos países ocidentais que professam a Ciência cristã; o fundamentalismo contesta a geologia e a evolução; a astrologia desfruta de certa e vaga ascendência em determinados círculos; o espiritismo vive na fronteira entre a ciência e o misticismo. Esses centros persistentes de heterodoxia são um desafio constante para a ciência. Não é inconcebível que de um deles venha a emergir no futuro algum elemento de verdade, inacessível ao método científico, que possa constituir ponto de partida para uma nova interpretação da natureza. De qualquer forma, esses movimentos anticientíficos representam no presente um teste efetivo para a aceitação espontânea da ciência: seu fracasso em difundir mais a doutrina que professam demonstra que a ciência permanece mais convincente que qualquer outra alternativa possível.

IV

Acabei de mostrar que as forças que contribuem para o crescimento e a disseminação da ciência operam em três estágios. Os cientistas individuais tomam a iniciativa de escolher seus problemas e de conduzir suas investigações; o corpo de cientistas controla cada um de seus membros, impondo os padrões da ciência;

e, finalmente, o povo decide, em discussão pública, se aceita ou não a ciência como a verdadeira explicação da natureza. A cada estágio, um humano operará. Mas tal exercício da vontade é determinado por completo, nessas ocasiões, pela responsabilidade inerente à ação; em conseqüência, qualquer tentativa de dirigir de fora essas ações tem que, inevitavelmente, distorcer ou destruir o significado adequado delas.

Existem dois recentes exemplos registrados de tentativas feitas para quebrar a autonomia da vida científica e subordiná-la à direção do Estado. Aquela feita pelo nacional-socialismo na Alemanha foi tão grosseira e cínica que é fácil demonstrar sua natureza puramente destrutiva. Tome-se a seguinte declaração atribuída a Himmler, na qual ele reprova os acadêmicos alemães por se recusarem a aceitar como genuíno um documento falsificado relativo à pré-história germânica:

> Não damos a mínima se isso ou aquilo representa a verdade sobre a pré-história das tribos germânicas. A ciência caminha em função de hipóteses que mudam a cada um ou dois anos. Portanto, não existe motivo plausível para que o partido não apresente uma determinada hipótese, mesmo que ela contrarie a opinião científica corrente. A única coisa que nos interessa, e àquelas pessoas que são pagas pelo Estado, é a formulação de idéias da história que fortaleçam o necessário orgulho nacional de nosso povo.[4]

Fica evidente que Himmler só simulava – com um mero jogo de palavras – que desejava reajustar os fundamentos da ciência; seu propósito, na verdade, era suprimir a inquirição livre para consoli-

---

[4] *Hitler Speaks*, de H. Rauschning (1930), p. 224-25.

dar uma falsidade particular que ele considerava útil. As dificuldades filosóficas da posição da ciência foram utilizadas apenas para confundir a questão e para encobrir – ainda que superficialmente – um ato de brutal violência.

V

As tentativas do governo soviético para dar início a uma nova espécie de ciência são de um nível completamente diferente. Elas representam um esforço genuíno de conduzir a ciência para o bem público e, portanto, proporcionam um teste adequado dos princípios envolvidos em tais tentativas.

Devo ilustrar o processo e seus resultados pelos exemplos da genética e da produção de plantas, para os quais a direção governamental foi aplicada com particular energia.[5] A intervenção do Estado nesses campos começou por volta do ano de 1930 e foi definitivamente estabelecida na Conferência de União Total sobre o Planejamento da Pesquisa Genética e da Seleção, ocorrida em Leningrado em 1932. Até aquela ocasião, a genética foi desenvolvida e floresceu bastante na Rússia como uma ciência livre, guiada pelos padrões reconhecidos internacionalmente. A Conferência de 1932 decidiu que a genética e a produção de plantas deveriam, a partir de então, ser conduzidas com o objetivo da obtenção de

---

[5] Note-se que a data em que o discurso foi escrito é dezembro de 1942. Deixei o relato sem alteração pelo interesse histórico em mostrar a posição da Controvérsia Genética como surgida na ocasião. Acredito que esse foi o primeiro documento a chamar a atenção para o perigo envolvido em tal posição para a ciência em geral.

resultados práticos imediatos e segundo linhas condizentes com a doutrina oficial do materialismo dialético, ou seja, a pesquisa sendo direcionada pelo Estado.[6]

Tão logo esses golpes foram desferidos contra a autonomia da ciência, as inevitáveis conseqüências se fizeram sentir. Qualquer pessoa que pleiteasse uma descoberta na genética ou no cultivo de plantas poderia, dali por diante, passar por cima dos cientistas e apelar para ingênuos possuidores de treinamento prático ou para funcionários políticos. Observações espúrias e teorias falaciosas, apresentadas por diletantes, excêntricos ou impostores, poderiam assim ganhar credibilidade sem passar pelo crivo da crítica científica.

Um importante caso desse tipo foi o de I. V. Michurin (1855-1935), um fazendeiro que cultivava plantas, que alguns anos antes tinha anunciado a descoberta de novas famílias de plantas produzidas por meio de enxerto. Ele alegou ter conseguido aprimoramentos extraordinários na agricultura e ter chegado a uma notável confirmação do materialismo dialético. A opinião da ciência, ao contrário, era – e continua sendo – que as observações de Michurin eram meras ilusões e que estavam relacionadas com um fenômeno espúrio, conhecido pelo nome de "hibridização vegetativa", descrito diversas vezes anteriormente. A ilusão poderia ser conseqüência de uma análise estatística incompleta dos resultados obtidos, como

---

[6] A Academia Comunista, fundada em 1926 e que ficara originalmente encarregada da direção da ciência à luz do materialismo dialético, não conseguiu ascendência sobre o trabalho de pesquisa dos cientistas que não pertenciam ao partido. O começo da política citada no texto coincidiu com a dissolução da Seção Científica da Academia Comunista e representou a substituição de suas funções por uma aplicação mais geral, e muito menos extremada, dos princípios do materialismo dialético.

também ter recebido suporte ocasional pelo fato de que os vírus são transmitidos ao enxerto e aos seus frutos. A ocorrência de uma hibridização hereditária autêntica por meio de enxerto seria incompatível com os próprios fundamentos da ciência biológica moderna e sua existência tinha sido decisivamente negada pela formulação das leis de Mendel e pelas descobertas da citogenética.

A nova política do governo soviético, inaugurada em 1932, paralisou a força da opinião científica, que barrara o caminho da aceitação das alegações de Michurin. O trabalho deste último era atraente para os agrônomos práticos e vinha ao encontro da filosofia oficial do Estado. Preenchia, por conseguinte, tanto os critérios práticos como os políticos que tinham substituído os padrões da ciência. Portanto – de forma bastante lógica –, o trabalho de Michurin recebeu reconhecimento oficial. O governo, no seu entusiasmo com o primeiro fruto de sua nova política para a ciência, foi ainda mais longe e erigiu um monumento a Michurin, mudando a denominação da cidade de Koslov para "Michurinsk", em sua homenagem (1932).

A brecha assim aberta na autonomia da ciência deixou o campo da genética e da produção de plantas escancarado para posteriores invasões de alegações espúrias. T. D. Lysenko – um bem-sucedido trabalhador em técnicas agrícolas – tornou-se o líder da invasão e expandiu as alegações de Michurin numa nova teoria da hereditariedade, por ele estabelecida em oposição ao mendelismo e à citogenética. Sua influência popular fez com que centenas de pessoas sem treinamento científico adequado, como fazendeiros e jovens estudantes de agronomia, tentassem experimentos com enxertos, objetivando produzir "híbridos vegetativos". O próprio Lysenko descreveu com muito orgulho como, pelo trabalho desse movimento de massas, os híbridos vegetativos "espocaram como frutos saídos da cornucópia da abundância".[7] Ajudado por pleitos dessa espécie, Lysenko ganhou grande projeção dentro do governo. Foi nomeado membro da Academia da URSS e feito presidente da Academia de Ciência Agronômica da URSS. Por volta de 1939, sua influência chegou a tal ponto que ele pôde induzir o Comissariado da Agricultura a proibir os métodos até então usados nos postos de produção de plantas e a introduzir, compulsoriamente, novos métodos baseados em sua própria doutrina da hereditariedade, contrários à opinião científica aceita.[8] Numa publicação do mesmo ano, demandou até mesmo a eliminação final de seus oponentes científicos, pela abolição total da genética na Rússia: "Na minha opinião", escreveu ele, "chegou a hora de remover por completo o mendelismo dos cursos universitários e da orientação teórica e prática para o cultivo de sementes."[9]

No entanto, o governo hesitou em dar passo tão decisivo e convocou uma conferência para esclarecer a situação. Os editores da revista *Under the Banner of Marxism* organizaram a conferência, e seus anais, juntamente com extenso comentário em editorial, foram subseqüentemente publicados pela revista.[10] Os relatórios dessa Conferência constituem evidência impressionante da rápida e ra-

---

[7] Do discurso de Lysenko na Conferência sobre Genética e Seleção, Moscou 1939, daqui por diante citada como C. G. S. 1939.
[8] Discurso de Vavilov na C. G. S. 1939.
[9] Citado por N. P. Doubinin, no seu discurso na C. G. S. 1939, do *The Mentor an all-powerful tool in selection*, de Lysenko, p. 38, 1939.
[10] Extratos traduzidos do Relatório da Conferência foram a mim disponibilizados por cortesia da Sociedade para Relações Culturais com a URSS. A tradução foi checada e revisada com referência ao teste original.

dical destruição de um ramo da ciência, causada pelo fato de que a condução da pesquisa foi colocada sob a direção do Estado. Pode-se notar que o governo, nesse caso, agiu de forma particularmente progressista e objetivava benefícios palpáveis para a população. Mais significativo ainda foi que, a despeito disso, o resultado de sua ação foi mergulhar a ciência da genética num pântano de corrupção e confusão.

A Conferência, que revelou tais condições para o observador externo, foi presidida por M. B. Mitin (pessoa não-conhecida pela ciência internacional e, provavelmente, um representante da revista), o qual, no discurso de abertura, sublinhou de novo os princípios práticos e teóricos que deveriam orientar a ciência sob a tutela do Estado. "Não temos fosso algum entre a teoria e a prática, não possuímos uma Muralha da China entre as conquistas científicas e a atividade prática. Cada descoberta genuína, cada conquista científica verdadeira é, entre nós, traduzida em prática, entra na vida de centenas de instituições, atrai a atenção de massas da população por seus resultados proveitosos. Os biólogos, geneticistas e selecionadores soviéticos têm que entender o materialismo histórico e dialético e aprender a aplicar o método dialético ao seus trabalhos científicos. Não desejamos aceitação verbal ou formal do materialismo dialético."

O acadêmico N. I. Vavilov, internacionalmente reconhecido como o mais eminente geneticista da Rússia (como demonstrado por sua eleição para Membro Estrangeiro da Royal Society) defendeu a ciência da genética. Relembrou seu desenvolvimento desde o início e realçou que autor algum de nomeada, de qualquer lugar fora da Rússia, seria capaz de colocar em dúvida a solidez ou estaria disposto a aceitar a existência dos chamados "híbridos vegetativos".

Argumentos como esse, todavia, já não tinham substância naquela ocasião; com o estabelecimento da supremacia do Estado sobre a ciência, a autoridade da opinião científica internacional era nula. A resposta a Vavilov foi diretamente ao ponto, confrontando-o com declarações feitas por ele mesmo durante a Conferência de Planejamento de 1932, quando censurou o cultivo da ciência pela ciência. Cedendo, talvez, às pressões daquele tempo, ou acreditando ser sábio satisfazer meio a meio as tendências populares, ou ainda não esperando as conseqüências de longo alcance que viriam com o abandono de seus princípios verdadeiros – ele entregou-se a ponto de dizer: "O divórcio entre a genética e a seleção prática, que caracteriza o trabalho de pesquisa nos EUA, na Inglaterra e em outros países, deve ser resolutamente removido do trabalho de pesquisa de seleção genética na URSS."[11]

Agora que tais princípios eram amplamente aceitos, Vavilov não podia levantar objeção legítima, se os experimentos clássicos aos quais se referia, e nos quais seu ramo da ciência se baseava, eram motivo de escárnio por parte de homens como o plantador prático V. K. Morozov – que assim se dirigiu à Conferência: "Os representantes da genética formal dizem que conseguem um resultado de boa relação 3:1 com *Drosophila*. Seus trabalhos com esse objeto são muito lucrativos para eles porque a questão, como se poderia

---

[11] Anais da Conferência de União Total sobre Planejamento da Pesquisa de Seleção Genética, Leningrado, 29 de junho de 1932, p. 21. Academia de Ciências da URSS, Leningrado 1933, citado por Lysenko em seu discurso na C. G. S. 1939.

dizer, é irresponsável (...) se a mosca morre, eles não são responsabilizados." Na opinião de Morozov, a ciência que, em vinte anos, não tinha produzido resultados importantes nos postos de produção de plantas, não podia ser sólida.[12]

Tal ponto de vista, na verdade, pode ser considerado uma conclusão correta dos critérios então oficialmente aceitos (embora, felizmente, de forma alguma universalmente postos em prática) na União Soviética. Se toda a evidência resultante de casos não importantes na prática tivesse que ser desconsiderada ou, pelo menos, fosse tratada com despreocupação, então poucas provas poderiam restar em apoio à teoria da genética. Sob tais circunstâncias, quaisquer idéias plausíveis simples, tais como as falácias defendidas por Lysenko, teriam que, inevitavelmente, adquirir maior poder de convencimento e ganhar apoio entre os não-especialistas, fossem eles meros práticos ou leigos comuns. Foi isso, de fato, que a Conferência sobre Genética demonstrou. Morozov pôde garantir a Lysenko que quase todos os trabalhadores do campo, os agrônomos e os camponeses de fazendas coletivas tinham se transformado em seguidores de sua doutrina da hereditariedade.

Tendo sido a autoridade da ciência substituída pela do Estado, era lógica a utilização de argumentos políticos contra o raciocínio científico tradicional de Vavilov. Lysenko disse, por exemplo: "N. I. Vavilov sabe que não se pode defender o mendelismo ante leitores soviéticos com a descrição escrita de seus fundamentos, contando de novo para eles no que consiste tal teoria. Isso, na atualidade, ficou particularmente impossível quando milhões de

---

[12] Discurso de Morozov na C. G. S. 1939.

pessoas estão de posse de uma poderosa arma teórica como o *Pequeno Curso sobre a História do Partido Comunista da União Total – (Bolcheviques)*. Quando o leitor capta o bolchevismo, não é mais capaz de simpatizar com a metafísica, e o mendelismo, definitivamente, é pura e indisfarçável metafísica."[13] Era também lógico que Lysenko e seus seguidores, mais uma vez, invocassem Michurin como uma autoridade cujas alegações tinham sido estabelecidas pelo Estado; que Lysenko falasse "daquele gênio da biologia, I. V. Michurin, reconhecido pelo partido, pelo governo e pelo país....", e declarasse que era "falso e preconceituoso" por parte de um biólogo pensar que pudesse adicionar alguma coisa aos ensinamentos de Michurin.

Na realidade, em tais circunstâncias, parece que não restou nada mais aos pressionados cientistas senão tentar a defesa nos mesmos termos usados por seus oponentes. Foi isso que o renomado geneticista professor N. P. Doubinin, aparentemente, decidiu fazer na Conferência sobre Genética. Seu discurso em apoio à genética referiu-se largamente a Marx, Engels e ao *Pequeno Curso sobre a História do Partido Comunista*. Fez reverentes menções a Michurin, comparando-o em termos clássicos com Darwin. Porém, na sua opinião – como explicou –, todas essas altas autoridades estavam direta ou indiretamente apoiando o mendelismo. "É muito errado", disse ele, "descrever o mendelismo dizendo que sua aparência representa um produto do desenvolvimento imperialista da sociedade capitalista. É claro que, depois de seu surgimento, o mendelismo foi pervertido

---

[13] Essa passagem é citada por Lysenko em seu discurso na C. G. S. 1939 de um artigo publicado por ele mesmo na *Socialist Agriculture*, fevereiro de 1939. Em seu discurso, Lysenko reafirma essa declaração.

pelos cientistas burgueses. Sabemos muito bem que toda ciência é uma ciência de classe."

Esse foi o último estágio do colapso da ciência. Atacantes e defensores estavam usando os mesmos argumentos espúrios e, freqüentemente, fantasiosos, para aliciar o apoio de práticos pouco instruídos e de políticos também incultos. Mas a posição dos defensores era desanimadora. A ciência não poderia ser salva com motivações que contradiziam seus próprios princípios básicos. As figuras ambiciosas e inescrupulosas que chegaram ao poder na onda do movimento contra a ciência não saíram de cena quando os cientistas se renderam abjetamente. Ao contrário, permaneceram para completar o triunfo, dirigindo contra os oponentes a acusação de insinceridade. Assim, Lysenko disse: "Os geneticistas mendelistas se calam quanto aos seus próprios desacordos radicais em relação à teoria do desenvolvimento e aos ensinamentos de Michurin", e ainda mais zombeteiro foi o insulto lançado pelo assistente de Lysenko, o professor I. I. Prezent: "É novidade a descoberta de que todos eles, alguns com mais sinceridade que outros, todos eles tentam passar a impressão de que com Michurin, pelo menos, não estão em desacordo."[14]

Tais insultos ficaram sem resposta, e suas implicações foram terríveis. Eles deixaram claro que os cientistas não deveriam jamais esperar salvar a ciência rastejando por baixo de um manto de princípios anticientíficos. "Não desejamos aceitação formal ou verbal desses princípios",[15] tinha alertado o Presidente com firmeza desde o início.

---

[14] Citado por Kolbanovsky no seu resumo sobre a C. G. S. 1939.
[15] Nota adicionada em dezembro de 1949: A Conferência sobre Genética e Seleção ocorrida em 1939 foi seguida, um ano depois, da demissão de Vavilov da direção do Instituto da Indústria da Planta. Subseqüentemente, ele foi

VI

A demonstração dada aqui da corrupção de um ramo da ciência causada por sua colocação sob a direção do Estado a mim parece completa. Particularmente, porque não há dúvida sobre o desejo inabalável do governo soviético de promover o avanço da ciência. Ele gastou grandes somas em laboratórios, equipamentos e pessoal. Contudo, como vimos, esses subsídios só beneficiaram a ciência quando fluíram através de canais controlados pela opinião científica independente; quando a alocação de tais subsídios foi acompanhada de tentativas de estabelecimento de direção governamental, eles exerceram influência destrutiva.

Temos esperança, e a expectativa é mesmo grande, de que um dia o governo soviético reconhecerá o erro de tais tentativas; de que entenderá, por exemplo, que seus postos de produção de plantas estão operando em linhas que foram abandonadas pelo resto do mundo, por falaciosas, há cerca de quarenta anos.

Que pode um governo fazer quando se conscientiza de tal estado de coisas? Que curso pode tomar para restaurar as funções da ciência?

De acordo com nossa análise, não pode haver dúvida na resposta. Só é necessário uma coisa — mas realmente indispensável: restaurar a independência da opinião científica. Restaurar por completo seus poderes para a manutenção de padrões científicos, por meio da seleção de artigos para publicação, da seleção de candida-

---

preso e morreu, sem qualquer notificação ou explicação, provavelmente em 1943. (*Scientist in Russia*, Eric Ashby, p. 111). A Conferência, que analisei com alguma profundidade, parece que foi a última ocasião em que Vavilov defendeu publicamente a teoria científica da hereditariedade.

tos para postos científicos, da concessão de distinções científicas e da alocação de subsídios especiais para a pesquisa; restaurar o poder da opinião científica de controlar, por sua influência, a publicação de livros didáticos, a popularização da ciência e o ensino da ciência nas universidades e escolas; recuperar para ela, acima de tudo, o poder para proteger o mais precioso dos apoios para a originalidade, a posição do cientista independente – que deverá voltar a ser o único mestre de seu próprio trabalho de pesquisa.

Ainda existiria tempo para reviver a grande tradição científica da Rússia que, embora distorcida no presente em muitos aspectos, está longe de morta. O grande sucesso recente dos matemáticos russos, e em muitos outros campos em que o controle estatal nunca foi efetivamente aplicado, prova que a validade da ciência pela ciência ainda vive na URSS. Permita-se que os cientistas voltem a ser livres para expor seus verdadeiros ideais e sejam capazes de fazer apelos ao povo soviético, buscando apoio para a ciência ao seu modo. Permita-se que sejam livres para desmascarar os excêntricos e carreiristas que se infiltraram em seus quadros desde o começo do "planejamento" em 1932 e permita-se que possam se afiliar novamente ao corpo internacional da ciência.

Exatamente no momento em que os cientistas reconquistarem essas liberdades, a ciência florescerá de novo e crescerá da noite para o dia, livre de toda a corrupção e de toda a confusão hoje imperantes.

VII

Não obstante, a corrente dos eventos futuros pode muito bem tender para curso exatamente oposto. Mesmo nos países em que a ciência ainda é livre, estamos experimentando, nos dias de hoje, um enfraquecimento dos princípios da autonomia científica. "A ciência tem que ser colocada em forma para o bem do povo", proclamou o professor H. Levy, em meio a aplausos, numa reunião popular de cientistas em Londres.[16] Incendiados por generosidade enganosa, esses cientistas sacrificariam a ciência — esquecendo que ela é só deles para os propósitos de seu cultivo, e não deles para que dela se livrem e a deixem fenecer.

Nossa análise não deixa dúvida de que, se tal espécie de movimento vier a prevalecer e a se desenvolver ainda mais, se as tentativas de supressão da liberdade da ciência, como as que vêm sendo feitas na Rússia desde 1932, espalharem-se pelo mundo e persistirem por algum tempo, o resultado só poderá ser a destruição total da ciência e da vida científica.

---

[16] Conferência da Associação dos Trabalhadores Científicos sobre "O Planejamento da Ciência", janeiro de 1943.

CAPÍTULO V

Ciência e Bem-Estar[1]

Os livros científicos populares que li quando criança se preocupavam, primordialmente, em mostrar as maravilhas da natureza e as conquistas gloriosas da ciência. Eles discorriam sobre as enormes distâncias entre as estrelas e sobre as leis que regiam seus movimentos; sobre a multidão de criaturas vivas que podiam ser vistas dentro de uma gota d'água por meio de um microscópio. Entre os mais vendidos daquela época estava *A Origem das Espécies*, de Darwin, e cada nova descoberta que lançasse luz sobre o processo da evolução despertava ampla curiosidade popular. Esses eram os tópicos e os interesses que vinham logo à mente quando se tratava, então, de ciência. Não era esquecido, é claro, que a ciência proporcionava também um repositório de conhecimento por demais útil; mas essa não era sua principal justificativa. As novas invenções práticas, como o motor elétrico e o telégrafo sem fio, eram consideradas meras conseqüências ocasionais do avanço do conhecimento científico.

Nos dias de hoje, os meninos e meninas que se interessam pela ciência recebem uma interpretação bem diferente dela. Os livros

---

[1] Expandido de *The Political Quarterly* (1945).

que lêem professam que a função primária da ciência é a promoção do bem-estar humano. O *best-seller* nesse campo tem sido, nos últimos sete anos, *Science for the Citizen*, de Hogben, cerradamente rivalizado no sucesso pelos livros de J. G. Crowther, em especial *The Social Relations of Science*, e pelo famoso *Social Functions of Science*, de J. D. Bernal.[2] São livros que se opõem de forma enfática à opinião, geralmente antes aceita, de que a ciência deveria ser buscada com o fito da ilustração, independentemente de seu uso prático. São livros que exerceram poderosa influência popular, consolidada mais tarde pelo apoio de organizações importantes. Tornou-se, de fato, raro encontrar-se hoje um pronunciamento público que declare claramente que o principal objetivo da ciência é a aquisição do conhecimento pelo conhecimento. Tal concepção é ainda mantida pela profissão acadêmica; mas não é exagero dizer-se que o povo em geral está começando a esquecê-la, muito embora fosse universalmente aceita há apenas quinze anos.

O novo valor radicalmente utilitário da ciência repousa sobre um pano de fundo filosófico consistente, emprestado em especial pelo marxismo. Ele nega que a ciência pura, distinta da ciência aplicada ou técnica, possa existir em absoluto. Tal reavaliação leva necessariamente a uma demanda pelo Planejamento da Ciência. Se ela deve servir às necessidades práticas da sociedade, tem que ser adequadamente organizada para esse fim. Não se pode esperar que cientistas individuais, cada um perseguindo seus interesses particulares, desenvolvam a ciência com eficiência para a satisfação das necessidades sociais existentes. Portanto, faz-se necessário que os

---

[2] Para uma crítica detalhada do livro de Bernal, veja o ensaio intitulado "The Rights and Duties of Science", no meu *The Contempt of Freedom* (1940).

cientistas sejam colocados sob a orientação de autoridades que conheçam essas necessidades sociais e que, em geral, são responsáveis pela salvaguarda do interesse público. Os defensores de tal direção asseguram que essa forma de organização não é apenas lógica como muito prática, já que tem sido aplicada com sucesso na Rússia soviética. Insistem que só é preciso seguir (ao nosso próprio jeito) o exemplo russo.

O pleito pelo planejamento da ciência é ainda mais reforçado pela interpretação materialista da história da ciência. Sob esse aspecto, a suposta independência do progresso científico surge como mera ilusão. A ciência pareceria na verdade que sempre avançou em resposta a anseios sociais. Os representantes dessa teoria fizeram elaborada análise da história da ciência com o objetivo de mostrar que cada passo à frente foi determinado socialmente. Assim, o planejamento da ciência, urgem eles, traria à tona a situação realmente existente e, sem qualquer dúvida, não representaria violência alguma contra seu espírito. O protesto daqueles que se dispusessem a defender a liberdade da ciência contra o planejamento seria rejeitado como expressão de uma atitude obsoleta e socialmente irresponsável.

II

Devo agora examinar, à luz de fatos relevantes, as principais proposições que dão base ao movimento pelo planejamento da ciência. Vamos ver se *existe* ou *não* qualquer diferença essencial entre a ciência pura e a aplicada; diferença que justificaria e requereria uma condução separada dos dois ramos do conhecimento, mediante diferentes métodos e sob condições distintas.

Tomemos um campo característico da ciência pura e um da ciência aplicada e os comparemos.

Como exemplo de *ciência pura* vamos pegar a mecânica, o grande modelo da ciência através das eras. A história começa com Copérnico. Em seu leito de morte, há 400 anos, ele desvendou para o mundo a primeira cópia de seu longo e demorado trabalho *De Revolutionibus*. Os movimentos regulares dos planetas tinham sido observados e mapeados por milhares de anos antes, como um padrão de rodas dentro de rodas, de ciclos e epiciclos. Copérnico demonstrou que a maior parte das confusões se devia à posição equivocada da qual os eventos celestes eram observados. Ele colocou, então, o Sol em posição central com os seis planetas conhecidos à época circundando-o em órbitas circulares. A figura resultante era mais simples e de impressionante beleza, além de despertar grandes poderes de convicção.

O polonês Copérnico foi sucedido pelo alemão Kepler, que encampou o sistema de Copérnico, mas quebrou o encanto dos ciclos e epiciclos que tinham sobrevivido da teoria do polonês. Kepler negou as antigas harmonias e estabeleceu em seu lugar as três leis que levam seu nome. Os planetas, disse ele, se movimentavam em órbitas elípticas, tendo o Sol em um de seus focos, de tal forma que a linha traçada do planeta ao Sol recobria áreas iguais em tempos iguais, e os quadrados dos períodos de revoluções planetárias eram proporcionais aos cubos das distâncias planetárias. Tais leis prenunciaram a obra de Newton. Mas, antes que este último começasse a trabalhar, outro passo gigantesco foi encetado pelo florentino Galileu. Ele fez experiências com corpos em queda livre e descobriu que objetos com pesos diferentes caíam com a mesma velocidade de descida. Foi o primeiro a formular tais resultados em termos matemáticos. Galileu e Kepler se encorajaram mutuamente por correspondência; porém, nem remotamente conjeturaram que as leis que tinham descoberto, cada um em seu campo, um na Terra e o outro no céu, eram realmente idênticas. Ambos já tinham falecido havia muito tempo quando isso foi descoberto por Newton.

Um século completo se passara desde a morte de Copérnico quando Newton nasceu, e quarenta e cinco anos de sua vida transcorreriam antes que publicasse seu *Principia*, o livro que colocou, pela primeira vez, todo o Universo sob a regra de uma lei matemática. Da queda de uma pedra na Terra ele predisse as revoluções da Lua e continuou derivando todas as leis que Kepler havia estabelecido para os planetas. Tal descoberta completou o progresso intelectual começado por Copérnico 150 anos antes. A visão medieval do Universo era de um lugar com amplitude suficiente para acomodar nossa Terra com uma cúpula de estrelas servindo como tampa, ou escudo, a uma distância conveniente dela. Essa aconchegante defesa para o homem estava agora destruída. Ele e sua Terra tinham sido arrancados do centro das coisas e relegados a uma posição periférica e obscura; a Terra, reduzida a mera partícula perambulante, mergulhou num vazio infinito. Ao mesmo tempo, aquilo que circundava o homem em suas proximidades ficou subordinado às leis matemáticas que regiam um universo de estrelas.

Foi assim que Newton transformou radicalmente a perspectiva do homem, e as pessoas sentiram que a ciência, por intermédio do cientista, tinha elucidado o mistério do Universo. Muitas homenagens foram-lhe prestadas, e, quando faleceu, foi sepultado em Westminster, com a presença e a reverência das grandes figuras do reino. Sua faculdade em Cambridge erigiu uma estátua com a inscrição "Newton qui ingenio humanam gentem superavit" ("Newton aquele que mentalmente ultrapassou a humanidade"). Os escritores do Iluminismo francês, inclusive Voltaire, logo produziram apresentações populares da teoria de Newton para o povo do continente europeu. Bem além das fronteiras da ciência, a descoberta de Newton determinou o método em todos os campos do pensamento. Pensadores de Rousseau a Marx e Herbert Spencer sonharam com a possibilidade da descoberta de alguma fórmula mestre que regesse as questões humanas como as leis de Newton regiam o universo material.

Entrementes, a rigorosa avaliação científica das leis de Newton progredia velozmente. Durante os cem anos que se seguiram à sua morte, os maiores matemáticos da época se engajaram no aprofundamento das leis do cientista. D'Alembert, Lagrange, Maupertuis, Laplace, Hamilton, cada um por seu lado, revelaram a profundidade e a beleza dessas leis e a elas adicionaram suas faculdades para resolver uma variedade de problemas.

Ainda assim, visto com a perspectiva de hoje, tudo pareceu apenas um começo. Importantes descobertas iriam se seguir, destinadas à luz em nosso século. Um desses pontos capitais de partida foi a observação, comparativamente desprezada, da luz emitida pela descarga dentro de válvulas, como as hoje empregadas nos anúncios luminosos de néon. Sua análise revelou um notável e regular sortimento de cores. Pelo fim do século passado, um conjunto das mais curiosas leis numéricas referentes aos comprimentos de onda dessas cores foi descoberto por Ritz, um físico suíço. Tão surpreendentes eram essas leis e, aparentemente, tão repletas de significação oculta que o físico alemão Runge exclamou, referindo-se a Ritz: "Que eu possa viver para ver o Newton que irá suceder esse Kepler!" O desejo de Runge, ainda em vida, foi concretizado com o advento de Max Planck (1900) e Niels Bohr (1912). Pelas mãos dos dois e de seus sucessores nasceu uma nova forma de mecânica que incluiu os processos atômicos. Com tal avanço, a ciência da mecânica estendeu seu controle para dentro da maquinaria interna do átomo: prevendo cor e coesão, resistência mecânica e condutividade elétrica, ela penetrou na própria essência de distintas propriedades químicas.

E não foi tudo; quase ao mesmo tempo, uma outra grande transformação na mecânica teve sua origem na nova concepção de Einstein sobre espaço e tempo. Formuladas nesses novos termos, as leis da mecânica foram ainda mais unificadas. As leis de Newton sobre gravidade e movimento foram combinadas numa concepção que veio a incluir também as leis das forças elétricas descobertas em meados do século precedente por Maxwell. Conclusões com riqueza de detalhes têm sido, desde então, tiradas da nova mecânica, que irá prosseguir moldando nossa visão do Universo pelas gerações que ainda virão, da mesma forma que Newton fez antes.

Vejamos agora brevemente um contra-exemplo no campo da engenharia ou *ciência aplicada*. Tomemos o campo da luz artificial, no qual a aplicação da ciência tem sido particularmente efetiva nos últimos anos. A luz primitiva era baseada em velas, tochas e lamparinas a óleo. No começo do século passado foram introduzidas as lâmpadas a parafina – que Goethe descreveu como estonteante claridade. Depois surgiu o carvão-gás, com queimadores de vários tipos, culminando com a camisa incandescente, que espraiou sua luz amarelada sobre a mesa de jantar de minha infância. A eletricidade começou com a lâmpada a arco, queimando ao ar livre entre pólos feitos de grafite, logo substituída pela grande invenção de Edison — a lâmpada incandescente. Um pouco mais tarde — numa tentativa para reverter a situação para o ar livre — veio o "queimador Nernst" (*Nernst-burner*) de grande, porém breve e hoje esquecida, fama. E pouco antes da guerra vimos o rápido progresso das lâmpadas fluorescentes, como as de mercúrio e sódio, em especial para a iluminação de vias públicas; talvez elas venham, no futuro, a substituir as lâmpadas fluorescentes, na maioria dos seus usos. E — fazendo uma prospecção no futuro mais distante — podemos conjeturar sobre uma forma nova de iluminação, clareando talvez todo o campo, com o possível uso da radioatividade artificial.

Esse é um resumido traçado da história de um grande ramo da engenharia científica. Vejamos se é possível perceber uma diferença radical entre esse e o desenvolvimento no campo da ciência pura descrito antes. Ao fazê-lo, vamos eliminar todas as preferências individuais, devotando a mesma admiração calorosa tanto à engenhosidade das invenções (como a da camisa de lampião a gás) quanto a uma descoberta extraordinária da ciência (como na mecânica). Não devemos questionar os *valores* comparativos da ciência pura e da aplicada; apenas precisamos pesquisar se as duas são ou não atividades intelectuais essencialmente diferentes.

Sobre esse ponto, a análise feita dificilmente deixa espaço para a hesitação. Enquanto o método científico desempenha um papel nas duas, os objetivos buscados e os resultados conseguidos nos dois casos são facilmente distinguíveis. Os eventos intelectuais, que começaram com Copérnico e terminaram com Einstein, formam um processo de penetração continuada na natureza das coisas. Ele é constituído de uma série de descobertas sobre as leis da natureza, ampliando constantemente os objetivos e investigando cada vez com mais profundidade. A história da iluminação, por outro lado, nos ensina pouco, ou quase nada, sobre as leis da natureza. Ocasionalmente, a invenção de novas fontes de luminosidade levou a observações bastante interessantes. O desenvolvimento da iluminação a gás nos ensinou alguma coisa a respeito do gás do carvão, e a indústria da lâmpada contribuiu para nosso conhecimento do tungstênio operando em altas temperaturas. Mas tais descobertas pequenas foram claramente incidentais dentro do grande escopo da indústria da iluminação, que continuou sendo a produção de fontes luminosas cada vez mais baratas e convenientes. A iluminação, como um ramo da engenharia, não teria deixado de ser bem-sucedida mesmo que não conduzisse a qualquer descoberta sobre a natureza das coisas.

De volta à ciência pura, por outro lado, encontramos condições exatamente opostas. O desenvolvimento da astronomia e da mecânica, de Copérnico a Einstein, sem dúvida resultou em avanços práticos sem conta; de fato, não existe fim para as ocasiões em que um conhecimento da mecânica, tanto terrestre como celestial, provou ser útil para várias profissões. No entanto, nesses casos, os resultados foram puramente incidentais em relação ao objetivo dominante de avançar o conhecimento. A ciência da mecânica continuaria a ser o que é mesmo que não desse frutos práticos, nem deixaria de ser um capítulo da ciência.

A distinção entre tecnologia e ciência pura pode ser definida com precisão por critérios econômicos. A ciência aplicada ensina como chegar a vantagens práticas pelo uso de recursos materiais.

Contudo, existe um limite para a urgência de qualquer vantagem prática particular e também um limite para a abundância de quaisquer recursos determinados. Nenhuma tecnologia pode permanecer válida em face de uma marcante queda na demanda de seus produtos ou de uma escassez acentuada no suprimento de suas matérias-primas. Se ela continuar produzindo bens de valor menor que os materiais neles empregados, o processo se torna despropositado. Uma invenção que produza *desvantagens* práticas não pode ser considerada invenção, seja à luz do bom senso, seja aos olhos da lei das patentes. A ciência pura, ao contrário, não pode ser afetada em sua validade por variações de suprimento ou de demanda. O interesse em um ramo ou outro pode ser ligeiramente alterado, mas nenhuma partícula da ciência será invalidada: nada que era verdade antes se tornará despropositado — nem o reverso.

Esse contraste entre ciência pura e aplicada envolve uma diferença profunda na estrutura lógica dos dois campos. O progresso da mecânica ao longo de quatro séculos, do qual fiz um esboço, pode persistir, continuando nas linhas das mesmas idéias básicas. Cada fase nova reafirma o que era antes conhecido e revela que o passado era o embrião de uma verdade mais ampla e mais profunda. Deparamos, então, com um desenrolar persistente do pensamento, por intermédio de passos lógicos. A tecnologia progride de forma diferente. A iluminação se torna constantemente mais barata e mais agradável. Até certo ponto, o desenvolvimento é também constante e contínuo. Porém, logicamente, cada passo à frente representa uma nova partida. Não existem princípios, exceto os mais triviais, que sejam comuns à vela, ao queimador a gás e à lâmpada incandescente. Mesmo entre as quatro formas de luz elétrica dificilmente se encontra uma linha de pensamento que as interligue. Cada forma aprimorada de iluminação simplesmente substitui a anterior. Em vez do desenvolvimento de um princípio único, o que vemos é uma série de tentativas logicamente desconexas a serviço de um objetivo firme.

Tal contraste na estrutura lógica das duas ciências determina a diferença nas condições apropriadas para o cultivo de cada uma delas. O trabalho científico só pode progredir logicamente se guiado por princípios sistemáticos. Daí a razão para a segregação acadêmica da ciência. Um sistema do pensamento apenas avança no meio de uma comunidade totalmente imbuída de seu entendimento, que dá respostas e é crítico, e se devota apaixonadamente ao assunto. A segregação acadêmica para fomentar uma atmosfera científica representa, por conseguinte, uma moldura indispensável para a aplicação sincera à ciência sistemática. É claro que existe espaço para a reforma da organização existente da ciência, mas devem ser preservadas as condições acadêmicas necessárias ao seu cultivo, arraigadas em sua natureza sistemática.

Voltando à pesquisa tecnológica, vemos também que a natureza da tarefa determina claramente as condições sob as quais a pesquisa deve ser conduzida. Existem muitas classes de invenções e de aprimoramentos técnicos, mas, em caso algum, o inventor tem que submergir inteiramente num ramo qualquer do conhecimento científico, enquanto é indispensável que ele permaneça intensamente atento quanto a um certo conjunto de circunstâncias práticas. Um inventor que careça de agudo senso de lucratividade produzirá invenções que só funcionam no papel. Essa é a razão pela qual as invenções não germinam em solo acadêmico. Reconhecidamente, alguns ramos da engenharia que têm estrutura sistemática podem ser cultivados em universidades, e a ciência da engenharia, entendida nesse sentido, conta com as escolas técnicas e outras instituições acadêmicas para seu progresso. Todavia, uma parte bem maior da ciência aplicada consiste em soluções mais ou menos desarticuladas para problemas que só podem ser adequadamente sentidos e apreciados por aqueles que batalham diariamente com as questões da vida prática.

III

Dessa forma, reconstituímos a verdade plena que era conhecida havia muito tempo, antes que o grande iluminismo moderno conseguisse obscurecê-la: a saber, que existem *ciência pura* e *ciência aplicada*, bem distintas tanto em natureza quanto nas condições para seu cultivo; a primeira encontra seu hábitat em solo acadêmico, e a segunda, nas fábricas e noutros locais estreitamente ligados à vida prática.

O Planejamento da Ciência, supostamente, conduz a ciência pura para descobertas que serão úteis quando aplicadas aos problemas práticos. Em geral, isso é impossível. A ciência pura tem seus próprios e inerentes objetivos, e só pode abraçar propósitos diferentes se deixar de ser o que é. Teria que descontinuar a ocupação hoje conhecida como "ciência" e substituí-la por uma outra atividade, que não seria ciência.

Como se apresentaria essa nova espécie de "ciência"? Seria possível buscar a descoberta de novos fatos na natureza tendo em mente seus usos em perspectiva para a solução de problemas práticos definidos? Sim, em certos casos. É costumeira na indústria moderna a realização de estudos sistemáticos de vários materiais para que se fabriquem com eles determinadas partes de equipamentos. Novas drogas contra doenças ou endemias são testadas dessa maneira. Existem vários outros casos na medicina, na agricultura, na mineração, na metalurgia, etc., em que as investigações científicas de ordem relativamente elevada são conduzidas tendo em vista uma aplicação prática definida. Contudo, todos esses campos representam apenas uma fração muito pequena do progresso real atualmente feito pela ciência, e uma ciência planejada, limitada a investigações dessa espécie, seria, portanto, um mero vestígio do que a ciência representa nos dias de hoje.

Cito casos. Não faltam em absoluto instituições que têm por tarefa a pesquisa científica com importância prática definida. Existem as Associações de Pesquisa que investigam problemas relevantes para a indústria, tais como a do algodão, carvão, aço, vidro e outras. Há as instituições para a pesquisa militar e a agronômica e os laboratórios de pesquisa industrial de empresas privadas. Na Inglaterra, como na maioria dos países industrializados, gasta-se quase tanto nessa espécie de pesquisa quanto na pesquisa acadêmica. Ainda assim, as contribuições feitas desse modo para a ciência são irrisórias. Duvido que passe de um por cento o material adicionado anualmente aos livros didáticos de física e química, matemática, botânica e zoologia, resultante de investigações que foram conduzidas com vistas aos interesses de alguma indústria ou de outra preocupação prática. Planejar a ciência dentro de tais limites seria simplesmente matá-la.

Pessoas que acreditam piamente no planejamento, e que entendem esses fatos, tentam algumas vezes dar suporte aos seus princípios ressaltando os controles existentes da ciência. Elas frisam que os recursos estatais repassados para as universidades são fixados por decisão legislativa, e que a distribuição desses recursos entre os diversos ramos da ciência é efetuada nas universidades, sujeita à responsabilidade pública. Porém, aquela primeira decisão apenas ajusta o nível de todas as atividades científicas, enquanto as outras decisões direcionam os recursos assim alocados para os pontos em que a ciência dá sinais fortes de crescimento espontâneo.[3] Fica afetada tão-somente a extensão total do esforço científico, ao passo que seu direcionamento é deixado para que siga livremente as tendências inerentes à ciência.

Os que crêem no planejamento da ciência podem tentar, alternativamente, salvar seus princípios limitando as propostas a uma preferência muito geral e leve por certas direções para a pesquisa científica, e podendo até adicionar a promessa de que isso não envolveria qualquer redução nas pesquisas conduzidas fora das linhas preferenciais. Como resposta ao primeiro ponto, frisamos que uma direção estranha à ciência é perniciosa precisamente na medida em que é efetiva. Uma ação perversa em pequena escala não pode ser desculpada pelo fato de que o dano causado é correspondentemente pequeno; o corte de um dedo é menos prejudicial que o de todo o braço, mas isso não justifica o ato. Quanto à promessa de que o planejamento não afetaria as atividades não-planejadas, isso é ilusório. Os recursos materiais e mentais de uma sociedade não podem ser direcionados para novos canais e também fluir pelos antigos. A interrupção virtual do progresso da ciência pura em tempo de guerra, resultante do redirecionamento necessário dos recursos científicos para o esforço de defesa, demonstrou isso com bastante clareza.

---

[3] Compare com o descrito na p. 98.

IV

E que tal a argumentação do materialismo histórico, insistindo em que o desenvolvimento da ciência poderia ser representado, em cada passo, como uma resposta a necessidades sociais? Considere-se a teoria largamente difundida de que a obra de Newton sobre a gravitação surgiu por causa dos interesses marítimos em expansão da Grã-Bretanha.[4] Os que esposam tal teoria não tentam nada para descobrir interesses marítimos que tivessem estimulado o polonês Copérnico em Heilsberg, ou o alemão Kepler em Praga, ou o florentino Galileu a laborar, um século antes de Newton, no estabelecimento das fundações de seu trabalho. Não dão também qualquer atenção à grandiosa resposta dada a Newton por países como a Suíça e a Prússia, nem um pouco interessados em problemas marítimos. Influenciados por avassalador preconceito materialista, eles nunca tentaram aplicar até mesmo as regras mais elementares do pensamento crítico.

Apesar disso, a idéia de que a ciência progride impulsionada pelas necessidades materiais dominantes tornou-se muito aceita mesmo entre pessoas bem afastadas do marxismo. Mas quero registrar aqui uma refutação mais detalhada a alguns argumentos de peso que originaram esse modo de pensar.

A argumentação consiste principalmente em lançar luz sobre as várias conexões da ciência com a sociedade, sobre as razões pesso-

---

[4] É assim que J. G. Crowther se expressa em *The Social Relations of Science* (1941), p. 391: "O *Principia* pode ser encarado, em grande medida, como uma síntese teórica dos problemas colocados pela gravidade, pelo movimento circular, pelos movimentos planetários e lunar, e pela forma e tamanho da Terra, cujas soluções eram demandadas por uma navegação melhor."

ais pelas quais o trabalho científico é empreendido, os materiais necessários à empreitada, os efeitos – bons ou maus – que resultam dele, enquanto a lógica inerente para o progresso científico é deixada na obscuridade. Assim, J. G. Crowther, em *The Social Relations of Science*, escrutina bastante as rendas das pessoas que se relacionam ou não com a ciência. Com ele aprendemos que, freqüentemente, as pessoas são muito pobres para se preocuparem com a ciência,[5] e, noutros casos, são muito ricas para se incomodarem com ela. Platão, por exemplo, era rico e desprezava a ciência,[6] e, desde então, as pessoas abastadas tendem a imitá-lo. Muitas vezes, ao contrário, é a grande riqueza que promove o interesse científico, da mesma forma que o tipo certo de pobreza pode também fazê-lo.[7]

Essas considerações são enganosas, a menos que tomadas no sentido de que são óbvias e irrelevantes. Se uma pessoa irá se tornar um cientista ou não é claro que depende em certo grau de sua renda e de suas condições particulares. Porém, no momento em

---

[5] *Ibid.*, p. 66-67.
[6] p. 125, Platonismo, a carreira do esnobismo anticientífico nos tempos romanos; p. 279, ele se transformou na filosofia dos banqueiros dominantes da Renascença; p. 578, é o primeiro esboço da filosofia do fascismo moderno.
[7] p. 116, os romanos eram ricos demais para promover o avanço da ciência; p. 160, os muçulmanos também eram; p. 502, o povo francês, depois de 1918, era também muito rico; p. 552, a Academia Russa, antes da Revolução Soviética, desencaminhada pela riqueza. Por outro lado (p. 208), a grande riqueza foi útil ao trabalho científico de Roger Bacon; e também (p. 358) para o de Guericke; e (p. 369) para o de Boyle, e – em geral – o *status* de cavalheiro do ócio era a condição econômica para a excelência científica ao longo de toda a Idade Média (p. 239) e na Inglaterra dos séculos XVI e XVII (p. 384). Por outro lado, a sociedade medieval era muito pobre para fazer a ciência prosperar (p. 222), enquanto os escravos romanos eram suficientemente prósperos para tal ação (p. 113).

que ela se torna um cientista, os resultados que alcança não mais dependem de condições particulares. O princípio da Conservação da Energia foi descoberto, independentemente, por um médico um tanto extravagante do Sul da Alemanha (J. R. Mayer), um cervejeiro famoso de Manchester (Joule) e um jovem cientista prussiano (H. von Helmholtz). Os três contemporâneos que co-descobriram a mecânica quântica (um austríaco, um prussiano e um inglês) constituíam também uma trinca bastante heterogênea. O maior avanço na física realizado na Rússia durante os últimos vinte e cinco anos foi a observação, em 1928, de uma nova forma de difusão ótica pelo físico soviético Landsberg. A mesma descoberta foi feita poucas semanas antes por C. V. Raman, nativo e habitante das Índias Britânicas, o qual, em vista da precedência, recebeu o prêmio Nobel, mas teve que partilhar parte do crédito pela obra com um físico vienense — que, em certo estágio da vida, foi nazista ardoroso —, A. Smekal, que predissera o efeito alguns anos antes. É difícil encontrar três pessoas mais diferentes em personalidades e condições sociais do que Landsberg, Raman e Smekal, ainda que seus trabalhos na ciência fossem essencialmente idênticos.

A ciência também mergulha em matérias estranhas quando o interesse prático da sociedade é enfatizado ao ponto de parecer que a ciência é orientada por tal interesse. O fato óbvio de que, com exceção de pouquíssimos casos, ninguém pode dizer ao tempo de uma descoberta quais serão suas aplicações práticas; e de que tais aplicações ainda são menos conhecidas pelo descobridor, cujo conhecimento da tecnologia é muito superficial — tudo isso é sobrepujado pela suposição de que as necessidades sociais compelem descobertas que os cientistas acreditam fluir da lógica interna do desenvolvimento científico. Assim, a sugestão é de que os cientistas seguem inconscientemente um propósito prático que eles próprios não percebem. Crowther, por exemplo, estuda assim o curso seguido por Clerk-Maxwell por ocasião (1855) de seus estudos sobre a teoria dos gases e do campo elétrico:

> O mercantilismo havia se rendido à iniciativa do industrialismo, e a navegação dera lugar à máquina a vapor e ao telégrafo. Em paralelo com esse movimento social, a astronomia matemática cedera a primazia para a termodinâmica e a eletricidade (...). A reforma de Maxwell a ele pareceu, primordialmente, uma transferência de atenção para aquelas partes da ciência que se mostravam mais promissoras para descobertas importantes. Ele não investigou por que achava que o calor e a eletricidade eram mais promissores que a astronomia. Bastava que soubesse que eram. A história confirmou totalmente a opinião de Maxwell, embora ele a considerasse auto-evidente. É possível ver hoje que ele foi um instrumento intelectual de um desenvolvimento determinado pelas forças sociais importantes daquele tempo, embora tivesse suposto que sua escolha dos estudos fora definida pela lógica de seu próprio desenvolvimento.[8]

A teoria do Sr. Crowther sobre a posição de Maxwell em meio aos interesses industriais que o cercavam é, até certo ponto, análoga ao tipo bem-conhecido de construção demagógica: "Os judeus desejam a queda de Hitler; Churchill luta contra Hitler; logo, Churchill é um instrumento dos judeus." A diferença é que a construção do Sr. Crowther contém mais um elemento de racionalidade mágica. No seu argumento, não há dúvida de que o

---

[8] J. G. Crowther, loc. cit., p. 453.

instrumento (Maxwell) tem realmente a intenção de promover o interesse em questão; admite-se que ele não conhece as futuras aplicações práticas de seu trabalho. Assim, Maxwell se torna um instrumento *inconsciente* de interesses, aos quais era, reconhecidamente, indiferente, para a busca de resultados futuros, sobre os quais era, também reconhecidamente, ignorante. Tal construção ganha força aos olhos dos que nela crêem exatamente por ser absurda; isso porque a ausência de uma realidade palpável é tomada para provar a presença de um princípio profundo e encoberto de "determinismo social".

Uma manifestação comum do mesmo instinto intelectual falacioso, que o Sr. Crowther utiliza em sua argumentação, aparece no irresistível hábito do iniciante – tão reprovado nas escolas – de "escrever a história de trás para a frente". O noviço persiste em reconstruir as mentes das pessoas num período anterior do tempo como se elas pudessem conhecer os eventos que se seguiram num período posterior. É necessário um esforço de treinamento da imaginação para evitar a infusão nas mentes de personagens históricos de antevisões de seu próprio futuro, antevisões essas que são partes integrantes de nossa concepção presente dos personagens.

Escrever a história de trás para a frente é o método padrão para que se prove os poderes mágicos das necessidades sociais na orientação das descobertas dos cientistas. O professor Hogben aplica o método ao caso de Maxwell:

> (...) no tratado de Maxwell, a matemática newtoniana das antigas universidades era vinculada às medições experimentais feitas por Faraday e Henry em fundações extramuros tais como a Royal e Smithsonian Institutions. O que acontecia com a forma também se

dava com a substância. Desde o início da telegrafia prática, a possibilidade de propagação de fenômenos elétricos através do espaço, sem a ajuda de material condutor no sentido ordinário, despertou especulação e experimentação. No ambiente de expectativa aventureira da industrialização do século XIX, a telegrafia sem fio era a pedra filosofal e o elixir da juventude. Até agora, as comunicações telegráficas constituem a conquista mais espetacular da ciência. Por isso, recebeu sua parcela de reconhecimento na Grande Mostra, que coincidiu com o empreendimento do Cabo Atlântico. Dois anos mais tarde – em 1853 –, Dering, um inventor cujos dispositivos elétricos receberam lugar de destaque entre os exibidores, referiu-se "ao anseio que existe no presente pelo telégrafo sem fio". Esse foi o ano em que Maxwell se tornou o segundo competidor.[9]

Exageros fantásticos ("pedra filosofal", "elixir da juventude"), em relação a um problema que seria mais correto descrever como obscuro na ocasião,[10] juntamente com outros coloridos ornamentos, conferem irresistível poder ao método de escrever a história de

---

[9] *Science for the Citizen*, p. 737.
[10] A necessidade urgente das comunicações sem fio surgiu, segundo o professor Hogben, de um desejo enorme de compensar os custos da telegrafia a cabo. A questão real pode ser descrita como se segue. Devido a várias dificuldades técnicas, as comunicações sem fio jamais conseguiram sobrepujar a telegrafia a cabo. Em terra, o uso do cabo permanece incontestável, e a competição entre a telegrafia a cabo e a sem fio através dos mares ainda não está decidida. Tal fato, longe de movimentar todas as especulações científicas de nosso tempo, permanece sem menção, mesmo pelo autor de *Science for the Citizen*, tão interessado no problema.
A importância real das comunicações sem fio (além de sua mais recente aplicação na radiodifusão) tem sido, obviamente, na navegação – a mesma navegação pela qual Maxwell, supostamente (de acordo com o Sr. Crowther), teria perdido o interesse quando se voltou da astronomia para as ondas elétricas. Na realidade, hoje em dia, este país depende da navegação para sua própria vida; e tal dependência surgiu exatamente depois que as leis de Corn foram repelidas: ao tempo de Maxwell. Assim, uma crítica impertinente pode sugerir que a teoria do determinismo social era, afinal de contas, correta – só que a resposta de Maxwell não foi para o declínio e sim para o crescimento súbito da significação nacional da navegação.

trás para a frente; em especial, quando o assunto é conhecido por poucos e o que se escreve é direcionado para o público em geral, em combinação com a mensagem política contida na descrição.

Para tornar inexpugnável uma posição assim estabelecida, basta mantê-la suficientemente obscura. Falando de maneira precisa, *nenhuma afirmação definitiva* foi feita acima pelo professor Hogben sobre as razões que levaram Maxwell a desenvolver a teoria das ondas eletromagnéticas, a qual, cerca de meio século mais tarde, contribuiu para a invenção do telégrafo sem fio. Pelo menos nenhuma que fosse além da opinião habitualmente aceita e muito irrelevante de que o estudo da eletricidade no século XIX ganhou interesse adicional em função de suas amplas aplicações práticas. Contudo, a força da sugestão indireta do professor Hogben é tão poderosa que pode ser usada para provar seu ataque — descrito nas páginas anteriores — sobre a opinião, geralmente acatada em literatura prévia, de que Maxwell "trabalhara apenas pelo conhecimento" e que tinha justificativa para agir assim. Isso — nos diz o professor Hogben — nada mais é que "pretensão arrogante" dos cientistas.

O fato notável de que essa nova teoria da ciência é sempre demonstrada por exemplos de um passado comparativamente remoto, *em meio ao nosso século em que foram alcançadas conquistas científicas sem paralelo*, pode ser deduzido dos exemplos acima. As aplicações práticas das descobertas recentes não são ainda conhecidas, de modo que, nesse caso, a história não pode ser escrita de trás para a frente. Que invenções técnicas tencionavam, inconscientemente, produzir com descobertas os seguintes laureados com o Nobel: Planck, Einstein, Perrin, Millikan, Michelson, Rutherford, Aston,

Chadwick, Barkla, Heisenberg, Compton, Franck, G. Hertz, Rubens, Laue, Joliot, Fermi, Urey, Anderson, W. H. e W. L. Bragg, Schrödinger, Dirac, etc.? Ninguém pode dizer — então, a nova teoria da ciência tem que desconsiderá-los.

Fica-se imaginando como os grandes físicos acima listados se comportariam se, antes de iniciarem as investigações, tivessem que conseguir um certificado de sua utilidade pública, expedido por um diretório científico, como pretendem os cientistas marxistas e seus amigos. A que conflitos não teria levado a "pretensão arrogante" de serem os juízes de suas próprias preferências!

V

Não obstante, nos é dito que o planejamento da ciência opera com sucesso na Rússia. Qual a verdade sobre esse assunto? Como funciona o planejamento da ciência na URSS? Em resumo, a posição é a seguinte. Lá, foram estabelecidos laboratórios bem completos para a pesquisa aplicada. O objetivo é a promoção de várias formas de ciência prática em linhas similares às de seus correspondentes na Inglaterra, América, etc. Não há nada de diferente nessas atividades, exceto a idéia de chamá-las de "ciência planejada". A isso, no entanto, temos que adicionar uma característica um pouco mais séria. Fala-se muito na Rússia sobre planos detalhados para as pesquisas de cada laboratório, e também sobre o planejamento da ciência pura com o fito de beneficiar a indústria. Felizmente, tal "planejamento" tem ficado totalmente no papel. É verdade que se podem ler descrições como as do Sr. Crowther sobre o planejamento científico no laboratório de física em Kharkov: "Cada departamento [diz Crowther] traça um plano de trabalho que vai de 1º de janeiro a 31 de dezembro de cada ano. O plano é detalhado por trimestre e pode chegar a sugerir o que deve ser feito a cada dia. No final do mês, o pesquisador avalia a porcentagem alcançada no seu plano. Normalmente, são atingidos de 80% a 90%, e a avaliação é muito honesta"[11] (o que é razoavelmente semelhante ao planejamento da disputa de um jogo, em que são fixados com antecedência os gols que cada jogador dos dois times deve marcar). Mas a realidade em tais casos é que os cientistas soviéticos são obrigados a preencher uma série de formulários sem significado. Apesar da séria interferência sobre a integridade da ciência que tem ocorrido em diversos casos (em particular, na psicologia e na genética), uma boa medida de pesquisa científica continua sendo feita na Rússia, exatamente da mesma maneira que em qualquer outro lugar. A pesquisa persiste em avançar nas linhas do sistema universal da ciência, e as peças russas encaixam nas inglesas, suíças ou japonesas, como também em outras peças espalhadas pelo mundo.

Recentemente, chegou ao nosso conhecimento que os cientistas russos estão tentando livrar-se das imposições das teorias marxistas sobre valor e organização da ciência. Num discurso importante feito em 1943 ante a Junta Governamental da Academia Soviética, o acadêmico Kapitza defendeu que cada instituto de pesquisa da Academia se devotasse a um ramo particular do que chamou de "grande ciência", mas que, no contexto do que foi dito, claramen-

---

[11] *Manchester Guardian Commercial*, 2 de junho de 1944.

te parece com nossa velha amiga – a ciência pura ou fundamental.¹² A pesquisa (nos é dito) deve ser conduzida com o objetivo do maior sucesso que puder ser conseguido no seu próprio ramo da ciência. "A direção em que o instituto se desenvolve deve corresponder àquela da ciência que é mais promissora no momento, e que, levando-se em conta o presente estado da ciência e das possibilidades metodológicas, tem as mais largas perspectivas para progresso rápido e frutífero." É esse exatamente o caminho em que a ciência sistemática tem avançado em qualquer lugar. A ciência, declara Kapitza, forma uma unidade em todo o mundo, em todos os países, independentemente, parece, do sistema social de produção. Quanto à relação entre a ciência pura e a aplicada, ele diz que "(...) não é correto insistir que o cientista deve procurar aplicação para seu trabalho na indústria". No que tange ao planejamento, demanda que "(...) um instituto científico deve ter uma organização muito flexível. De fato, no curso do trabalho científico é difícil visualizar até mesmo um mês à frente, quanto mais um ano". O discurso de Kapitza foi recebido pela distinta audiência com sinais de alívio e larga aprovação; ficou claro que uma nova partida estava sendo dada com aquele pronunciamento.¹³

---

¹² Estou em débito com a Sociedade para as Relações Culturais com a URSS pelo empréstimo de um relatório detalhado desse encontro. Um extrato muito breve apareceu em *Nature*, Vol. 155 (1945), p. 294.

¹³ Na data em que compilei os ensaios para este livro (novembro de 1949), parece que as expectativas levantadas com o discurso de Kapitza jamais se materializaram. Em vez disso, as referências a Kapitza foram gradualmente diminuindo na mídia soviética, e ele, nos últimos três anos, não mais fez aparições públicas. O breve relaxamento na política marxista foi seguido de uma severidade rapidamente crescente em sua aplicação, até os dias presentes.

Assim, a nova avaliação estritamente utilitária da ciência e a tentativa de planejá-la podem desaparecer no país que lhes deu origem. Parece também possível que o movimento na Inglaterra, que corre em paralelo com as tendências anteriores da União Soviética, entre em gradual desaceleração. Na realidade, os recentes pronunciamentos dos defensores usuais da ciência planejada sinalizam para essa direção.

Deveríamos, então, considerar todo o interlúdio como praticamente encerrado e esperar que a posição da ciência retorne efetivamente ao que era antes? Dificilmente eu pensaria assim. A idéia extravagante da subordinação da ciência ao bem-estar é apenas uma parte de um ataque geral contra o *status* da vida intelectual e moral. Existem diversos movimentos na atualidade negando a realidade última dos processos racionais e morais. Uma grande força do preconceito naturalístico vem atacando sem cessar o conceito do homem como ser essencialmente racional.

Nesse *milieu*, a ciência, como busca pura da verdade, dificilmente poderá recuperar o conceito de que antes desfrutou. Enquanto tais forças prevalecerem, é pouco provável que a sociedade se considere a si mesma como dedicada ao cultivo continuado de uma herança intelectual, para a qual a contribuição de cada geração não pode ser grande. Pelo contrário, a tendência continuará sendo de o Estado alegar responsabilidade final por toda atividade que afete o bem-estar de seus cidadãos, inclusive o progresso da ciência. Não vejo razão para supor que a crise criada em nossa civilização por essa tendência fundamental já tenha atingido seu clímax.

CAPÍTULO VI

Ciência Planejada[1]

Esta nossa era tem testemunhado grandes movimentos revolucionários, mas também tem sido palco de buscas estranhas e fúteis. Há cerca de dez anos, surgiu subitamente na Inglaterra um movimento pelo planejamento da ciência. Os livros que difundiram essa doutrina se transformaram em *best-sellers* e atraíram muitos seguidores. Suas forças se reuniram, quase por acaso, numa nova divisão, fundada em 1938, da British Association. O movimento teve larga penetração entre as massas de pessoas cientificamente treinadas por meio da Associação dos Trabalhadores Científicos, que se expandiu, com esse ímpeto, a um efetivo de 15.000 afiliados. Em janeiro de 1943, a Associação promoveu uma concorrida conferência em Londres, que foi presidida por *Sir* Robert Watson Watt e superlotou o Caxton Hall. Entre os patrocinadores e palestrantes estavam alguns dos mais eminentes cientistas da Grã-Bretanha. Desde o início, foi considerado ponto pacífico que todo o trabalho científico deveria ser integrado sob a orientação de conselhos de planejamento, como os estabelecidos em tempo de guerra. Os discursos, um atrás do outro, condenaram em termos ira-

---

[1] Radiodifusão, setembro de 1948.

dos e impetuosos os modos tradicionais de condução das atividades científicas, e uma descrição detalhada do planejamento russo passou sem críticas. O professor Bernal declarou que durante a organização da ciência do tempo da guerra "nós aprendemos, pela primeira vez, como conduzir trabalho científico rápida e eficientemente".

Nada se ouviu em contrário na conferência, e os antiplanejamento foram insultados como agitadores da anarquia e da ignorância. Parecia mesmo que, na Inglaterra, o movimento pelo planejamento da ciência caminhava irresistivelmente para a vitória. No entanto, nos dias de hoje, dificilmente lembramos o que tudo aquilo representou. A demanda pelo planejamento da ciência caiu no esquecimento. Os livros que deram início ao movimento continuam sendo lidos, mas suas mensagens não são mais levadas a sério. A iniciativa desvaneceu quase sem deixar vestígios. Caso se compare, por exemplo, o desenvolvimento pós-guerra da organização científica na Inglaterra com o da América, onde jamais houve movimento pelo planejamento, não se vê diferença que possa ser atribuída àquela tendência. Nas universidades dos dois países, a pesquisa científica continua sendo procedida substancialmente nas linhas tradicionais.

Todo aquele curioso interlúdio poderia, de fato, estar agora esquecido, deixando-se para os historiadores futuros as elucubrações sobre ele, se não fossem duas razões vitais: primeiro, existe o fato de que nossos cientistas correspondentes na Rússia ainda têm que se submeter à sistematização pelo planejamento, ou, pelo menos, desperdiçar tempo e abrir mão da dignidade da ocupação, fingindo sujeitar-se a ela. Pior ainda, correm o constante risco de se transformar em vítimas das maquinações dos carreiristas políticos: homens que ganharam influência na ciência simulando implementar o marxismo e que podem, a qualquer momento, dirigir contra seus companheiros-cientistas as flechas mortais das suspeitas e das injúrias marxistas. O destino de Vavilov e de seus muitos colaboradores que sucumbiram ao "planejamento da ciência", como exercitado por Lysenko, jamais pode sair da cabeça de qualquer cientista russo. Cabe-nos combater a falsa e opressiva doutrina imposta aos nossos colegas russos, os quais, mesmo sofrendo amargamente por sua influência, são compelidos a defendê-la em público.

E também, embora o movimento pelo planejamento da ciência não tenha produzido efeitos na Inglaterra, não deixa de ser um sintoma perturbador da instabilidade de nossos dias. Ele deve nos trazer à lembrança que, no atual período revolucionário, nenhuma grande instituição pode garantir sua aceitação continuada, porque até mesmo as alegações mais antigas e bem-fundamentadas correm o risco, em tempos assim, de desmoronar por omissão, ou por falta de defesa. Antes que se instalasse a controvérsia sobre o planejamento, poucas foram as tentativas de examinar atentamente, quer os princípios por meio dos quais o progresso científico era alcançado, quer as políticas que habitualmente guiaram a organização da ciência. Agora que estamos alertados, devemos reconhecer claramente qual a nossa posição nessas questões. Daqui por diante, temos que ser capazes de declarar explicitamente quais são nossos princípios fundamentais e justificá-los em face de novos problemas e novas doutrinas hostis.

A alegação tradicional de que a pesquisa científica só pode ser efetivamente conduzida por cientistas independentes pode ser encontrada no primeiro pronunciamento sobre a liberdade de pensamento feito por Milton em seu *Areopagítica*. Todavia, a crença de que a ciência só pode prosperar em liberdade pode parecer conflitar com a definição aceita de ciência como conhecimento sistemático. Como pode uma estrutura que se diz sistemática progredir com adições feitas por indivíduos sem uma orientação central? Suponha-se a construção de uma casa sem projeto algum, em que cada operário vai adicionando cômodos por idéias próprias, usando os materiais de sua preferência, fixando tijolos, madeira, encanamentos ou assoalhos da maneira que lhe aprouver. Com toda a certeza o resultado seria uma grande confusão.

Se a ciência realmente prospera deixando-se cada cientista seguir sua inclinação, a estrutura da ciência tem que ser fundamentalmente diferente da de uma casa. E isso é a pura verdade. A natureza dos sistemas científicos assemelha-se mais ao arranjo ordenado das células vivas que constituem um organismo policelular. O progresso da ciência por meio de esforços individuais de cientistas independentes é comparável em muitos aspectos ao crescimento de um organismo superior a partir de uma célula-germe microscópica. Ao longo do processo do desenvolvimento embrionário, cada célula busca sua própria vida, porém cada uma delas ajusta seu crescimento ao da vizinha para que resulte do agregado uma estrutura harmoniosa. É assim exatamente que os cientistas cooperam: pelo ajuste continuado de suas linhas de pesquisa aos resultados conseguidos até então pelos companheiros-cientistas.

Contudo, da mesma forma que a ciência não pode ser planejada por homens como uma casa, também os cientistas não participam da ciência da mesma maneira que as células o fazem no organismo. A situação verdadeira, que está em algum lugar intermediário, talvez seja mais bem retratada pelo símile usado por Milton, que compara a verdade a uma estátua estilhaçada, com fragmentos espalhados e escondidos por todos os cantos. Cada cientista, trabalhando independentemente e por sua própria iniciativa, tenta encontrar um fragmento da estátua e ajustá-lo aos que já foram coletados por outros. Isso explica muito bem a maneira pela qual os cientistas livres perseguem, em conjunto, um único objetivo sistemático.

Mas existe uma outra característica da ciência que é de grande importância para sua correta organização e que não se encaixa com facilidade nessa imagem. Os estágios progressivos do conhecimento científico têm uma integridade enganosa que faz com que pareçam mais com as formas em desenvolvimento de um organismo que cresce do que com as formas mutiladas de uma estátua incompleta. Se na montagem da estátua ela resulta sem cabeça, temos certeza de que está ainda incompleta. Mas a ciência, no seu progresso, não se mostra claramente incompleta, mesmo que grandes partes continuem faltando. A física de meio século atrás, ainda que lhe faltassem a teoria quântica e a relatividade, e que ignorasse os elétrons e a radioatividade, era considerada essencialmente completa àquele tempo; e não apenas pelos leigos, mas também pelas autoridades científicas de então. Para ilustrar o crescimento da ciência, devemos imaginar uma estátua que, enquanto está sendo montada, parece estar completa a cada estágio sucessivo. Devemos acrescentar também que ela deveria mudar de aparência com a adição de cada fragmento – para grande e renovada surpresa dos circunstantes.

E aqui emerge, de fato, a razão decisiva para o individualismo no cultivo da ciência. Nenhum comitê de cientistas, por mais distinto que seja, pode prever o progresso ulterior da ciência, a não ser pela extensão rotineira do sistema existente. Jamais um avanço científico importante foi antevisto por um comitê desses. Os problemas alocados por esse último não teriam, portanto, valor científico real. Eles seriam ou desprovidos de originalidade ou então, se o comitê se aventurasse, abrindo mão da prudência, em proposições realmente novas, suas sugestões invariavelmente provariam ser impraticáveis. Com efeito, os pontos em que um sistema existente de ciência pode ser apurado só se revelam para o investigador individual. E somente ele pode descobrir, mediante toda uma vida de concentração em cima de um aspecto particular da ciência, um pequeno número de problemas factíveis e que realmente valham a pena.

Por conseguinte, a condução da ciência só pode ser organizada pela garantia de completa independência a todos os cientistas experientes. Eles então se distribuirão por todo o campo de possíveis descobertas, cada um aplicando seus talentos específicos na tarefa que lhe parecer mais rendosa. Assim, o maior número possível de caminhos será coberto, e a ciência penetrará com maior rapidez na direção do conhecimento encoberto, insuspeitado por todos, menos por seu descobridor, a espécie de conhecimento novo do qual o progresso da ciência realmente depende. A função das autoridades públicas não é planejar pesquisa, mas apenas proporcionar oportunidades para sua conduta. Tudo o que têm a fazer é prover as instalações para que cada bom cientista siga seus próprios interesses na ciência; fazer mais do que isso é cultivar a mediocridade e desperdiçar dinheiro público. Tais princípios têm, na verdade, orientado todas as universidades bem-conduzidas através da era moderna.

Além das oportunidades para a pesquisa, tem que haver instalações para que as novas descobertas sejam publicadas; ou, mais precisamente, para todas as alegações de novas descobertas. Isso envolve um problema. Temos que nos guardar contra a excentricidade e a fraude, e também manter afastados os estúpidos, se é que queremos que as revistas especializadas não alastrem confusão. Ainda assim, a obra dos pioneiros, que à primeira vista pode não despertar confiança e, algumas vezes, parecer até mesmo louca, não deve ser excluída. Problemas semelhantes têm que ser enfrentados na seleção de pessoal para nomeações científicas e na alocação de recursos. Aí reside o controle crucial da vida científica. A responsabilidade por sua operação recai, em última análise, sobre a opinião científica organizada. Ela tem que agir como um policial durante o ano todo e ainda assim estar alerta para oferecer ajuda ao lídimo revolucionário — o quebrador criativo da lei. Proteger os padrões científicos, enquanto assegura ampla liberdade ao talento heterodoxo, é a função da opinião científica. Para isso, ela necessita de humildade a serviço da ciência. Mas deve também orgulhar-se do serviço que presta e demandar respeito. Posto que a ciência não é passatempo de reitor nem maçada para estudante, mas um caminho para entender a natureza, igualmente necessário a todos os homens.

Parte II

Outros Exemplos

CAPÍTULO VII

Perigos da Incoerência

Este capítulo é dedicado à liberdade intelectual. Argumentarei que sua doutrina, como a nós repassada, é intrinsecamente contraditória, e que a queda da liberdade no continente da Europa foi um resultado dessa inadequação. A liberdade de pensamento destruiu-se a si própria quando uma concepção autocontraditória de liberdade foi defendida até as últimas conseqüências.

Para apresentar essa argumentação, tenho que relancear o olhar, ainda que muito rapidamente, para o exato início da reflexão sistemática. O pensamento moderno, no mais amplo sentido, emergiu com a emancipação da mente humana da interpretação mitológica e mágica do Universo. Sabemos quando, onde e por meio de que método isso aconteceu pela primeira vez. Tal ato de liberação se deveu aos filósofos jônicos que floresceram no século VI a.C. Eles foram sucedidos por outros filósofos gregos que cobriram um período de mil anos. Esses pensadores antigos desfrutaram de muita liberdade de especulação sem nunca levantar decisivamente a questão da liberdade intelectual.

Santo Agostinho pôs fim ao milênio da filosofia antiga. Seguiu-se o longo período de mando da ideologia cristã e da Igreja de

Roma sobre todos os aspectos do pensamento. O domínio da autoridade eclesiástica começou a ser barrado a partir do século XII por diversas e esporádicas conquistas intelectuais. Então, com o desabrochar da Renascença italiana, os artistas e pensadores que lideraram o movimento fizeram com que a religião fosse levada cada vez mais ao esquecimento. A própria Igreja italiana pareceu ceder aos novos interesses seculares. Se toda a Europa daquele tempo tivesse a mesma mentalidade da Itália, o Humanismo Renascentista poderia ter estabelecido a liberdade de pensamento por todos os lugares, simplesmente pela ausência de oposição. A Europa poderia ter retornado – ou, caso se prefira, recaído – ao liberalismo semelhante ao da antiguidade pré-cristã. O que quer que viesse depois, nossos problemas presentes não teriam ocorrido.

Todavia, em vez disso, surgiu em diversos países europeus – Alemanha, Suíça, Espanha – um revigoramento do fervor religioso, acompanhado do cisma da Igreja Católica, que iria dominar as mentes das pessoas por cerca de dois séculos. A Igreja Católica, rapidamente, reafirmou sua autoridade sobre toda a esfera intelectual. Os pensamentos dos homens foram influenciados e as políticas tomaram forma em presença da luta entre o catolicismo e o protestantismo, para a qual todas as questões contemporâneas contribuíram ao se aliarem a um ou outro lado.

Pelo início do século atual – para o qual conduzo agora o assunto – a guerra entre católicos e protestantes já tinha terminado havia muito tempo; entretanto, a formulação do pensamento liberal ainda permanecia em grande parte determinada pela reação das gerações passadas contra o período de guerras religiosas. Para começar, o liberalismo foi motivado pela repulsa ao fanatismo religioso; ele apelou à razão para a cessação da rixa que ocorria. O desejo de refrear a violência religiosa impulsionou o liberalismo, tanto o anglo-americano como o do continente europeu. Mesmo assim, o começo da reação contra o fanatismo religioso diferiu um pouco nessas duas áreas, e tal diferença vem se acentuando com o tempo, de modo que, em conseqüência, a liberdade foi sustentada no Ocidente até os nossos dias e entrou em colapso nos territórios da Europa Central e Oriental.

O liberalismo anglo-americano foi formulado primeiro por Milton e Locke. Seu argumento para a liberdade de pensamento tem duas partes. Na primeira (para a qual podemos citar o *Areopagitica*), é demandada a liberdade em relação à autoridade, de forma que a verdade possa ser descoberta. A principal inspiração de tal movimento foi a luta dá ciências naturais que emergiam contra a autoridade de Aristóteles. Seu programa era deixar que cada um expressasse suas crenças e permitir que o povo as ouvisse e formasse sua própria opinião; as idéias que prevalecessem numa luta aberta e livre de faculdades e visões seria a melhor aproximação da verdade humanamente alcançável. Podemos denominar tal programa de fórmula antiautoritária de liberdade. Cerradamente relacionada com ela é a segunda parte do argumento pela liberdade, que se baseia na dúvida filosófica. Embora suas origens estejam bem longe (nos filósofos da antiguidade), esse argumento foi formulado pela primeira vez como doutrina política por Locke. Ele afirma, simplesmente, que jamais podemos estar seguros da verdade em questões de religião para que possamos impor nossa opinião sobre os outros. Esses dois pleitos pela liberdade foram apresentados na Inglaterra, e lá aceitos, numa ocasião em que as crenças religiosas eram inabaláveis e, na verdade, dominantes em toda a nação. A nova tolerância objetivava primordialmente a reconciliação das diferentes denominações a serviço de Deus. Locke recusou tolerância aos ateus por considerá-los socialmente inconfiáveis.

No continente europeu, a doutrina de duas partes para o livre pensamento — antiautoritarismo e dúvida filosófica — ganhou ascendência um pouco mais tarde que na Inglaterra e caminhou diretamente para uma posição mais extremada. Isso foi efetivamente formulado pela primeira vez no século XVIII pela filosofia do Iluminismo, que era, principalmente, um ataque à autoridade religiosa e, em particular, à Igreja Católica. Ela professava um ceticismo radical. Os livros de Voltaire e dos enciclopedistas franceses que expuseram a doutrina foram muito lidos na França, enquanto suas idéias no exterior se espalharam pela Alemanha e chegaram bem longe na Europa Oriental. Frederico, o Grande, e Catarina da Rússia estavam entre seus correspondentes e discípulos. O tipo de aristocrata voltairiano, representado pelo velho príncipe Bolkonski em *Guerra e Paz*, era encontrado nas cortes e nas residências feudais da Europa continental, no final do século XVIII. A profundidade da influência dos filósofos sobre o pensamento político de seu próprio país iria se revelar na Revolução Francesa.

O estado de espírito do Iluminismo francês, conquanto muitas vezes raivoso, foi sempre muito confiante. Seus seguidores prometeram livrar a humanidade de todas as suas mazelas sociais. Uma das figuras centrais do movimento, o barão d'Holbach, expressou assim tal posição no seu *Systeme de la Nature* (1770):

> O homem é miserável simplesmente porque é ignorante. Sua mente está tão infectada de preconceitos que se pode pensar que ele está condenado para sempre ao erro (...). É o erro evocado pelos medos religiosos, que apequena os homens pelo terror ou

faz com que se matem uns aos outros por quimeras. Os ódios, as perseguições, os massacres, as tragédias que, sob pretextos de interesses do Céu, têm tido a Terra por palco, são todos, e cada um, resultados do erro.

Essa explanação das misérias humanas e o remédio prometido para elas continuaram infundindo confiança na *intelligentsia* européia bem depois da Revolução Francesa. Permaneceu um axioma entre as pessoas progressistas do continente europeu que, para se conseguir luz e liberdade, era preciso primeiro quebrar o poder do clero e eliminar a influência do dogma religioso. Batalhas após batalhas foram travadas nessa campanha. Talvez o engajamento mais feroz tenha ocorrido no caso Dreyfus, no apagar do século, com o qual o clericalismo foi finalmente derrotado na França e ainda mais enfraquecido por toda a Europa. Foi mais ou menos nessa época que W. E. H. Lecky escreveu no seu *History of Rationalism in Europe* (1893): "Em toda a Europa, o clero é agora associado a uma política conservadora [*toryism*], de reação ou de obstrução. Na Europa, os órgãos que representam interesses dogmáticos se mostram em perene oposição às tendências progressistas que os circundam, e estão rapidamente caindo em desgraça."

Lembro-me muito bem desse sentimento triunfante. Olhávamos para esses tempos passados como um período de escuridão e, com Lucrécio, bradávamos horrorizados: "*Tantum religio potuit suadere malorum*"; que males a religião inspirou! Assim, rejubilávamo-nos com o conhecimento superior de nossa era e com suas liberdades asseguradas. As promessas de paz e liberdade feitas ao mundo pelo Iluminismo francês foram, na verdade, maravilhosamente concretizadas até o fim do século XIX. Podia-se viajar por toda a Europa e a América sem um passaporte e fincar estacas onde se quisesse. Com a exceção da Rússia, era possível publicar qualquer coisa em toda a Europa sem censura prévia e também possível, com impunidade, a oposição a qualquer governo ou credo. Na Alemanha — muito criticada à época por ser autoritária —, caricaturas mordazes do imperador circulavam livremente. Até na Rússia, cujo regime era bastante opressor, *O Capital* de Marx apareceu traduzido, logo depois de sua primeira publicação, e mereceu resenhas bastante favoráveis da imprensa. Em toda a Europa, não mais que algumas centenas de pessoas estavam forçadas ao exílio político. Em todo o planeta, os homens das raças européias viviam em livre comunicação intelectual e pessoal. Não surpreendia, portanto, que o estabelecimento universal da paz e da tolerância, graças à vitória do Iluminismo moderno, fosse confiantemente esperado na virada do século por uma grande maioria do povo culto do continente europeu.

Dessa forma, entramos no século XX como uma era de promessas infinitas. Poucas pessoas entenderam na ocasião que caminhávamos em campo minado — ainda que as minas tivessem sido todas preparadas e cuidadosamente dispostas no terreno à luz do dia e por pensadores bem-conhecidos de nossa época. Hoje sabemos que nossas esperanças eram infundadas. Todos aprendemos a identificar o colapso da liberdade no século XX com os escritos de certos filósofos, notadamente Marx, Nietzsche e seus ancestrais comuns, Fichte e Hegel. Porém, a história ainda irá contar como acolhemos como libertadoras as filosofias que iriam destruir a liberdade.

Michael Polanyi

Já disse que considero o colapso da liberdade na Europa Central e Oriental como resultado de uma contradição interna na doutrina dessa mesma liberdade. Onde está a incoerência? Por que ela destruiu a liberdade em grandes partes do continente europeu e não teve, até agora, efeito similar no Ocidente ou na área anglo-americana de nossa civilização?

O argumento da dúvida apresentado por Locke em favor da tolerância diz que, por ser impossível demonstrar qual religião é a verdadeira, devemos admitir todas. Isso significa que não podemos impor crenças que não são demonstráveis. Apliquemos essa doutrina aos princípios éticos. Segue-se que, a menos que os princípios éticos possam ser demonstrados com certeza, devemos refrear sua imposição e tolerar sua total negação. Porém, é claro que os princípios éticos não podem ser demonstrados: não se pode provar a obrigação de dizer a verdade, de sustentar a justiça e a misericórdia. A conseqüência seria a aceitação de um sistema de falsidade, injustiça e crueldade, como alternativa em termos iguais para os princípios éticos. Mas uma sociedade em que prevalecem a propaganda inescrupulosa, a violência e o terror não dá espaço para a tolerância. Aí está a incoerência de um liberalismo baseado na dúvida filosófica: a liberdade do pensamento é destruída pela extensão da dúvida ao campo dos ideais tradicionais.

A consumação desse processo destrutivo foi evitada na região anglo-americana pela relutância instintiva em aceitar as premissas filosóficas até as últimas conseqüências. Uma forma de contornar o problema foi a suposição de que os princípios éticos podiam ser, na realidade, cientificamente demonstrados. O próprio Locke deu início a essa linha de raciocínio, asseverando que o bem e o mal podiam ser identificados como prazer e dor, e sugerindo que todos os ideais do bom comportamento eram meras máximas da prudência.

No entanto, o cálculo utilitarista não pode, de fato, demonstrar nossas obrigações para com ideais que demandem sérios sacrifícios de nossa parte. A sinceridade de um homem ao professar seus ideais tem que ser medida, ao contrário, pela *falta* de prudência que ele demonstra ao persegui-los. A confirmação utilitarista da magnanimidade nada mais é do que uma veleidade, pela qual os ideais tradicionais se tornam aceitáveis por uma era filosoficamente cética. Camuflados por um egoísmo de longo prazo, os ideais tradicionais do homem são protegidos da destruição pelo ceticismo.

Creio que a preservação, até os nossos dias, da civilização ocidental nos moldes da tradição de liberdade anglo-americana se deveu a essa contenção especulativa, que chegou a uma verdadeira suspensão da lógica dentro da filosofia empirista inglesa. Foi suficiente um serviço de propaganda boca a boca sobre a supremacia do princípio do prazer. Os padrões éticos não foram realmente substituídos por novos propósitos; menor ainda foi a inclinação por abandonar a prática de tais padrões. As massas da população e seus líderes na vida pública puderam, na verdade, desconsiderar a filosofia aceita, tanto na decisão sobre a conduta pessoal como na construção das instituições políticas. Todo o largo avanço das aspirações morais, para as quais a Idade da Razão mostrou o caminho – a Revolução Inglesa, a Revolução Americana, a Revolução Francesa, a primeira libertação de escravos no Império Britânico, as Reformas na Manufatura, a fundação da Liga das Nações, a posição da Inglaterra contra Hitler, a oferta da Lei Empréstimo e Arrendamento *(Lend-Lease)*, o Fundo das Nações Unidas para Assistência e Recuperação (UNRAA –

United Nations Relief and Rehabilitation Administration) e o Plano Marshall, o envio de milhões de pacotes de alimentos por americanos para beneficiários desconhecidos na Europa — em todas essas ações decisivas, a opinião pública foi impulsionada por forças morais, pela caridade, por um desejo de justiça e rejeição aos males sociais, sem considerar o fato de que elas não encontravam justificativa na filosofia vigente à época. O utilitarismo e outras formulações materialistas dos ideais tradicionais permaneceram no papel. O entrave filosófico nos padrões morais universais levou apenas à sua substituição verbal; foi uma substituição pretextada, ou, para dar-lhe uma designação técnica, podemos falar numa "pseudo-substituição" dos princípios morais por propósitos utilitaristas.

As contenções práticas e especulativas que salvaram o liberalismo da autodestruição na área anglo-americana resultaram em primeiro lugar do caráter distintamente religioso desse liberalismo. Na medida em que a dúvida filosófica fosse aplicada apenas para garantir direitos iguais a todas as religiões e também proibir a demanda desses direitos iguais pela irreligião, a mesma contenção se aplicaria automaticamente no tocante às crenças morais. O ceticismo, que foi mantido em rédea curta pelo bem da preservação das crenças religiosas, dificilmente constituiria uma ameaça aos princípios morais fundamentais. Uma segunda contenção do ceticismo, cerradamente relacionada à primeira, foi o estabelecimento das instituições democráticas quando as crenças religiosas ainda eram fortes. Tais instituições (por exemplo, a Constituição americana) deram conseqüência aos princípios morais que embasam uma sociedade livre. As tradições democráticas incorporadas nessas instituições se mostraram suficientemente fortes para sustentar, na prática, os padrões morais de uma sociedade livre contra qualquer crítica que pudesse questionar suas validades.

As duas contenções protetoras, no entanto, estiveram ausentes naquelas partes da Europa onde o liberalismo se baseou no Iluminismo francês. Tal movimento, por ser anti-religioso, não impôs restrição às especulações céticas; e lá, também, os padrões da moralidade não foram incorporados às instituições democráticas. Quando uma sociedade feudal, dominada pela autoridade religiosa, era atacada por um ceticismo radical, emergia um liberalismo desprotegido, quer por uma religião, quer por tradição cívica, contra a destruição por aquele ceticismo filosófico ao qual o liberalismo devia sua origem.

Permitam-me descrever o que aconteceu. A partir da metade do século XVIII, o pensamento europeu continental enfrentou o sério fato de que os padrões universais da razão não podiam ser filosoficamente justificados à luz da atitude cética que começara com o movimento racionalista. O grande tumulto filosófico que começou na segunda metade daquele século na Europa continental e que, afinal, levou aos desastres filosóficos de nossos dias representou uma preocupação incessante com o colapso das fundações filosóficas do racionalismo. Devido à má reputação que passaram a ter os padrões universais do comportamento humano, vários substitutos se apresentaram para assumir o lugar deles. Indicarei as principais formas como eles apareceram.

A primeira espécie de padrão substituto derivou da contemplação da individualidade. A característica distinta do indivíduo é colocada como se segue nas palavras de abertura de *Confissões*, de Rousseau. Ele fala sobre si mesmo: "Apenas eu (...). Não existe ninguém que pareça comigo (...). Devemos ver se a Natureza estava certa ao quebrar o molde no qual me forjou." A individualidade, aqui, estava desafiando o mundo a julgá-la, se pudesse, pelos padrões universais. O gênio criativo alegava ser o renovador de todos os valores e, portanto, ser incomensurável. Tal alegação iria se estender a nações inteiras; segundo ele, cada nação possuía seu conjunto único de valores que não podia ser criticado validamente com base na razão universal. A única obrigação de uma nação era, como a do indivíduo único, avaliar seus próprios poderes. Ao seguir o chamamento de seu destino, ela não poderia permitir que uma outra se interpusesse em seu caminho.

Caso se aplique essa alegação pela supremacia da característica única — que podemos chamar de Romantismo — às pessoas, chega-se a uma aversão generalizada à sociedade, como exemplificada na atitude anticonvencional, quase extraterritorial, da boemia do continente. Se aplicada às nações, resulta, ao contrário, na concepção de um destino nacional único que clama a obediência absoluta de todos os cidadãos. O líder nacional combina as vantagens das duas. Ele pode se quedar arrebatado de admiração por sua própria individualidade, enquanto identifica suas ambições pessoais com o destino da nação, prostrada a seus pés.

O Romantismo foi um movimento literário e uma mudança de opinião, e não uma filosofia. Seu correspondente no pensamento sistemático foi construído pela dialética hegeliana. Hegel assumiu o comando da Razão Universal, definhada, quase um fantasma, pelo tratamento recebido nas mãos de Kant, e vestiu-a com a pele tépida da história. Declarada incompetente para julgar a ação histórica, foi dada à razão a confortável posição de imanente à história.

Uma situação ideal: "Cara você perde, coroa ganho eu." Identificada aos batalhões mais poderosos, a razão tornou-se invencível, porém, infelizmente, também redundante.

O próximo passo foi, portanto, muito natural: o completo rebaixamento da razão. Marx e Engels decidiram fazer a dialética hegeliana acontecer. Não deveria mais haver a ilusão de que o rabo é que sacudia o cão. Os grandes batalhões deveriam ser reconhecidos como feitores da história por direito próprio, sendo a razão mera apologista para justificar as suas conquistas.

A história desse último desenvolvimento é bem conhecida. Marx reinterpretou a história como resultado de conflitos de classes que surgiam da necessidade de ajustar as "relações da produção" às "forças da produção". Em linguagem comum, era dito que, se novos equipamentos técnicos se tornavam disponíveis de tempos em tempos, era necessário mudar a ordem da propriedade em favor da nova classe, o que, invariavelmente, era conseguido pela derrubada da classe favorecida até então. O socialismo, dizia-se, dá um fim a essas mudanças violentas pelo estabelecimento da sociedade sem classes. Na sua primeira formulação no *Manifesto Comunista*, a doutrina coloca as "eternas verdades, tais como Liberdade, Justiça, etc." – mencionadas nesses termos – numa posição muito duvidosa. Como essas idéias, supostamente, só tinham sido usadas para aplacar a consciência dos mandantes e confundir as suspeitas dos explorados, não havia lugar para elas na sociedade sem classes. Nos dias de hoje, ficou claro que, na realidade, não existe nada no reino das idéias, da lei e da religião à poesia e à ciência, das regras do futebol à composição de músicas, que não possa ser rapidamente interpretado pelos marxistas como simples produto do interesse de classes.

Michael Polanyi

Entrementes, o legado do nacionalismo romântico, que se desenvolvia em linhas paralelas, foi também transposto para termos materialistas. Wagner e o Valhala sem dúvida afetaram o imaginário nazista; Mussolini ufanava-se por ter revivido a Roma Imperial. Mas a idéia realmente efetiva de Hitler e Mussolini era sua classificação das nações entre as que tinham (*haves*) e as que não tinham (*have-nots*), no modelo da luta de classes marxista. Nessa visão, as ações das nações não eram determinadas, nem capazes de serem julgadas certas ou erradas. As abastadas pregavam a paz e a santidade das leis internacionais, já que a lei sancionava suas posses. Mas, é claro que esse código era inaceitável pelas nações viris, deixadas de mãos vazias; elas se levantariam e derrubariam as degeneradas democracias capitalistas, que tinham se transformado em meros instrumentos ingênuos de suas ideologias pacíficas, inicialmente destinadas apenas a iludir as não-favorecidas. E assim ia o texto da política externa fascista e dos nacional-socialistas, exatamente nas linhas de um marxismo aplicado à luta de classes entre nações. Com efeito, já nos primórdios do século XX, influentes escritores germânicos tinham remodelado completamente o nacionalismo de Fichte e Hegel para uma interpretação da história com base no poder político. O Romantismo tinha sido brutalizado, e a brutalidade, romantizada, até que seu produto fosse tão obstinado quanto o próprio materialismo histórico de Marx.

Chegamos então ao resultado final do ciclo continental do pensamento. A autodestruição do Liberalismo; aquilo que foi mantido em estado de lógica suspensa no campo anglo-americano da civilização ocidental por aqui foi levado à conclusão definitiva. O processo de substituição dos ideais morais por objetivos filosóficos menos vulneráveis foi consumado com toda a seriedade. Não foi uma pseudo-substituição, mas uma troca *real* das razões e ideais do homem por apetites e paixões humanos.

Isso nos leva diretamente à cena das revoluções do século XX. Podemos ver agora como as filosofias que guiaram essas revoluções e destruíram a liberdade onde elas prevaleceram foram originalmente justificadas pela fórmula antiautoritária e cética de liberdade. Tais filosofias eram, de fato, antiautoritárias e céticas ao extremo. Elas livraram o homem de obrigações para com a verdade e a justiça, reduzindo a razão a uma caricatura: a uma mera racionalização de conclusões, predeterminada pelo desejo, e eventualmente a ser garantida, ou já sustentada, pela força. Foi essa a medida final de tal liberação: o homem deveria ser reconhecido, dali por diante, como feitor e mestre, não mais servo daquilo que antes constituíra seus ideais.

Essa liberação, contudo, destruiu as próprias fundações da liberdade. Se pensamento e razão não são nada por si sós, então não faz sentido demandar que o pensamento seja libertado. As esperanças sem limites que o Iluminismo do século XVIII associou à derrubada da autoridade e à perseguição da dúvida eram esperanças vinculadas da liberação da razão. Seus seguidores acreditavam piamente — para usar o majestoso palavreado de Jefferson — em "verdades que são auto-evidentes", que protegem "a vida, a liberdade e a busca da felicidade", sob governos "que derivam seus justos poderes do consentimento dos governados". Eles confiavam nas verdades, que acreditavam estar gravadas nos corações dos homens, para o estabelecimento da paz e da liberdade entre os homens, em todas as partes. A suposição de padrões universais da razão estava implícita nas esperanças do Iluminismo, e as filosofias que negavam a existência de tais padrões negavam, portanto, as fundações de todas essas esperanças.

Mas não basta mostrar como um processo lógico, que teve origem na formulação inadequada da liberdade, levou a conclusões filosóficas que contradisseram a liberdade. Tenho ainda que mostrar que essa contradição foi realmente posta em operação; que essas conclusões não apenas foram acolhidas e consideradas verdadeiras, mas encontraram pessoas resolvidas a agir com base nelas. Se as idéias causam revoluções, só podem fazê-lo por meio da ação de pessoas. Para que meu relato seja satisfatório, tenho que ser capaz de mostrar que existiram aqueles que realmente transformaram o erro filosófico em ação humana destrutiva.

Sobre essas pessoas, temos ampla evidência documental no seio da *intelligentsia* da Europa Central e Oriental. Podemos descrevê-las como niilistas.

Existe uma ambigüidade interessante nas conotações da palavra "niilismo", que a princípio pode parecer confusa, mas acaba sendo elucidativa. Lembremo-nos da interpretação de Rauschning sobre o levante nacional-socialista no seu livro *Revolução Germânica do Niilismo*. Exatamente com o sentido oposto, relatórios da Europa Central com freqüência falam de niilismo largamente difundido, significando uma falta de espírito público, a apatia do povo que não acredita em nada. Essa curiosa dualidade do niilismo, que o torna exemplo tanto de completo egocentrismo como de violenta ação revolucionária, pode ser acompanhada até suas origens. A palavra foi popularizada por Turgueniev em seu *Pais e Filhos*, escrito em 1862. Seu protótipo do niilismo, o estudante Bazarov, é um individualista extremado, sem qualquer interesse em política. Como também não demonstra qualquer inclinação política a outra figura bem próxima (1865) da literatura russa, Raskolnikov, personagem de Dostoievski em *Crime e Castigo*. O que Raskolnikov está tentando descobrir é por que não deve matar uma mulher idosa, se ele deseja o dinheiro dela. Os dois – Bazarov e Raskolnikov – levam uma vida privada de total descrença. Mas, poucos anos mais tarde, vamos encontrar os dois niilistas transformados em conspiradores políticos. A organização terrorista dos Narodniki – ou populistas – tinha acabado de nascer. Dostoievski retratou o novo tipo em sua novela posterior, *Os Demônios*. O niilista aparece agora como um conspirador frio e metódico, prefigurando rigorosamente o ideal bolchevique, como eu o vi retratado no teatro em Moscou numa das peças didáticas dos primeiros anos de Stalin. Nem é acidental a similaridade. Pois todo o código da ação conspirativa – as células, o segredo, a disciplina, a crueldade –, conhecido hoje como método comunista, foi copiado por Lênin dos "populistas"; a prova disso está nos artigos publicados por ele em 1901.

Os povos inglês e americano acham difícil entender o niilismo, porque a maioria das doutrinas professadas pelos niilistas era corrente entre os anglo-americanos por algum tempo sem que os que as sustentavam se tornassem niilistas. O grande e sólido Bentham não teria discordado de qualquer das teorias esposadas do protótipo de niilista de Turgueniev, o estudante Bazarov. Porém, embora Bentham e outros ingleses propensos pudessem usar tal filosofia meramente como uma explanação equivocada de suas próprias condutas, as quais eram na verdade determinadas por crenças tradicionais, o niilista Bazarov e os que se assemelhavam a ele levavam essas filosofias a sério e tentavam viver de acordo com elas.

O niilista que procura conduzir sua vida sem quaisquer crenças, obrigações ou restrições pertence ao primeiro e particular estágio do niilismo. Na Rússia, ele é representado pelo tipo de intelectual descrito à época por Turgueniev e o mais jovem Dostoievski. Na Alemanha, encontramos niilistas assim em grande quantidade por influência de Nietzsche e Stirner; e, mais tarde, entre 1910 e 1930, em linha direta de sucessão veio o grande Movimento da Juventude Germânica, com sua repulsa radical a todos os vínculos sociais existentes.

Entretanto, o niilista solitário é instável. Faminto de responsabilidade social, ele é passível de ser atraído para a política, desde que encontre um movimento baseado nas suposições niilistas. Assim, quando ele passa a se envolver com questões públicas, adota um credo de violência política. Os cafés de Munique, Berlim, Viena, Praga e Budapeste, onde escritores, pintores, advogados, médicos gastaram muitas horas em especulações divertidas e mexericos, transformaram-se, em 1918, nos locais de recrutamento dos "boêmios armados", aos quais Heiden em seu livro sobre Hitler descreve como agentes da Revolução Européia; da mesma forma que o Bloomsbury dos desenfreados anos 20 produziu muitos e disciplinados marxistas, por volta de 1930.

A conversão do niilista do individualismo extremo para o serviço de um credo político estreito e feroz é o ponto de inflexão da Revolução Européia. A queda da liberdade na Europa consistiu em uma série de tais conversões individuais.

Os mecanismos de tal conversão merecem cerrada atenção. Tomemos primeiro a conversão ao marxismo. O materialismo histórico tinha todos os atrativos de um segundo Iluminismo, já que teve origem no primeiro e anti-religioso movimento, deu-lhe prosseguimento e ofereceu a mesma intensa satisfação mental. Aqueles que aceitaram sua orientação sentiram-se como homens de ação e operadores da história; consideraram-se iniciados numa realidade até então oculta para eles e que continuava encoberta para os não-iniciados por um véu de falsidade e auto-engano. Marx e todo o movimento materialista do qual era parte tinham-lhes mostrado o mundo, revelando-lhe as verdadeiras molas que impulsionavam o comportamento humano.

O marxismo também lhes oferecia um futuro de promessas ilimitadas para a humanidade. Previa que a necessidade histórica destruiria uma forma antiquada de sociedade e a substituiria por uma nova em que todas as mazelas e injustiças existentes seriam eliminadas. Conquanto tal perspectiva fosse apresentada como observação puramente científica, dotou os que a aceitaram de um sentimento de extraordinária superioridade moral. Eles adquiriram um senso de retidão, o qual, paradoxalmente, foi intensificado de forma furiosa pelo quadro mecânico em que se instalou. Seu niilismo tinha impedido que eles demandassem justiça em nome da justiça, ou humanidade em nome da humanidade; essas palavras tinham sido banidas de seu vocabulário, e suas mentes tinham se fechado para tais conceitos. No entanto, silenciadas e reprimidas, suas aspirações morais encontraram uma saída nas predições científicas de uma sociedade perfeita. Então, estabeleceu-se uma utopia científica que só podia ser concretizada pela violência. O niilista podia aceitar — e abraçava ansiosamente — uma profecia que não exigia de seus discípulos outra crença que não a força dos apetites corporais e que, ao mesmo tempo, satisfazia a maioria de suas expectativas morais extravagantes. Seu senso de retidão ficava, assim, reforçado por uma brutalidade calculada, nascida da auto-afirmação científica. Foi assim que surgiu o fanático moderno, envolto numa carapaça impenetrável de ceticismo.

O poder do marxismo sobre as mentes se baseia num processo exatamente inverso ao da sublimação freudiana. As necessidades morais do homem, aos quais é negada expressão em termos de ideais humanos, são injetadas num sistema de força pura, à qual elas adicionam o poder de uma paixão moral cega. Embora com uma certa qualificação, isso é também verdade para o atrativo exercido pelo nacional-socialismo sobre as mentes da juventude alemã. Ao oferecer-lhe uma interpretação da história nos termos materialistas da luta internacional de classes, Hitler mobilizou seu senso de dever cívico sem vínculos com os ideais humanos. É um erro encarar o nazista como um selvagem não-instruído. Sua bestialidade foi adornada cuidadosamente com especulações que refletiam de forma muito estreita a influência marxista. Sua aversão aos ideais humanitários tinha um século de aprendizado filosófico por trás dela. O nazista não acredita em moralidade pública da mesma forma que não acreditamos na bruxaria. Não que jamais tenha ouvido falar nessa moralidade, mas acha que tem razões válidas para afirmar que ela não pode existir. Caso se afirme o contrário, ele toma quem assim pensa por fora de moda, ou simplesmente desonesto.

Em homens assim, as formas tradicionais de adesão a ideais morais foram destroçadas e suas paixões morais desviadas para os únicos canais que uma concepção estritamente mecanicista do homem e da sociedade deixou abertos a eles. Podemos denominar tal processo de *inversão moral*. A pessoa moralmente invertida não só realizou uma substituição filosófica dos objetivos morais por propósitos materialistas, mas também age com toda a força de suas paixões morais desabrigadas dentro de uma moldura materialista de finalidades.

Resta-me descrever o real campo de batalha europeu onde foi travado o conflito que resultou na queda da liberdade. Vamos nos aproximar da cena a partir do Ocidente. Quando a Guerra dos Quatro Anos se aproximava do final, começamos a ouvir a voz de Wilson, que vinha do outro lado do Atlântico, apelando por uma nova Europa em termos de puras idéias do século XVIII. "O que buscamos", sintetizou ele na sua declaração de 4 de julho de 1918, "é o reino da lei, com base no consentimento dos governados e sustentado pela opinião organizada da humanidade." Quando, poucos meses depois, Wilson desembarcou na Europa, uma onda de ilimitada esperança espraiou-se por todo o continente. Eram as velhas esperanças dos séculos XVIII e XIX, apenas mais brilhantes que nunca.

O apelo de Wilson e a resposta que suscitou marcaram o ponto mais alto das aspirações morais originais do Iluminismo. Ele mostrou como, a despeito das dificuldades filosóficas que estorvavam os fundamentos das aspirações morais ostensivas, tais assertivas ainda podiam ser feitas, na prática, com o mesmo vigor com que eram declaradas nas regiões de influência anglo-americana.

Porém, as grandes esperanças que se espalhavam da beira-mar atlântica foram peremptoriamente rejeitadas pela *intelligentsia* niilista ou moralmente invertida da Europa Central e Oriental. Para Lênin, a linguagem de Wilson era uma grande piada; de Mussolini ou Goebbels, elas teriam provocado apenas zombarias. E as teorias políticas que esses homens e o pequeno círculo de seguidores estavam levantando na ocasião logo iriam colocar por terra os apelos de Wilson e os ideais democráticos de uma forma geral. Passados vinte anos, eles iriam estabelecer um sistema abrangente de governos totalitários por toda a Europa, com uma boa possibilidade de sujeição de todo o mundo a tais governos.

O enorme sucesso dos oponentes de Wilson deveu-se ao maior atrativo que suas idéias provocavam em muitas parcelas das nações européias orientais e centrais. Sem dúvida, a ascensão final ao governo desses opositores foi alcançada pela violência, mas não sem antes a conquista de apoio suficiente dos diversos estratos da população, de modo que eles pudessem usar a violência com efetividade. As doutrinas de Wilson foram, em primeiro lugar, derrotadas pelo poder superior de convencimento dessas filosofias contrárias, e esse novo tipo de Iluminismo feroz continuou desde então a atacar incessantemente qualquer princípio racional e humano enraizado em solo europeu.

O colapso da liberdade que se seguiu ao sucesso desses ataques demonstrou de forma dura, em todos os cantos, aquilo que eu disse antes: a liberdade de pensamento perde o sentido e tem que desaparecer onde a razão e a moralidade são privadas de seu *status* como forças por direito próprio. Quando um juiz num tribunal não pode mais apelar para a lei e para a justiça; quando nem as testemunhas, nem os jornais, nem mesmo os relatórios dos cientistas sobre seus experimentos podem falar a verdade como conhecida; quando, na vida pública, não há princípios morais que devam ser respeitados; quando se nega substância às revelações da religião e da arte; então, não há como um indivíduo qualquer possa assumir posição contra os mandantes de plantão. Essa é a lógica simples do totalitarismo. Um regime niilista tem que assumir a direção de todas as atividades do dia-a-dia, que são, por outro lado, guiadas por princípios morais e intelectuais que o niilismo declara nulos e vazios. Os princípios, assim, têm que ser substituídos por decretos de uma abarcante Linha do Partido.

Daí a razão de o totalitarismo moderno, com base numa pura concepção materialista humana, ser necessariamente mais opressor do que um autoritarismo forçado por um credo espiritual, por mais rígido que seja. Considere-se a Igreja medieval no que tinha de pior. A autoridade de certos textos que ela impôs permaneceu fixa por longos períodos de tempo e sua interpretação foi transposta para sistemas teológicos e filosóficos que se desenvolveram por mais de um milênio, de Santo Agostinho a São Tomás de Aquino. Não se requeria de um católico que mudasse suas convicções ou revertesse suas crenças a intervalos freqüentes, em deferência a decisões secretas de um punhado de altos funcionários. Além disso, uma vez que a autoridade da Igreja é espiritual, ela reconhecia outros princípios independentes. Conquanto impusesse inúmeras regras sobre a conduta individual, existiam outros aspectos intocados da vida, regidos por outras autoridades – rivais da Igreja – como reis, nobres, guildas, corporações. E o poder de todas elas era superado pela crescente força da lei; permitia-se também que uma boa dose de iniciativa artística e especulativa pulsasse livremente nesse sistema multifacetado.

A opressão sem precedentes do moderno totalitarismo tornou-se amplamente reconhecida na Europa continental de hoje e tem concorrido para abrandar um pouco a rixa entre os combatentes pela liberdade e os defensores da religião, que vem ocorrendo desde que o Iluminismo começou a se espraiar. O anticlericalismo não está morto, porém muitos que admitem as obrigações transcendentes e estão dispostos a preservar uma sociedade construída sobre a crença de que tais obrigações são reais descobriram agora que estão mais perto dos que acreditam na Bíblia e na revelação cristã do que dos regimes niilistas, que têm base na descrença radical. A história talvez venha a fazer menção às eleições italianas de abril de 1946 como ponto de inflexão. A derrota infligida aos comunistas por uma ampla maioria católica foi saudada com alívio imenso pelos defensores da liberdade em todo o mundo; por muitos que cresceram sob o lema de Voltaire, "Écrasez l'infame!" e que, em ocasiões anteriores, tinham dado voz a todas suas esperanças com esse grito de guerra.

A mim parece que, no dia em que o cético moderno depositou pela primeira vez sua fé na Igreja Católica para resgatar suas liberdades contra o monstro Frankenstein que ele mesmo tinha criado, um vasto ciclo do pensamento humano completou uma volta inteira. A esfera da dúvida fora circunavegada. A empreitada crítica que originara a Renascença e a Reforma, e dera partida em nossa ciência, filosofia e arte, tinha amadurecido até o fim e chegara a seus limites definitivos. Começamos, assim, a viver num novo período intelectual que eu poderia chamar de era pós-crítica da civilização ocidental. O liberalismo hoje está se tornando consciente de seus fundamentos fiduciários e está formando uma aliança com outras crenças afins.

A instabilidade do liberalismo moderno se coloca em contraste curioso com a existência pacificamente continuada da liberdade de pensamento ao longo de um milênio de antiguidade. Por que essa contradição entre liberdade e ceticismo jamais mergulhou o mundo antigo numa revolução totalitária como a do século XX?

Podemos responder que pelo menos uma dessas crises se desenvolveu quando diversos jovens brilhantes, aos quais Sócrates tinha introduzido na busca da inquirição desimpedida, desabrocharam como líderes dos Trinta Tiranos. Homens como Cármides e Crítias eram niilistas, adeptos conscientes da filosofia do assalte-e-domine que derivaram da educação socrática; e por conta da qual Sócrates foi contestado e executado.

Contudo, é fácil ver que tais conflitos jamais foram tão violentos e tiveram tal alcance como as revoluções do século XX. Faltou um elemento passional na antiguidade: a paixão profética do messianismo cristão. As inextinguíveis sede e fome pela retidão, que nossa civilização carrega no sangue como herança do cristianismo, não permitem que nos estabilizemos à maneira dos estóicos antigos. O pensamento moderno é uma mistura de crenças cristãs e dúvidas gregas. Tais crenças e dúvidas são, logicamente, incompatíveis, e o conflito entre elas tem mantido o Ocidente vivo e criativo de modo sem paralelo. Todavia, tal mistura é uma fundação instável. O totalitarismo moderno é a concretização da rixa entre religião e ceticismo. Ele resolve o problema ao incorporar nossa herança de paixões morais num quadro de propósitos materialistas modernos. As condições para tal solução não estavam presentes na antiguidade, antes que o Cristianismo tivesse incendiado os corações da humanidade com novas e vastas esperanças morais.

Michael Polanyi

CAPÍTULO VIII

A Amplitude da Direção Central[1]

Este ensaio talvez trabalhe em cima do óbvio. No entanto, por óbvio que seja o resultado, não o vejo escrito em lugar algum, enquanto muito já se escreveu para contradizê-lo por implicação.

Afirmo que o planejamento central da produção – no sentido rigoroso e historicamente não-comprovado do termo – é estritamente impossível; a razão é que o número de relações que requerem ajuste por unidade de tempo para o funcionamento de um sistema econômico com *n* unidades de produção é *n* vezes maior do que aquele que pode ser ajustado pela subordinação das unidades a uma autoridade central. Assim, se insistirmos em colocar 100.000 unidades de negócios de um importante país industrializado sob um único controle tecnocrático, substituindo todas as operações de mercado por uma alocação central de fatores da produção para cada planta industrial, a taxa de ajustamentos econômicos seria reduzida para aproximadamente 1:100.000 de seu valor usual, e a taxa de produção seria reduzida na mesma proporção.

O número real e até mesmo a forma precisa do relacionamento matemático são irrelevantes. O que quero demonstrar é a ocorrên-

---
[1] *The Manchester School*, 1948.

cia de uma esmagadora redução, que pode chegar à paralisação, no ritmo de produção decorrente das limitações administrativas de um sistema com direção central.

Se isso for verdade – e a mim parece bastante óbvio –, então surgirão muitos problemas. Se o planejamento for impossível, caso insensatamente praticado, o que estão fazendo as chamadas economias planejadas? E o planejamento de tempo de guerra? E como pode o planejamento centralizado, já que absolutamente incapaz de conquistas, se transformar em perigo para a liberdade, como é amplamente aceito?

Não enfrentarei essa questão diretamente, mas penso que os argumentos subseqüentes vão bastante longe na resposta a ela. Enquanto passo a enfatizar aqui que as operações de um sistema de ordem espontânea na sociedade, como a ordem competitiva do mercado, não podem ser substituídas pelo estabelecimento de uma deliberada agência ordenadora, isso não deve ser considerado uma tentativa de encobrir ou desculpar as falhas desses sistemas automáticos. A mera implicação deve ser que, em geral, ou enfrentamos tais deficiências, ou abandonamos de vez as operações do sistema. Com efeito, embora, por vezes, sejamos capazes de inventar e pôr em prática novas formas de ajuste mútuo que poderão melhor chegar ao nosso objetivo, não há razão para presumir que isso será possível como regra. Discuto extensamente esse ponto num ensaio subseqüente (Cap. 10).

Ordem corporativa

Existem muitas formas de se colocar seres humanos em posições especificamente prescritas dentro de um padrão. Pode-se enfileirar pessoas de acordo com a altura, ou designar assentos determinados para elas num vagão de trem. Mas quero me concentrar aqui nas formas específicas de direção como as de coordenar as atividades de tempo integral de um grupo de pessoas durante um longo período, orientando-as sobre a execução de uma tarefa complexa e flexível e fazendo, a intervalos freqüentes, a redistribuição de partes por elas desempenhadas. Tal direcionamento particular tem que envolver a colocação das pessoas em questão sob a autoridade de um superior, com a responsabilidade de redirecionamento continuado de suas atividades. De seu lado, essas pessoas que redirecionam têm que ser organizadas numa corporação sob o comando de um executivo chefe.

A forma de tal corporação é predominantemente determinada pelo fato de que o número de subordinados colocados sob as ordens diretas de qualquer superior não pode exceder a amplitude de seu controle. Na administração de tarefas delicadas e rapidamente mutantes, a amplitude do controle normalmente não pode passar de 3 a 5. O limite é imposto pelo fato de que um número significativo de relações entre subordinados que necessitam de reajustamento cresce vertiginosamente com a quantidade de subordinados, de modo que o número dessas relações — ou melhor, a taxa de ocorrência de seus reajustamentos — logo ultrapassa o poder controlador de uma mente humana.

Uma vez que um chefe não pode dar ordens diretas a mais do que três a cinco subordinados, qualquer organização maior tem que ser coordenada pela delegação a sucessivas faixas de funcionários subordinados. Essas faixas irão se alargando a cada estágio até o nível mais baixo, onde estão os homens e mulheres que realmente executam a tarefa. As direções dos chefes executivos descem ao escalão mais baixo por meio de uma pirâmide de autoridade, que também é o órgão através do qual são encaminhados para cima os eventos que ocorrem entre os trabalhadores (ou soldados, etc.) na base.

Numa ordem hierárquica dessa espécie, a função primária de cada pessoa é determinada de cima e a comunicação feita por tal pessoa sobre o progresso de seu trabalho toma a forma de relatórios para o superior. Os contatos diretos de um funcionário são assim limitados ao homem que está logo acima e a uns poucos subordinados imediatos abaixo dele, e quaisquer contatos oficiais feitos além desses colocariam em curto-circuito algumas linhas de autoridade das quais depende a organização. Num determinado ponto, esse contato poderia exercer um efeito decisivo sobre qualquer membro da organização, cortando a linha de comunicação que o ligava ao centro.

As ações de uma corporação perfeitamente coordenada desse tipo (engajada, por exemplo, na condução de uma campanha militar ou de uma empreitada comercial) são essencialmente as empreendidas pela pessoa que está no topo. Só ao chefe é permitido lidar com as perspectivas mais amplas e com os problemas de mais longo alcance da corporação; só ele pode formular uma estratégia e exercer poderes de julgamento de uma ordem mais elevada. Todos os outros têm apenas tarefas fragmentárias a desenvolver, dentro dos limites das diretrizes, que podem variar, expedidas pelos superiores imediatos.

Uma corporação, assim, elabora as idéias do seu executivo chefe e de seus assessores na riqueza dos detalhes, coordenando os homens que estão na base da pirâmide para que os executem, designando e redirecionando constantemente a cada um deles uma função específica. Pode-se, portanto, dizer que as ações na base da pirâmide são *direcionadas centralmente* ou *planejadas centralmente*.

As limitações essenciais desse método podem ser rapidamente percebidas da descrição anterior. A tarefa atribuída a uma organização centralmente dirigida tem que possuir unidade natural para que seja conduzida com sucesso pelo homem do topo; ela tem que possibilitar subdivisão em uma série de estágios sucessivos, sendo que cada parte resultante deve formar também uma unidade natural, que pode ser atribuída para um homem como seu trabalho particular; e a coordenação dessas partes deve ser passível de controle por uma pessoa.

As tarefas que têm uma unidade natural profunda muito freqüentemente não podem ser subdivididas em absoluto. A poesia e a pintura, a invenção e a descoberta são essencialmente trabalhos para um só homem. Outros, conquanto possam ser quebrados em tarefas subsidiárias, muitas vezes não são apropriados à subdivisão repetida num grande número de estágios sucessivos. Daí se conclui que as organizações corporativas, como regra, não serão muito grandes enquanto estiverem desempenhando operações estreitamente coordenadas, complexas e flexíveis. Onde encontramos grandes organizações hierárquicas que, aparentemente, podem se estender de modo indefinido, como ferrovias e correios, ocorre de elas serem agregados bem frouxos realizando funções padronizadas. Os exércitos parecem constituir exceções, já que são flexíveis, porém mantêm uma medida de unidade orgânica englobando milhões de integrantes. Contudo, a coordenação de unidades combatentes dentro de um exército em campanha é realmente bastante solta, embora isso possa passar despercebido, uma vez que a missão de um exército consiste em derrotar um outro, que padece do mesmo tipo de organização em combate.

O processo produtivo de um sistema industrial moderno envolve a alocação, para cada planta, de material produzido por outras plantas e o reajustamento diário dessa distribuição de material, para atender às alterações nas demandas de outras plantas e do mercado. Esse sistema de alocações representa uma tarefa coerente de grande complexidade, que requer contínuo redirecionamento em cada planta. Se tal tarefa fosse dirigida centralmente, teria que ser desempenhada por uma única organização corporativa que tivesse as plantas industriais em sua base. Tal corporação, entretanto, não satisfaria as condições descritas nos parágrafos anteriores e, portanto, não funcionaria. O objetivo deste ensaio é demonstrar a presente tese, tentando uma comparação aproximadamente quantitativa dos *poderes* administrativos da corporação com o tamanho das *tarefas* administrativas envolvidas na conduta de um moderno sistema industrial de produção.

Ordem espontânea comparada com ordem corporativa

Considere-se a possibilidade da ordem espontânea na sociedade. Existem diversos casos desse tipo que não são do interesse deste artigo. Por exemplo, os passageiros se distribuem pelos vagões do trem por um ajuste mútuo e de maneira ordenada, primeiro ocupando todos os assentos próximos às janelas, depois os dos corredores, etc., até que estejam todos preenchidos, com os passageiros ocupando os vários lugares numa seqüência descendente de vantagens, de acordo com a ordem de chegada na plataforma. Não trataremos aqui dessas formas ocasionais e não-essenciais de ajuste mútuo, mas nos voltaremos para os sistemas espontaneamente ordenados nos quais as pessoas ajustam mutuamente suas atividades de tempo integral por um período prolongado, resultando numa coordenação complexa, mas altamente adaptável, dessas ações.

Já disse antes, à guisa de introdução, que as duas espécies de ordens – a deliberada e a espontânea – são mutuamente excludentes. Devo agora qualificar essa afirmação. O estabelecimento de uma corporação não exclui todos os ajustes mútuos entre seus membros. Numa linha de frente, unidades vizinhas pertencentes a divisões diferentes se ajudarão mutuamente, sem esperar instruções do comando do exército. Uma consideração inteligente a respeito do que o homem ao lado está fazendo é indispensável para a operação bem-sucedida de uma autoridade corporativa. Não obstante, tal ajuste mútuo jamais deve passar de determinado limite. Ele deve *condicionar* a ação de subordinados, mas nunca *determiná-las*. Apenas se o superior for decisivo em termos de determinação das ações de subordinados, poderá ele permanecer responsável pela coordenação de suas atividades. Caso se permitisse que as missões das pessoas que operam na base da pirâmide da autoridade (ou em qualquer nível dela) fossem primariamente determinadas por contatos mútuos diretos, a autoridade acima delas seria anulada. Nesse sentido, é verdade que as duas espécies de ordem são mutuamente excludentes.

Devo mostrar agora que a amplitude do controle (ou seja, o número de relações ajustáveis) é muito maior num sistema de ajustes mútuos do que sob a autoridade do corpo da organização, e que a tarefa de administrar um processo de produção industrial requer o reajustamento de uma quantidade de relações que excede em muito a amplitude do controle de uma corporação; e que, conseqüentemente, (1) o corpo da organização, nem remotamente, é capaz de desempenhar tal missão e (2) isso só pode ser realizado num sistema de ajustes mútuos. Tal argumentação necessita de uma estimativa comparativa das amplitudes de controle de uma organização, de um lado, e dos sistemas espontâneos, do outro.

Tomemos duas pequenas equipes, digamos com cinco componentes cada, representando, respectivamente, exemplos das duas espécies de ordens. Uma delas seria constituída pelos cinco atacantes de um time de futebol, avançando na direção do gol adversário e coordenando as ações entre si por meio de ajustes mútuos. A outra equipe poderia ser a tripulação de uma pequena embarcação enfrentando mar bravio, em que a ação de cada uma é coordenada com as dos outros, segundo as ordens do capitão. Assim, podemos comparar os dois casos, um espontâneo e outro corporativo, cada um cobrindo uma rede de relacionamentos num sistema de cinco unidades. Podemos supor que tal rede compreende o mesmo número de relações independentemente ajustáveis nos dois casos.

Chamemos de f o número de relações que cada atacante pode efetivamente fazer por minuto em resposta à ação dos outros quatro jogadores, e de c o número de ordens que o capitão pode efetivamente dar por minuto para sua tripulação. Se o número de relações ajustadas por jogador de futebol por minuto é medido por f, então o número correspondente para a tripulação de cinco integrantes é $c/5$. Ora, se o auto-ajustamento é mais rápido do que aquele que resulta de ordens emanadas de um chefe, isto é, f é maior do que c, logo é cinco vezes maior do que $c/5$. Portanto, o número de relações ajustadas por pessoa por minuto é maior num time controlado por autocoordenação que num controlado por autoridade. Mas isso não nos conduz à diferença decisiva entre os dois tipos, que só se torna aparente em sistemas de maior tamanho.

Examinemos uma extensão nas quantidades envolvidas em cada tipo e comparemos os correspondentes acréscimos resultantes nos números de relações postas sob controle. Um sistema de ordem espontânea está todo contido num só nível e todas as unidades adicionais concorrem para ele nesse mesmo nível. Já o sistema corporativo pode alcançar qualquer dimensão pelo aumento da altura da pirâmide, por intermédio da adição de novas camadas. Numa corporação, em que a amplitude do controle de cada superior é 5, e tal amplitude se estende para baixo por toda a estrutura, cada nível inferior conterá cinco vezes mais pessoas que o imediatamente acima, e, se o número de níveis for l, o número total p de pessoas envolvidas será:

$$p = 1 + 5 + 5^2 + 5^3 + \dots + 5^{l-1}$$

Um capitão em meio à tempestade, dando ordens diretas a cada um dos cinco tripulantes, estaria no limite da sua capacidade de controle, e podemos considerar, por conseguinte, que o número c de ordens por ele dadas por minuto representaria o máximo que poderia ser feito, efetivamente, por qualquer superior para seus subordinados. O número por minuto de relações ajustáveis por pessoa na base da pirâmide poderia, assim, ser representado para a ordem corporativa por c-vezes o número $p - 5^{l-1}$ de funcionários superiores emitindo ordens aos subordinados, dividido pelo número 5^{l-1} de pessoas da base da pirâmide. Fazendo-se o cálculo, chegar-se-á a um número ligeiramente superior a $c/5$, ou seja, da mesma ordem de grandeza do capitão e sua tripulação de cinco marinheiros. Em outras palavras: um aumento no tamanho do corpo da organização deixa o número de relações *per capita*, que podem ser ajustadas entre as pessoas cujas ações são, afinal de contas, controladas, praticamente inalterado.

Vejamos agora a extensão de um sistema de ordem espontânea. Suponhamos, de novo, que o desempenho de cada participante individual permanece imutável enquanto o sistema se expande, o que significa, nesse caso, que a mesma taxa de auto-ajustamento f aplicada à cadeia de jogadores de futebol se repete em todo o sistema. Mas temos que considerar agora o fato de que f era uma medida apropriada para a taxa de ajustamento de *relações* entre cinco atacantes, em comparação com uma tripulação de cinco marinheiros, somente porque as duas equipes tinham o mesmo número de integrantes. Com efeito, não existe razão para que, em geral, um membro da equipe, que esteja ajustando suas ações às de seus companheiros, não leve em consideração e se ajuste às ações de mais de quatro de seus colegas de equipe. Os atacantes no futebol habitualmente fazem isso, e existem muitos sistemas de ordem espontânea em que o número de relações afetadas por atos individuais de auto-ajustamento é muito maior ainda.

Pense-se, por exemplo, nos consumidores de gás numa determinada ocasião em que ocorre uma queda na oferta em virtude de uma baixa anormal na pressão do gás. Diversas pessoas não conseguirão aquecer a água a uma temperatura conveniente, e preferirão não tomar banho. A decisão de cada pessoa, em função da pressão do gás, sobre tomar banho ou não afetará diretamente a decisão de todos os outros consumidores que estejam decidindo sobre a mesma questão naquele mesmo instante. Temos aqui um sistema de ajustamentos mútuos, cada um dos quais influi sobre milhares de relações. Esse número pode se tornar ainda maior quando um sistema de ajustamentos mútuos se baseia na publicidade organizada. Isso é percebido de maneira notável num mercado público onde milhões de consumidores buscam a mesma oferta. Cada consumidor ajusta sua compra ao preço praticado, o qual, por sua vez, é afetado pelas aquisições do consumidor.

A alocação de matérias-primas, via mercado, para as plantas que constituem um sistema produtivo, e o reajustamento adequado dessa alocação em função das alterações na oferta dos materiais brutos e das demandas mutantes dos consumidores — nas quais estamos aqui particularmente interessados — são, claramente, exemplo de um sistema de vasta autocoordenação no qual cada decisão de uma unidade reajusta sua relação com um grande número de outras unidades.

Nesses enormes sistemas ordenados espontaneamente, o número de relações reajustadas em cada auto-ajustamento pode ser milhares de vezes maior que num sistema de cinco jogadores de futebol. Supondo-se a (máxima) taxa de auto-ajustamentos ser ainda f, a taxa de ajustamento de relações por pessoa pode, assim, se tornar muitos milhares de vezes f.

Reconhecemos aqui a imensa superioridade quantitativa de um sistema de ordem espontânea. Quando um tal sistema é expandido em tamanho, pode resultar um aumento quase infinito na taxa pela qual as relações são reajustadas por integrante. Trata-se de um contraste gritante com as condições que prevalecem dentro de um sistema corporativo, cujo crescimento não aumenta materialmente o número de relações por pessoa que pode ser reajustado por unidade de tempo. Dizendo de outra forma, a amplitude do controle de um sistema espontâneo, dividido pelo número de seus membros, aumenta proporcionalmente a esse número, enquanto a amplitude de controle de um sistema corporativo, dividida pelo número total de subordinados, fica praticamente inalterada em função do aumento do sistema. Ou, alternativamente: a amplitude do controle do primeiro tipo de sistema cresce, pode-se dizer, com o quadrado de seu tamanho, enquanto o último aumenta apenas proporcionalmente à sua dimensão.

Uma autoridade responsável pela substituição, por meio de direção deliberada, das funções de um sistema de grande auto-ajustamento estaria na posição de alguém encarregado de controlar com suas próprias mãos a operação de uma máquina cujo funcionamento requeresse o manuseio de milhares de alavancas. Seus poderes não lhe serviriam de nada. A insistência em exercê-los só poderia resultar na paralisação de um sistema que se tornou incontrolável por tais poderes.

Evitei até aqui qualquer referência ao número absoluto de relações reajustáveis dentro de um grupo, já que tal magnitude é bastante incerta. Porém, os números comparativos, que adotei em vez disso, trouxeram consigo um indesejável grau de abstração. Talvez valha a pena, portanto, reformular a argumentação em termos mais concretos, mesmo correndo o risco de cometer alguma supersimplificação drástica.

Observe-se a estrutura organizacional de uma corporação em suas linhas simplificadas. Para facilitar, tomemos a amplitude 3 de controle por toda a pirâmide de autoridade. Na Figura I, esquematizei uma pirâmide de quatro níveis. Existem um chefe no topo e 27 subordinados finais na base; há também

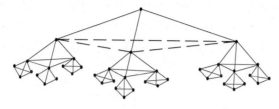

Figura 1

dois níveis de superiores intermediários entre eles. O esquema é tridimensional para mostrar as relações controladas, em cada nível, pelos chefes do nível imediatamente superior. Cada relação particular é indicada por uma linha tracejada ou pontilhada, conectando as unidades que relaciona. O número total r dessas relações é:

$$r = 3 + 3^2 + 3^3$$

e, em geral, $r = 3 + 3^2 + 3^3 + ... + 3^{l-1}$, em que l é o número total de níveis. Ao mesmo tempo, m, o número total de subordinados na base da pirâmide, é 3^{l-1}, de modo que a relação $i = r/m$, que mede o número de relações por pessoas regidas pela corporação, resulta:

$$i = 3^{2-l} + 3^{3-l} + ... + 3^{l-1}$$
$$= (1/3)^{l-2} + (1/3)^{l-3} + ... + 1.$$

Assim, para $l = 2$, a complexidade de relação de i tem seu valor mínimo 1, e tal valor cresce com o aumento do número de níveis de forma assintótica até 3/2. Se tivéssemos suposto uma amplitude maior do controle – quando estaríamos mais perto da verdade –, o acréscimo de *i* seria ainda menor. Ele é sempre desprezível. O mesmo é verdade, é claro, para o número de relações ajustadas por pessoa por unidade de tempo, se supusermos (como antes) que a taxa com que os superiores emitem suas instruções permanece a mesma, à proporção que a altura da pirâmide cresce com a adição de novos níveis.

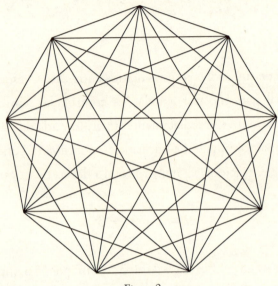

Figura 2

Para comparar, voltemo-nos agora para um sistema de ordem espontânea; em vez de 9 subordinados finais, consideremos 9 integrantes de um tal sistema. Podemos imaginá-los dispostos num círculo como o da Figura 2, com linhas conectoras indicando as relações de cada um com todos os outros. De cada membro, saem 8 linhas, ou, em geral, $m - 1$ linhas, sendo m o número de membros do sistema auto-ajustável. Assim, a complexidade da relação, e, com ela, a taxa de reajustamento de relações por pessoa — em vez de permanecerem praticamente imutáveis, como no caso do aumento no tamanho de uma corporação — crescem proporcionalmente ao número de membros de um sistema de ordem espontânea. Chegamos, portanto, ao mesmo resultado anterior.

O fato de que, para grandes sistemas, a amplitude do controle administrativo exercido por ajustamentos mútuos espontâneos se torna extraordinariamente maior do que o de uma corporação de dimensão comparável a mim parece muito importante, porém – a despeito de sua solidez – é de certa forma enganoso, por isso devo ainda apresentar uma terceira variante de sua demonstração, dessa vez evitando qualquer álgebra.

Tomemos um grupo de três subordinados finais na base da pirâmide, com um superior no topo da Figura I. Cada um deles terá relações da mesma complexidade com respeito a qualquer outro membro do grupo, como se o grupo tivesse formado um sistema auto-ajustável. (A taxa de reajustamento de relações por membro seria menor, porque o ajustamento feito por um superior é mais lento do que o auto-ajustamento – mas não levemos isso em consideração aqui.) Examinemos, agora, as relações de qualquer membro de *um grupo* com um membro de qualquer *outro grupo* de subordinados finais. Podemos ver que tais relações são de dois tipos. Existe uma espécie de relação entre membros de grupos diferentes que têm um superior comum num nível superior ao de seus chefes diretos. Tal relação pode ser comparada à de primos em primeiro grau. Cada subordinado final da Figura I tem seis primos administrativos em primeiro grau. Existe um segundo tipo de relação entre esses subordinados finais, que os torna primos administrativos em segundo grau, quando um chefe comum é colocado num nível mais alto do que o dos primos em primeiro grau; cada subordinado final da Figura I tem 18 primos em segundo grau.

Consideremos com um pouco mais de atenção as relações entre primos em primeiro grau. Seu superior comum recebe relatórios sobre a situação e conquistas dos diferentes grupos aos quais os primos em primeiro grau pertencem, e emite ordens para os funcionários responsáveis por esses diferentes grupos. Tal processo coordena as atividades de grupos como um todo e, em geral, afetará todos os membros de um grupo conjuntamente em suas relações com todos os membros de um outro grupo. Tome-se, por exemplo, como grupos de subordinados finais as tripulações de diversas embarcações pequenas, sob o comando de seus capitães, e suponha-se que as embarcações formam uma flotilha sob o comando de um oficial mais antigo. As ordens dadas por tal oficial afetarão da mesma forma as relações de todos os marinheiros de algumas embarcações. Elas não ajustarão – como fazem as ordens do capitão de cada embarcação – qualquer relação individual específica entre os membros da mesma tripulação. Em conseqüência, não serão estabelecidas relações individuais de qualquer espécie entre membros de tripulações diferentes. Isso geralmente é verdade para todas as relações entre primos administrativos e vai se tornando mais marcante à medida que o grau de parentesco se afasta (primos em primeiro grau, em segundo, etc.). Eles se ajustam uns aos outros *em blocos de tamanhos crescentes*, e o ajustamento entre os membros desses blocos é no atacado e indiferenciado.

Isso mostra, uma vez mais, a amplitude comparativamente pequena do controle exercido pela autoridade corporativa, e que, se for tentada qualquer substituição de um sistema espontâneo por um deliberado, o resultado será a redução nas operações de qualquer sistema desse tipo a uma pequena fração.

MICHAEL POLANYI

Opiniões sobre o planejamento centralizado

Seria difícil esperar, sob tais circunstâncias, qualquer sugestão séria para que se substituísse as funções de um sistema auto-ajustado importante pelas direções de uma autoridade central. Contudo, o pensamento contemporâneo está infestado pela falácia do planejamento central, em especial no que concerne à produção industrial. A crença amplamente difundida é que os controles físicos diretos, conscientemente aplicados a partir de um centro, podem, em geral, substituir por completo os ajustes que se alastram espontaneamente através de uma rede de relações de mercado. Tal crença fundamenta o movimento socialista e é até partilhada, de forma mais atenuada, pela maioria dos que se opõem ao socialismo. Os rigorosos defensores do livre mercado, por exemplo, que alertam com urgência contra os perigos da escravização pelo planejamento econômico, deixam escapar (na maioria das vezes, sem pretender) que o planejamento econômico é exeqüível, embora ao preço da liberdade. De fato, uma grande parte da discussão pública sobre a política socialista, na Inglaterra, parece ser baseada, hoje, na suposição de que um sistema completamente direcionado poderia ser estabelecido pela adoção das necessárias medidas totalitárias.

Os estudos dos economistas profissionais sobre a exeqüibilidade do planejamento econômico centralizado enveredaram por caminho tortuoso. Antes da Revolução Russa, a questão não tinha sido examinada sistematicamente, mas, já em 1920, o professor Ludwig von Mises deu início a uma crítica ao socialismo com base no fato de que, na ausência de um mercado para os fatores da produção, eles não podiam ser racionalmente alocados para plantas industriais e que, em conseqüência, uma economia centralmente planejada não podia funcionar. Seu livro, *Die Gemeinwirtschaft*, publicado pela primeira vez em 1922 (e, mais tarde, numa tradução revisada para o inglês, com o título *Socialism*, em 1936), elaborou tal crítica em detalhes. Os desenvolvimentos subseqüentes da discussão foram, creio eu, de novo largamente determinados pelos eventos na Rússia. Ao tempo dos primeiros escritos de von Mises, os significados de socialismo e planejamento econômico central eram (como devo mostrar mais adiante neste ensaio) inquestionavelmente identificados com a eliminação do mercado como meio para a alocação de fatores da produção e sua substituição por um sistema centralizado de alocações diretas. A tentativa feita na Rússia, durante o período de 1919 a março de 1921, do estabelecimento de um tal sistema resultou em caos, como von Mises tinha corretamente previsto; nem a subseqüente volta ao capitalismo, sob a N. E. P. – Nova Política Econômica, entre 1921-1928, trouxe qualquer evidência que contradissesse sua tese. Porém, quando o Plano dos Cinco Anos entrou em execução, a situação pareceu ficar radicalmente alterada. Com toda a certeza, tratou-se do socialismo no sentido da propriedade do Estado e também pareceu ser uma economia centralmente dirigida. Ainda assim, sem dúvida, era uma economia que funcionava; quaisquer que fossem suas falhas, não se podia dizer que fosse totalmente desprovida de racionalidade.

Minha sensação é a de que, em resposta a essa nova fase da Rússia, tanto os aderentes como os oponentes do socialismo mudaram um pouco seus fundamentos. Um crítico eminente do socialismo, o professor F. H. Knight, entrou na controvérsia com von Mises, realçando que a teoria econômica não contradizia a possibilidade de uma economia centralmente dirigida.¹ Apenas era necessário que tal economia fosse administrada de acordo com princípios marginais.

A posição a que Knight chegou com tal argumentação é importante, e devo ilustrá-la com algumas referências ao artigo mencionado. Knight usa o termo "coletivismo" (p. 258) para designar o que chamo de economia centralmente dirigida. Sobre ele, diz: "(...) não há dificuldade em imaginar que a constituição e as leis de uma sociedade podem ser mudadas, digamos, da forma que têm nos Estados Unidos neste momento para a forma de um coletivismo radical, e que a maioria dos indivíduos do país continue a fazer, substancialmente, as mesmas coisas e goze dos mesmos frutos de sua atividade como antes". (p. 258) É feita a prescrição de que o poder do Estado deve ter "um sistema administrativo competente e idealmente honesto" a seu serviço. "Existem diversos aspectos fundamentais", acrescenta, "em que a economia de um sistema coletivista poderia ser enormemente simplificada em comparação com a propriedade privada." O ciclo do comércio seria eliminado, o problema da taxação, idealmente resolvido, os perigos do monopólio, evitados (p. 263). Apesar disso, o sistema coletivista é rejeitado por Knight porque daria ao governo "poder absoluto sobre as vidas de seus cidadãos".²

---

¹ The Place of Marginal Economics in a Collective System, *American Economic Review*, 1936, Suplemento, p. 259.

² Num artigo publicado mais tarde em *Ethics*, (1940) e reproduzido em seu livro *Freedom and Reform*, pp. 129-162, o professor Knight discute o socialismo com base nas propostas de uma economia de mercado de propriedade pública, no mesmo sentido de Oscar Lange, A. P. Lerner e outros. Uma vez que tais propostas envolvem, a meu ver, o abandono da economia centralmente dirigida, a crítica do professor Knight não tem ligação com o problema de meu interesse no presente ensaio.

Knight parece concluir aqui (talvez do Plano dos Cinco Anos, de Stálin) que a economia centralmente planejada pode funcionar por meio de um sistema político totalitário. Opiniões semelhantes, disseminadas em especial pelo *The Road to Serfdom*, de von Hayek, tornaram-se amplamente aceitas. O próprio professor von Mises parece se dirigir para elas em seus escritos recentes, quando assevera que a economia planejada envolve totalitarismo.[3] Elas parecem permear bastante a crítica de J. Jewkes sobre a experiência do socialismo britânico em seu *Ordeal by Planning* (1948).

A nova escola de pensamento socialista, que rapidamente ganhou vigor a partir de 1933, pode ser encarada como outra resposta ao Plano dos Cinco Anos. Seus representantes, H. D. Dickinson,[4] Oscar Lange,[5] A. P. Lerner,[6] J. E. Meade[7] e E. F. M. Durbin,[8] se opuseram a von Mises, argumentando que a propriedade pública não excluía o uso do mercado para a alocação de fatores da produção entre empresas. Eles propuseram a combinação dos dois como uma solução para as dificuldades apontadas por von Mises.

O resultado dessa linha de pensamento foi bastante peculiar. Sem que os críticos e os defensores percebessem, a teoria socialista

---

[3] "Os homens têm que escolher entre a economia de mercado e o socialismo. O Estado pode preservar a economia de mercado na proteção da vida, da saúde e da propriedade privada contra a agressão violenta e fraudulenta; ou pode ele mesmo controlar a condução de todas as atividades da produção. Se não são os consumidores, por meio da demanda e da oferta no mercado, tem que ser, compulsoriamente, o governo." *Planned Chaos*, de Ludwig von Mises (1947), p. 34.
[4] *Economic Journal*, junho de 1933; *Economics of Socialism*, 1938.
[5] *Economic Journal*, outubro de 1936; *The Economic Theory of Socialism*, 1938.
[6] *Review of Economic Studies*, outubro de 1934.
[7] *Economic Analysis and Policy*, 1936.
[8] *Economic Journal*, dezembro de 1936.

moderna, ao adotar os princípios do comércio, tinha abandonado silenciosamente o pleito cardeal do socialismo: a direção central da produção industrial. A par de denominar a principal autoridade econômica de Conselho de Planejamento Central, Oscar Lange (1938) não faz referência ao planejamento no sentido adequado. O Sr. Dickinson (1938) abre seu livro com uma declaração favorável ao planejamento centralizado resoluto; no entanto, quando desenvolve seu esquema, o resultado é o seguinte:

> Em uma ou duas matérias, talvez, as considerações sobre política social seriam planejadas por seus méritos (...). A grande maioria das linhas de produção seria operada dentro de um quadro existente de custos e preços de modo que a oferta de bens aos consumidores fosse feita de acordo com suas preferências, por indicação do mercado. (p. 222)

Levando-se em conta o ponto de vista original do socialismo, o protesto isolado do Sr. M. Dobb contra essa escola de pensamento parece plenamente justificado. "Ou o planejamento significa o desaparecimento da autonomia das decisões separadas [escreve ele], ou, aparentemente, ele não significa coisa alguma."[9] E prossegue ridicularizando todo o esquema: "Que numa economia socialista se pode achar necessário que os gerentes das diversas plantas, tendo avaliado os vários dados sobre a produção, pratiquem um jogo elaborado tentando obter capital no mercado, em vez de transmitirem a informação diretamente a alguma autoridade do planejamento, é uma espécie de sugestão de 'Heath Robinson'* que dificilmente pode ser

---
[9] *Political Economy and Capitalism*, de M. Dobb (edição revisada, 1940), p. 275.
* Caricaturista inglês que engendrava máquinas absurdas para conseguir resultados simples.

levada a sério. Além do mais, ela traz uma desvantagem positiva porque, ao praticarem tal jogo, os gerentes das empresas socialistas estariam de 'olhos vendados' quanto às decisões simultâneas feitas alhures, como estão os *entrepreneurs* privados de hoje, e assim ficariam sujeitos a um grau semelhante de incerteza competitiva."[10]

A mim parece que essas idéias variadas, cambiantes e obscuras a respeito do planejamento econômico, todas refletem a mesma deficiência essencial. Há uma carência generalizada do reconhecimento claro de que um sistema industrial com direção central é administrativamente impossível — tão impossível como um gato atravessar a nado o Atlântico.

Raramente se encontra isso ressaltado. Leon Trotsky foi um dos que o registraram. Entre 1918 e 1920, ele próprio foi protagonista de um sistema rigorosamente centralizado. Porém, mais tarde, sem qualquer dúvida quanto ao seu resultado desastroso, ele declarou que seria necessária uma Mente Universal, como concebida por Laplace, para tornar vitorioso um tal sistema.[11] O professor A. P. Lerner,[12] citando Trotsky com vigorosa aprovação, acrescenta que qualquer tentativa de implementar a direção central da vida econômica tem que, inevitavelmente, desmoronar num caos administrativo. Encontrei também uma declaração racional sobre esse ponto de vista. O Sr. J. E. Meade a fez, já em 1935,[13] na passagem que se segue, ao debater sobre a Comissão de Planejamento encarregada de alocar recursos produtivos, em substituição à sua distribuição por intermédio das leis do mercado:

---

[10] *Ibid.*, p. 305.
[11] *Soviet Economy in Danger*, de Trotsky (1931).
[12] *Economics of Control*, de A. P. Lerner (1944), pp. 62, 98, 119.
[13] *Economic Analysis and Policy*, de J. E. Meade (1935), p. 199.

Sejam quantas forem as consultas a engenheiros e técnicos, a comissão não será capaz de garantir que, transferindo um pouco de matérias-primas de A para B e um pouco dessa terra de B para C, um pouco de mão-de-obra de C para A e dessa maquinaria de C para E, um pouco de matérias-primas de D para E e um pouco dessa terra de E para A, é possível crescer a produção de A, sem mudar a produção de qualquer outro produto.

Fica assim expressamente claro que a impossibilidade da direção econômica central repousa na amplitude muito pequena do controle de uma corporação, quando comparada com a de um sistema auto-ajustado. Minha tarefa foi a de demonstrar essa disparidade em termos semiquantitativos.

UM EXPERIMENTO DE PLANEJAMENTO CENTRAL

Talvez seja inevitável que nossos crescentes excessos de sofisticação especulativa acabem determinando cada vez mais o curso da história; talvez seja também perdoável que grandes esperanças assim malcolocadas inflamem os homens e os levem à sublevação, à crueldade e à destruição; contudo, é por certo insuportável que se permita que as lições aprendidas com tanto sacrifício sejam intencionalmente obscurecidas e lançadas no esquecimento. A tentativa de estabelecimento de uma economia centralmente dirigida durante os primeiros anos da Revolução Russa – cujo preço foi a morte de mais de cinco milhões de pessoas – não pode ser apagada da história. Ela deve ser preservada como uma experiência decisiva da humanidade.

A tentativa do Planejamento Central na Rússia foi introduzida gradualmente em 1919, severamente acentuada ao longo de 1920 e então terminou – para evitar mais desastres – em março de 1921. Durante alguma parte desse período, a guerra civil ainda grassava em certas regiões do país, e o governo soviético vem, desde então, tentando esconder o fracasso catastrófico do planejamento centralizado, atribuindo, falsamente, a necessidade de uma política econômica àquela época e seus devastadores resultados às exigências da guerra. Daí ser " Comunismo de Guerra" a descrição oficial da fase.

Todavia, a evidência que vem daqueles dias é clara e conclusiva. Darei algumas breves ilustrações dela. Uma declaração clássica, que devo reproduzir aqui no tipo itálico entusiasmado do autor, é a passagem de um panfleto de W. P. Miljutin,[14] datado de 29 de junho de 1920 e publicado pela Internacional Comunista em 1921. "Todas as empresas", escreve ele, "e todos os ramos da indústria *são considerados uma só empresa (...). A unidade da economia centralizada, organizada segundo plano das autoridades do poder soviético (...) essa é a organização econômica do poder soviético.*" Segundo tal relatório, a centralização tinha, de fato, longo alcance. Cada planta industrial se reportava direta ou indiretamente ao Supremo Conselho Econômico e recebia deste último seu programa de produção. As plantas diretamente controladas pelo Conselho recebiam matérias-primas alocadas por ele, enquanto as administradas localmente eram supridas pelas respectivas câmaras locais. Todas as plantas recebiam recursos financeiros para os negócios vindos de um centro e eram supridas com rações para os seus trabalhadores por meio do Comissariado da Alimentação, que agia em con-

---

[14] *Die Organisation der Volkswirtschaft in Sowjet Russland*, de W. P. Miljutin, Verlag der Kommunistischen Internationale. Auslieferungsstelle für Deutschland: Verlagsbuchhandlung Carl Heym Nachf., Hamburgo. O livro é datado pelo autor: 29 de junho de 1920.

junto com o Supremo Conselho Econômico. Todos os produtos, inclusive os das indústrias territorialmente administradas, deveriam ser encaminhados ao Conselho e ser centralmente distribuídos pelo "Departamento de Utilização". Os produtos usados com objetivos de produção eram alocados às respectivas indústrias, enquanto os produtos industriais acabados eram distribuídos aos consumidores por intermédio de uma seção que trabalhava coordenada com o Comissariado da Alimentação.

Os produtos alimentícios e as matérias-primas para a agricultura eram adquiridos por meio de requisições e, em pequena escala, dos estados soviéticos. Em seguida à nacionalização dos bancos de 14 de dezembro de 1917,[15] o uso do dinheiro foi desencorajado, negligenciado e desacreditado de todas as formas. A declaração seguinte, do Comissariado das Finanças em 1918, é típica da referência feita ao dinheiro pela literatura comunista do período:

> Quando a parte principal de nosso programa socialista for implementada, o dinheiro se tornará supérfluo como instrumento de troca e distribuição; e será abolido (...) com a transferência do poder para o proletariado, a economia referente ao erário estatal é bastante desnecessária (...). Cálculos estritos, economia nos gastos e conformidade entre receita e despesa não são essenciais.[16]

A maior parte dos salários era paga em espécie (*pajki*), e o processo se transformou no principal canal para a distribuição de bens aos consumidores. L. Kritzmann, escrevendo em agos-

---

[15] *Economic Planning in Soviet Russia*, de Boris Brutzkus (1935), p. 100.
[16] Citado por L. Lawton em *An Economic History of Soviet Russia*, p. 100. Vide também referências ao Oitavo Congresso dos Sovietes, *ibid.*, p. 108.

to de 1920,[17] descreve o sistema e conclui: "O comércio legal cessara quase completamente de existir; ele é substituído pelos órgãos distribuidores do Estado."

As conseqüências dessa política se revelaram na completa ruptura do aparato produtivo. As principais indústrias do país – que tinham ficado sob controle total do Estado – paralisaram quase de todo. As cidades, incapazes de se alimentar pela oferta de bens industriais aos fazendeiros, foram assoladas pela fome. Grandes contingentes de seus habitantes passaram a vagar pelo interior.[18] O governo tentou reverter a situação por meio da requisição pela força dos alimentos produzidos nas fazendas que ainda eram administradas privadamente. Na luta que se seguiu, os fazendeiros provaram ser mais fortes. Levantes de camponeses, seguidos de greves nas fábricas de Leningrado e de motins de marinheiros em Kronstadt, forçaram finalmente Lênin, em março de 1921, a repelir todo o sistema. A essa altura, no entanto, os camponeses tinham reduzido o plantio a menos de 50 por cento das áreas plantadas em 1913. A fome se instalou, resultando, segundo estatísticas recentes, na perda de 5,5 milhões de vidas.[19]

A maioria dos comentaristas comunistas da ocasião continuou a exaltar, em meio a uma catástrofe que se alastrava rapidamente,

---

[17] *Wirtschaftsleben und Wirtschaftlicher Aufbau in Sowjet Russland*, 1917-1920, de I. Larin e L. Kritzmann. Verlag der Kommunistischen Internationale. Auslieferungsstelle für Deutschland: Verlagsbuchhandlung Carl Heym Nachf., Hamburgo (1921).

[18] Para uma descrição desses desastres, veja *The Official History of the Bolshevik Party* (1938).

[19] *The Population of the Soviet Union*, de Frank Lorrimer, Liga das Nações, Genebra, 1946.

as conquistas do novo sistema econômico.[20] Pelo fim de 1920, alguns líderes, até certo ponto, começaram a duvidar da empreitada em que tinham embarcado. Stálin, um deles, tinha por certo deixado de pensar que a economia de um sistema coletivista era, particularmente, fácil de operar. Falando em 7 de novembro de 1920, Stálin queixou-se nos seguintes termos sobre as dificuldades em erigir o comunismo:

> (...) não estamos construindo uma economia burguesa em que cada um persegue seus próprios interesses privados e não se preocupa com o Estado em sua inteireza, não dá a mínima para a economia organizada e planejada em escala nacional. Não, estamos construindo uma sociedade socialista. Isso significa que as necessidades da sociedade como um todo têm que ser levadas em consideração, que a economia tem que ser organizada para toda a Rússia de maneira planejada e consciente. Não há dúvida de que essa tarefa é incomparavelmente mais complicada e mais difícil.[21]

Faz parte dos registros também um discurso bastante elucidativo feito por Trotsky em (ou cerca de) dezembro de 1920, justificando ante uma organização de mulheres operárias as privações daqueles tempos devidas às dificuldades inerentes à produção centralmente dirigida. Reproduzirei aqui apenas uma sentença, que faz triste referência às suposições fáceis dos planejadores centrais:

---

[20] "[As] experiências dos últimos anos provaram que a maquinaria da ditadura econômica do proletariado está funcionando em segurança e de acordo com o planejado. A vida econômica está sendo eficientemente dirigida, e, em lugar da caótica e atomizada economia capitalista, está gradualmente emergindo uma vida econômica uniforme, construída de acordo com os princípios socialistas." Miljutin, loc. cit., p. 13.
[21] *The October Revolution*, J. Stalin, Martin Lawrence, Londres. (Impresso na União Soviética.)

> Tudo isso é muito fácil de dizer, porém, até mesmo numa pequena fazenda de 500 *desjatines*, na qual estão representados vários ramos da agricultura, é necessário preservar certas proporções; regular nossa vasta, dilatada e desorganizada vida econômica de modo que as diversas câmaras mantenham as necessárias conexões cruzadas e se alimentem entre si, por assim dizer — por exemplo, quando há necessidade de construir casas para os trabalhadores, cada câmara deveria suprir os pregos na quantidade correta, enquanto outra distribui as tábuas e ainda outra, os materiais de construção — para que se consiga tal proporcionalidade, tal correspondência interna, difícil tarefa que o poder soviético tem ainda que concretizar.[22]

Parece mesmo que Trotsky estava começando a se conscientizar de que seria necessária uma Mente Universal para enfrentar o problema da economia centralmente dirigida.

O desastroso colapso do experimento, ocorrido nos anos 1919-1921 na União Soviética, da tentativa de estabelecimento de uma economia com planejamento central é fundamental para que se entenda a política econômica da Rússia nos anos seguintes. Uma parte essencial de tal política foi fazer com que o mundo esquecesse os objetivos originais do socialismo e o fracasso abismal do primeiro ensaio, e, ao mesmo tempo, tentar vestir como economia planejada um sistema que operasse com as forças do mercado. Para isso, era mister representar falsamente a experiência de planejamento do período 1919-1921 como mera legislação emergencial, projetada para responder às necessidades temporárias impostas pelo bloqueio e pela guerra civil. Como essa versão da história passou a ser largamente aceita pelos escritores ocidentais, é preciso refutá-la com algumas observações adicionais.

---

[22] *Russische Rundschau* (Moscou), editada em 22 de dezembro de 1920, p. 7.

As medidas adotadas pelo governo para o estabelecimento do Planejamento Socialista, em função de provas internas, não tiveram nada a ver com bloqueio, guerra civil ou guerras de intervenção. Porque nenhum governo se rejubilaria, como fez o governo soviético, com o alastramento de uma inflação trânsfuga, só por causa da condução de uma guerra ou do enfrentamento de um bloqueio. Além disso, nenhum dos decretos ou resoluções expedidos pelas autoridades soviéticas e corpos representativos da URSS, para os propósitos da criação da Economia Socialista Planejada, faz menção à guerra ou ao bloqueio, ou dá a mínima indicação de que as medidas propostas ou decretadas eram temporárias, e que seriam revertidas em tempo de paz. A verdade é exatamente a contrária. Eles eram considerados como o primeiro estágio do processo para se chegar a um controle central ainda mais completo da indústria. Além disso, pelo outono de 1920, toda a luta tinha cessado dentro e no entorno da Rússia soviética. No entanto, a campanha pelo estabelecimento da economia planejada continuou até que as revoltas de março de 1921 forçaram o seu total abandono. No discurso acima citado (pronunciado em 7 de novembro de 1920), Stálin, rememorando "as primeiras grandes dificuldades para a construção do socialismo" e saudando o retorno, por fim, das condições de paz, não faz referência a qualquer mudança proposta de política, mas sugere, pelo contrário, que progressos ulteriores em linhas socialistas seriam, dali por diante, mais fáceis com a cessação das hostilidades. Nem o discurso de Trotsky de dezembro de 1920, também sobre as dificuldades do socialismo, dá qualquer pista sobre uma alegada vinculação entre a guerra e o planejamento socialista. Os registros mostram, de fato muito claramente, que as medidas tomadas para uma economia centralmente planejada foram redobradas no período que se seguiu ao retorno das condições de paz. Isso foi descrito com todas as letras por Farbman:[23] "'O decreto para a completa nacionalização de todas as indústrias, inclusive das empresas de menor escala' (o que significa todos os empreendimentos com mais de dez trabalhadores, e também com mais de cinco, se a energia for mecânica) foi promulgado 'com data de 30 de novembro de 1920: o decreto de recolhimento de taxas foi revogado, porque o dinheiro não mais funcionava como meio de pagamento, com data de 3 de fevereiro de 1921. Em dezembro de 1920, (...) o Oitavo Congresso Soviético aprovou a mais utópica de todas as resoluções dos dias do Comunismo da Guerra, aquela que se referiu à socialização da agricultura do campesinato. Comitês especiais seriam nomeados para prescrever o objetivo e a espécie de cultivo em cada uma das vinte e cinco milhões de fazendas de camponeses'. As fazendas do compesinato, dizia essa resolução, 'deveriam ser conduzidas de acordo com um plano unificado, sob gerência unificada'."

Os Webbs, embora citassem a evidência de Farbman provando o contrário, ainda aceitavam a explicação de Lênin, dada *depois* do evento, de que o "comunismo militar" era apenas "uma medida provisória" para atender às necessidades da guerra.[24] O Sr. Dobb repete isso no seu *Soviet Economic Development since 1917* (1948).[25]

---

[23] *After Lenin*, de Michael Farbman (1924), p. 41, citado por S. e B. Webb em *Soviet Communism*, (1935), Vol. I, p. 544.

[24] *Soviet Communism*, de S. e B. Webb (1935), Vol. I, p. 544.

[25] O relato do Sr. Dobb sobre os eventos não difere materialmente dos dados de meu texto, que foi terminado antes que este livro saísse. No entanto, ele rejeita como superficial a opinião de que o governo soviético tentou realmente o comunismo àquela época e teve o desastre como conseqüência. A única evidência *con-*

Não pode na verdade existir dúvida de que o desastre econômico de 1921 foi causado pelo caos administrativo resultante da tentativa de um sistema econômico operado centralmente. Os líderes soviéticos contemporâneos que mencionei, quando tratando das privações econômicas daquele tempo, enfatizaram que sua origem estava na dificuldade em construir o socialismo. Existem assertivas registradas de líderes como Preobrazensky e Lênin, imediatamente depois do colapso da tentativa de uma economia centralmente planejada, que se referem ao fato de que, desde o retorno da paz, as pessoas do povo passaram a achar insuportáveis tais privações, a partir do momento em que se conscientizaram de que não se tratava de meros efeitos das condições de tempo de guerra. Basta citar sobre esse ponto o *Official History of the Bolshevik Party*, publicado em 1938:

> Enquanto a guerra durou [diz-se que] o povo se conformou com essas deficiências e privações; em sua maioria, ele quase não as notou. Mas, agora que a guerra acabou, as pessoas subitamente entenderam que tais defeitos e necessidades eram insuportáveis e demandou que se acabasse imediatamente com eles.

A conexão entre causa e efeito nesse assunto parece ser conclusivamente provada pela última fase que deu um fim ao experimento e, também, pelo curso subseqüente dos eventos. Em primeiro lugar, tivemos o levante dos camponeses e dos *operários* e marinheiros, reivindicando a restauração do comércio — "Os sovietes sem o Par-

---

temporânea aduzida por ele para tal opinião é uma observação irrelevante de Lênin de "que a ajuda da imprensa escrita só pode ser encarada como medida temporária". A isso se seguem as citações usuais de Lênin e outros escritores russos *antes* e *depois* do evento. Com argumentos tão fracos, o Sr. Dobb dá renovada circulação à representação errônea da história fabricada por Lênin e seus seguidores.

tido Comunista!"²⁶ Em segundo lugar, veio a decisão de Lênin de março de 1921, no rescaldo da sublevação, de cancelar algumas das medidas fundamentais de uma economia centralmente dirigida e de permitir sua substituição por relações comerciais, seguida de uma série de medidas restabelecendo uma característica atrás da outra do capitalismo. Por fim, tivemos uma recuperação econômica de crescimento sem paralelo, conseguida logo após o abandono do planejamento central e do estabelecimento das relações comerciais capitalistas.

As primeiras fases da Revolução Russa apresentam, então, um experimento, tão claro quanto jamais a história foi chamada a relatar, no qual (1) a economia socialista planejada foi forçada; (2) ela, afinal, teve que ser abandonada, de vez que as medidas adotadas causaram um desastre econômico sem precedente; e (3) o abandono das medidas socialistas e a restauração dos métodos capitalistas de produção salvaram a vida econômica do desastre e a colocaram no caminho da rápida recuperação.

A ILUSÃO DO PLANEJAMENTO CENTRAL

Será que não estou provando em demasia? Por certo o planeta da atualidade está todo eriçado com governos comprometidos com o planejamento econômico; tem preenchido grossos volumes com colunas de números que estabelecem Planos de Quatro e de Cinco Anos; tem publicado, vez por outra, excitantes relatórios sobre o progresso feito com a execução de tais planos. Será que os governos estão fazendo — e alcançando de forma maciça perante o mun-

---
²⁶ *Soviet Communism*, de S. e B. Webb, Vol. I, p. 545 (1938).

do todo – justamente aquilo que eu provei com tanto vigor ser completamente inexeqüível?[27]

A confrontação não coloca meus argumentos em posição desconfortável. Ainda afirmo que, seja o que for que tais governos estejam fazendo, o conjunto de números que expõem nos seus alentados planos econômicos não guarda relação com suas conquistas. Malinowski ressalta que a atribuição de poderes mágicos aos grandes caciques lhes empresta uma autoridade para a liderança que é indispensável para as sociedades sob seus domínios. Os planos econômicos atuais, provavelmente, têm tanto valor prático para o bom governo do povo que neles acredita quanto as velhas fórmulas mágicas; porém nada mais.

Isso é conseqüência do que já disse antes, mas, devido à grande importância da questão, quero provar mais uma vez minha argumentação, e de forma direta. Algumas observações preliminares talvez sirvam como introdução. Obviamente, um sistema de ordem espontânea pode ter corporações como seus membros; as indústrias podem ser vistas se ajustando mutuamente ao uso do mesmo mercado de fatores da produção e vendendo seus produtos

---

[27] No pouco tempo decorrido entre a preparação deste ensaio e sua primeira publicação, essa prática vem ficando tão rapidamente fora de moda deste lado da Cortina de Ferro, que parece necessário relembrar alguns exemplos da espécie de planos detalhados a que me refiro. Um dos famosos foi o "Plano Monnet" (vide *Rapport General sur le Premier Plan de Modernisation et d'Equipment*, novembro de 1946-janeiro de 1947, publicado pela Presidence du Government, Commissariat General du Plan de Modernisation et d'Equipment, Paris). Um Plano de Quatro Anos completo dos países afetados pelo Plano Marshall foi publicado nos Reports of the Committee of European Co-operation, julho-setembro de 1947, Vol. I, General Report; Vol. II, Technical Reports. Veja também *Economic Surveys* inglês de 1947 e 1948 (White Papers).

no mesmo mercado consumidor. As operações de cada organização corporativa podem seguir um plano, e a idéia de uma completa direção geral envolve, portanto, a fusão de vários desses planos num só e abrangente plano. Se, como sustentamos, a sugestão da direção central substituindo as funções da ordem auto-ajustada é absurda, então a idéia dessa fusão também o é.

Tendo isso em mente, examinemos agora a estrutura de um plano nacional de produção. Tais planos contemplam a soma de vários tipos de bens e serviços que precisam ser produzidos. Esses produtos são divididos em classes e subclasses. Podemos ver, por exemplo, a indústria e a agricultura como divisões principais. Então, a indústria pode ser dividida em produção e matérias-primas, produtos acabados e serviços industriais. A agricultura pode ser também quebrada em partes, tais como produção de alimentos, reflorestamento e matérias-primas para a indústria. Cada uma dessas classes pode ser ainda subdividida em subclasses, e o processo segue até que, finalmente, cheguemos às quantidades propostas de produtos individuais, que constituem os itens finais do plano.

À primeira vista, isso se assemelha exatamente a um plano autêntico, isto é, a um objetivo abrangente elaborado em detalhes através de estágios sucessivos; o tipo de plano que, com efeito, só pode ser executado por uma direção central adequada.

Contudo, na realidade, esse suposto plano é um resumo sem significação de planos agregados travestidos de plano único. É como se o chefe de uma equipe de jogadores de xadrez tivesse que descobrir, do movimento individual de cada jogador, qual seria seu próximo movimento e depois resumisse tudo dizendo: "O plano de minha equipe é avançar 45 peões em uma casa, mover 20 bispos na média de três casas, 15 torres na média de cinco casas, etc." Ele poderia pretender um plano para sua equipe, mas, na realidade, estaria anunciando apenas um resumo insensato de planos agregados.

Para firmar bem tal ilustração, vejamos onde está exatamente a impossibilidade de conduzir uma centena de jogos de xadrez pela direção central. Por que seria um absurdo tornar uma pessoa responsável pelos movimentos de todas as torres, uma outra pelos de todos os bispos, etc.? A resposta é que o movimento de um determinado bispo ou de uma torre só é um "movimento no xadrez" dentro do contexto de jogadas feitas (e possíveis) com as outras peças no mesmo jogo. Ele deixa de ser um "movimento no xadrez" e, conseqüentemente, deixa de ter significado no contexto do movimento de todas as torres, ou de todos os bispos, numa centena de jogos diferentes. Esse último contexto é uma colocação insensata, falsamente descrita como propósito; daí o absurdo de se responsabilizar uma pessoa pela execução de um objetivo fictício.

Na realidade, o absurdo da declaração: "O plano dessa equipe é mover 45 peões, 20 bispos, 15 torres, etc." está em três fatos: (1) ela menciona vários movimentos em cada jogo de xadrez independentemente de seu contexto e assim se refere a entidades que — nesse contexto — não fazem o menor sentido; (2) aloca tais entidades sem significado num agregado (necessariamente sem sentido); e (3) faz desse agregado uma ação proposital. Falando de modo mais geral, a declaração do chefe de equipe é absurda porque descreve como ação coerente uma colocação irrelevante de fragmentos sem sentido de várias ações coerentes.

Tudo isso pode também ser dito do plano econômico, que anuncia como propósito nacional um agregado de vários produtos. Os números listados num tal plano (como as toneladas de trigo a colher, os barris de óleo a refinar, os passageiros a transportar) representam a soma dos produtos de várias plantas. Quando tais produtos são assim adicionados, eles são retirados de seus contextos econômicos e encarados como simples processos de mudança física. Contudo, a operação física de uma planta não é em si um "processo de produção" em absoluto, da mesma forma que o processo físico de mover uma peça de xadrez não é um "movimento no xadrez". (Uma planta, quando trabalha independentemente das condições de mercado, quase certamente estará – quando levada ao contexto econômico apropriado – operando destrutivamente, em vez de produtivamente.) A formação de agregados de operações economicamente indeterminadas também não tem sentido – a soma das produções de duas fábricas, por exemplo, é uma entidade tão irracional quanto o movimento de duas torres em dois jogos de xadrez distintos.

Portanto (embora com certas qualificações que mencionarei), um órgão nacional que objetive um total de fardos de trigo colhido, ou de barris de óleo refinado, ou de milhas viajadas por passageiro, ou de quaisquer dos outros itens de produção, para preencher as colunas de um plano geral econômico, está agindo incoerentemente. Uma soma particular de produções só pode ser racionalmente desejada para que gerentes, *per se*, depois de pesarem todas as linhas alternativas de produção, decidam sobre a dimensão dos resultados individuais constituintes da soma. Porém, a adição de produções isoladas para se ter uma meta de produção elimina todas as razões adequadas pelas quais os gerentes de cada planta poderiam decidir sobre a obtenção dessas produções, a fim de que se coadunassem com os totais estabelecidos no plano, e, então, não restaria razão para que esses totais fossem desejáveis, nem qualquer sentido em planejá-los para determinada dimensão.

Todavia, se as metas de produção para o trigo, o óleo, o transporte de passageiros, etc. não soam como absurdas da mesma forma que uma soma proposta de peões e torres a mover, isso se deve à presença de uma dose de racionalidade, a qual, conquanto insuficiente para justificar o planejamento econômico central, ajuda a encobrir seu disparate fundamental.

Primeiro, embora, em geral, seja bastante irracional objetivar qualquer meta particular de produção, existem condições especiais, por exemplo, em tempo de guerra, quando quase todas as alternativas para certas linhas de produção são desconsideradas e, então, pode ser racionalmente estabelecido um objetivo de fabricação de tantos tanques e tantos aviões. Na verdade, até em tempo de conflito armado o método de pensar em alvos agregados, embora indispensável, traz consigo o perigo de conseqüências irracionais. As buscas concorrentes de diversos objetivos podem obstruir o caminho de cada um deles de milhares de formas inesperadas, e a alocação de recursos da produção para metas alternativas pode, eventualmente, ter que ser feita numa mixórdia de departamentos em competição, entre os quais não pode haver escolha racional entre alegações rivais, já que se mostram dispostos a amealhar e lançar mão dos fatores da produção que estiverem ao seu alcance. No entanto, parece não haver melhor maneira de conduzir a produção em larga escala de extrema urgência em tempo de guerra, e o sistema de metas é, por conseguinte, justificado nessas condições.

Em segundo lugar, por mais irracional que possa normalmente parecer o estabelecimento de metas de produção, a soma dos bens produzidos não é, em si, alguma coisa sem significado. Dado o funcionamento de uma ordem internacional de auto-ajustamento da distribuição, que estabelece o preço para cada tipo de *commodity* – definindo assim a taxa pela qual cada uma é voluntariamente trocada por qualquer outro tipo de *commodity* –, podemos considerar o preço total do produto nacional agregado como medida da prosperidade do país. Ele refletirá o padrão de vida do povo e também medirá seu potencial militar. E, é claro, existem políticas que podem fomentar esses ativos nacionais, sendo, portanto, racional formulá-las e persegui-las.

Os governos comprometidos com o planejamento econômico tirarão proveito completo de qualquer linha de ação que se lhes ofereça – embora possam ser ocasiões não totalmente racionais – para alguma forma de intervenção central. Em casos extremos, como o dos soviéticos, o governo pode assumir o financiamento de toda a indústria e manter o controle sobre sua operação mediante uma espécie de onipresente Controle do Tesouro. Vastos investimentos governamentais e a responsabilidade pela manutenção das plantas funcionando tenderão a produzir inflação e ampla necessidade do controle de preços, que será adicionada à missão econômica do Estado.[28]

As colunas de números contidas nos planos econômicos governamentais expressam alegações de poderes econômicos que são apenas imaginárias. Mas a crença em tais poderes pode ser induzida pela execução muito enfática de certas políticas econômicas razoavelmente extensas – que causam alguma pressão e algum estresse – e dão a impressão de que se está, por meio delas, pondo em ação

---

[28] Cf. com o meu *Full Employment and Free Trade* (1945), pp. 67-78.

o plano econômico, com todos os seus números. Esse procedimento segue a prática comum do ritual mágico. A vestimenta negra atrai nuvens pesadas, e o espargir da água faz a chuva cair. A ausência de resultados práticos não perturba aqueles que acreditam em mágica, e o mesmo se aplica àqueles que crêem em planejamento econômico. Isso é notório entre os planejadores russos, e foi de forma extraordinária exposto por J. Jewkes, no seu *Ordeal by Planning*, para suas contrapartes inglesas.

CAPÍTULO IX

Lucros e Policentrismo[1]

Ao longo da história, pode-se verificar um protesto moral amplamente espraiado contra a busca dos lucros comerciais. Nos dias de hoje, a repugnância ao sistema lucrativo entre os socialistas é talvez uma das mais fortes motivações políticas. Ainda assim, a busca do lucro consegue, de alguma forma, persistir. Até mesmo na Rússia socialista os lucros voltaram a acontecer, conquanto levemente disfarçados pelas denominações de "excedentes planejados", "fundos da diretoria", etc.

Respeito a resistência moral contra os lucros como grande força histórica, que humanizou bastante o sistema rendoso ao curso da centena de anos passados, e penso que ainda há muito a fazer nesse sentido. Porém, considero um erro clamoroso o desejo socialista de eliminar os lucros comerciais como principais orientadores da atividade econômica. Não existe alternativa radical para o sistema capitalista. "A produção planejada para consumo comunitário" é um mito.[2] Con-

---

[1] *Humanitas*, 1946.
[2] A frase é citada da Resolução adotada pela Conferência do Partido Trabalhista em 1942. Outras declarações características no Relatório Provisório da Executiva da Conferência são: "(...) só a propriedade comum garante a prioridade da necessidade nacional sobre a privada, que assegura à comunidade os

quanto caiba ao Estado continuar canalizando, corrigindo e suplementando as forças do mercado, ele não pode substituí-las em nenhuma medida considerável.

AGRICULTURA DE SUBSISTÊNCIA. A mais primitiva manifestação do lucro está na chance de uma safra superabundante para que o fazendeiro subsista dos frutos de sua terra. O agricultor com tal sorte ganha assim alguma coisa sem grandes despesas. Mas ninguém faz objeção a esse lucro primitivo. Quem dele desfruta pode ser invejado, mas dificilmente reprovado.

É provável que alguém resmungue contra a política de investimentos do fazendeiro; contra o modo pelo qual ele separa parte da safra para aumentar seus estoques, ou a converte numa forma ainda mais permanente para criação de gado, ou alimenta com ela os operários empregados em novas construções. Entretanto, dentro de pequenos grupos dos que trabalham a terra, esses problemas podem ser evitados pela propriedade conjunta e pela administração comum, como demonstrado pela experiência das comunidades desse tipo dos *chaluzim* na Palestina e de outros assentamentos socialistas.

DINHEIRO. As objeções mais sérias contra os lucros ocorrem apenas nas sociedades mais avançadas, quando o número de pessoas que cooperam na produção de bens para o uso de cada um se torna muito grande. Os lucros, nessas circunstâncias, são sempre em dinheiro, e o fato que requer explicação antes de tudo é que o dinheiro está sendo usado para a troca de bens.

---

poderes sobre seu futuro econômico"; " (...) uma repulsiva luta pelo lucro na qual não há nenhuma tentativa séria para avaliar, de qualquer forma coerente, as prioridades dos interesses nacionais." " (...) a produção planejada a serviço da abundância que está aberta para nós".

Por que o dinheiro? Precisamos de uma resposta para essa questão antes de debatermos o lucro.

As razões pelas quais o dinheiro é usado têm sido sempre dadas, mas — a mim parece — nunca com propósito suficiente para avaliar por completo a incidência e as importantes funções do lucro. Existem pelo menos quatro razões distintas para o emprego do dinheiro, e só as quatro juntas podem tornar os lucros adequadamente inteligíveis.

CONSUMO. Razão A.I: Quando milhões de pessoas produzem bens para o uso de cada uma, elas têm que possuir alguma maneira de alertar os outros a respeito de seus desejos. As necessidades das pessoas são, em grande parte, de natureza subjetiva. Um homem que deseja almoçar parece exatamente com aquele que já o fez, e seria necessário um exame clínico elaborado para a distinção objetiva entre os dois. E pode-se distinguir ainda menos entre o vegetariano e o não-vegetariano, entre aquele que prefere o purê de batatas e o que gosta de batatas cozidas. Mas é fácil reconhecer o homem que tem fome, com todas as suas preferências pessoais, pelo fato de ele se dispor a comprar um almoço e a pagar por certos pratos.

Ademais, os desejos e as preferências das pessoas são flutuantes, complexos e delicados. James Joyce poderia ter preenchido um grosso volume para descrever as inclinações semiformadas na mente de uma mulher pronta para ir às compras. Não haveria palavras que pudessem definir completamente seus desejos potenciais. Não se pode esperar dos consumidores, portanto, que apresentem aos donos de lojas uma análise psicológica adequada de suas necessidades. O dinheiro vem em seu socorro. Sua inclinação pela compra de determinadas coisas a certos preços revela completamente o que eles têm em mente.

Comprar, é claro, com freqüência é insensato. Além disso, por razões às quais farei referência adiante, o racionamento se faz necessário em casos de súbita escassez, como por exemplo em tempo de guerra. Esses fatos têm servido como argumento em favor de um racionamento máximo para assegurar uma distribuição de bens equitativa e brilhante. Contra isso têm sido levantados protestos ansiosos e irados, que expõem a natureza canhestra e opressiva de um sistema de racionamento generalizado. Se bem que eu concorde por inteiro com esses protestos, não devo aqui fazer eco a eles; primeiro, porque não acho que governo algum é propenso a levar muito longe a prática da coerção ao consumo pelo racionamento, e segundo – o que é mais importante – porque uma ênfase demasiada nesse ponto poderia tender a obscurecer razões de maior peso pelas quais o dinheiro é necessário para movimentar uma economia moderna.

Razão A.2: Mesmo que não houvesse dificuldade alguma para estabelecer as inclinações das pessoas na satisfação de suas necessidades, ainda restaria um grande problema a ser resolvido para uma distribuição racional dos bens. Talvez possamos esclarecer melhor esse ponto imaginando por um momento que os homens fossem robôs, isto é, máquinas que funcionassem exatamente como os homens. Eles iriam precisar do suprimento de uma variedade de bens e ser sustentados por muitos serviços diferentes, exatamente como seres humanos comuns; mas teriam um aprimoramento em relação aos humanos, pois exibiriam um medidor, registrando a todos os instantes o grau de satisfação de suas necessidades. Isso eliminaria por completo a função do dinheiro como medida de expressão para desejos subjetivos, delicados e complexos, de forma que a tarefa de distribuir provisões à população se tornaria uma simples questão de engenharia. Mesmo assim — afirmo — não haveria como desempenhar racionalmente essa tarefa sem o uso do dinheiro.

Uma prova rigorosa dessa afirmação não pode ser tentada aqui porque nos levaria muito longe na matemática; mas buscarei, pelo menos, definir melhor o ponto de vista.[3]

As considerações preliminares que se seguem podem ser úteis. Um robô sendo similar a um ser humano pode ser igualmente satisfeito (na mesma marca em seu medidor) por uma variedade infinita de artigos ofertados a ele. Por conseguinte, qualquer distribuição particular de um pacote definido de bens entre dois robôs — digamos, robôs Número Um e Dois — pode, em geral, ser passível de aprimoramento. Será possível reajustá-la de modo a produzir a maior satisfação para ambos os robôs (ou, pelo menos, para um deles, enquanto se deixa a do outro inalterada). Isso nos ensina como definir uma distribuição racional de bens. Podemos dizer que, quando a distribuição dos bens disponíveis entre todos os robôs é tal que não é possível aumentar o nível do medidor de um deles sem diminuir o de outro, então ela é *racional*.

Ao se analisar a possibilidade de trocas entre robôs numa situação assim, racional e "balanceada", pode ser mostrado que uma relação definida de trocas prevalece para cada espécie de bens. Portanto, num estado "balanceado", o valor das *commodities* pode ser fixado em termos de dinheiro. Só temos que arbitrar o valor de uma única peça dos bens — digamos, um determinado pote de

---

[3] A dificuldade para resolver rigorosamente um problema "policêntrico", ou seja, que envolve o ajuste mútuo de um grande número de centros, é elaborada com algum detalhe matemático na p. 265 e nas pp. 280-82.

geléia – como igual a 1s. Mas o problema da distribuição racional tem que ser ainda definido com mais precisão. Algumas hipóteses têm que ser feitas sobre a "distribuição de rendas" entre robôs. Esse ponto pode ser rapidamente ajustado decidindo-se, por exemplo, por um sistema de completa igualdade que aloca parcelas de valor idêntico para cada robô.

Temos então definido o nosso problema. Devemos agora expor o método das *aproximações sucessivas* pelo qual o problema pode ser resolvido.[4]

Desejamos encontrar a distribuição dos recursos disponíveis que maximize a soma total dos medidores para todos os robôs (sendo suas respectivas parcelas de igual valor). Um procedimento de aproximações sucessivas dividiria um tal problema numa série indefinidamente estendida de estágios sucessivos. Apenas um dos centros seria considerado por vez e ajustado em relação a todos os outros, enquanto as inter-relações mútuas entre esses últimos seriam consideradas fixas para o momento. Um centro após o outro seria destacado e a solução seria ainda mais ajustada a cada passo. Quando um conjunto completo desses ajustamentos cobrindo todos os centros tivesse sido executado, cada centro poderia ser reajustado uma vez mais, levando em consideração os ajustes que tinham sido realizados nos outros centros. Conjuntos completos de aproximações sucessivas poderiam ir se repetindo e a solução final ir ficando cada vez mais precisa. Tal é o método geral de aproximação pelo qual um problema "policêntrico", do tipo que está sendo considerado, pode ser resolvido, se é que tem solução.

---

[4] Tal método é mais detalhado nas pp. 265-67.

Uma forma particular desse método geral pode ser aplicada ao nosso problema. O processo é o seguinte. Começamos atribuindo um preço para cada item dos suprimentos disponíveis – tentando adivinhar com a maior precisão possível o valor que ele teria num estado "balanceado" de distribuição. O total dos preços, dividido pela quantidade de robôs, é então considerado como "pleito" de cada robô. Esse pleito representa, com efeito, a soma do dinheiro em relação à qual a parcela de bens do robô será a ele alocada. Voltemo-nos para o robô Número Um e comecemos o processo de distribuição fazendo para com ele o que um dono de loja faria, ou seja, o suprimos com uma pilha de provisões que lhe dariam a maior satisfação (como indicada no medidor), dentro do limite de sua cota de poder de compra. Depois, começamos a gastar, passo a passo, o dinheiro do robô do modo mais vantajoso para ele. Porém, à medida que caminhamos no processo, temos que modificar os "preços" para garantir que, no final, a oferta satisfaça a demanda, o que, necessariamente, leva a uma reavaliação das pilhas previamente alocadas. Assim, temos que voltar, de novo, a cada alocação passada e reajustá-la um pouco. Com efeito – para encurtar a história –, o procedimento seria equivalente a se dar a cada robô uma soma igual de dinheiro e fazê-lo comprar suas provisões para o melhor de sua satisfação nas lojas públicas; o preço das *commodities* seria ajustado no nível que igualasse a oferta corrente com a demanda corrente.

Essa é a Razão A.2 para o uso do dinheiro: ele é indispensável como meio para ajustar a enormidade de pleitos a um máximo de satisfação total.

Passarei agora para a esfera da produção, onde devem ser encontradas situações muito similares que requerem o uso do dinheiro.

Sua discussão lançará ainda mais luz, por analogia, ao que acaba de ser dito.

PRODUÇÃO. Considere-se milhares de fábricas nas quais milhões de pessoas trabalham. Cada fábrica seleciona de um reservatório imensamente variado de recursos da produção um sortimento especial de materiais e qualificações de mão-de-obra. É claro que ela aplica processos técnicos que convenham às suas circunstâncias particulares. Mantém-se reajustando suas necessidades, seus recursos e seus métodos de produção para se adaptar às alterações na natureza dos suprimentos e na demanda dos consumidores.

Cada fábrica é confiada a um gerente que é responsável pelas suas operações. O sucesso do sistema econômico depende do bom desempenho dos gerentes nas suas atribuições. Mas ninguém pode executar bem uma tarefa a menos que saiba no que ela consiste. E, se ela envolve o emprego de mão-de-obra e outros recursos escassos, e produz, a expensas desses recursos, bens para outras pessoas, é desejável que exista alguma espécie de avaliação sobre a maneira pela qual a tarefa está sendo executada. Preferencialmente, isso deve ser feito pelos usuários em perspectiva dos produtos resultantes, que devem receber poderes para garantir que a máxima vantagem possível está sendo extraída do total dos recursos utilizados.

Daí a Razão B.1 para o uso do dinheiro. Contas de negócio traduzidas em dinheiro são um marcador para o qual os gerentes devem olhar, como orientação para o direcionamento de seus esforços, e servem também de base para um controle externo sobre suas atividades. A pontuação consiste no total de dinheiro recebido com as vendas, menos a quantia gasta com a compra de recursos. A primeira soma é a medida, e – como vimos na seção anterior

— a única medida prática, da satisfação dada aos consumidores; portanto, é razoável que se procure maximizá-la. A segunda soma, como pretendemos mostrar, é a única medida prática para o custo da produção, o qual, obviamente, deve ser reduzido ao mínimo.

Quando as pessoas escrevem poesias, ou ensinam as crianças a ler e escrever, ou restauram a visão de um paciente pela remoção de uma catarata, suas ações trazem muita gratificação intrínseca. Aqueles que sentem que fizeram o bem podem dispensar o reconhecimento externo ou então demandá-lo por direito. Mas isso não acontece com a produção de cadarços para sapatos, escovas de dentes, lâminas de barbear, etc., que não deixam de ser ocupações gratificantes, mas não em si mesmas. Elas gratificam quando se tem certeza de que se está produzindo aquilo que é desejado: o que dá satisfação aos outros. Por conseguinte, deve-se medir a satisfação de quem produz pela de quem consome, e tal medida se faz pela vontade do consumidor em pagar pelo que é produzido, logo, o objetivo deve ser o ganho do máximo dinheiro possível com as vendas. Ter-se-á então a maneira apropriada de avaliar as realizações gerenciais, bem como a forma de um controle adequado dos gerentes por parte de seus empregadores. Essa espécie de controle pode facilmente ser equipada com sanções efetivas. As recompensas dos gerentes podem ser rapidamente estabelecidas em função de seus sucessos nas vendas, sejam elas prêmios, promoções, etc. Nenhum sistema de recompensas será racional se não tiver como orientação a capacidade do gerente em fazer dinheiro.

Omiti neste ensaio, propositadamente, qualquer discussão sobre justiça econômica. Nas grandes civilizações do passado, as rendas eram vastamente desiguais: muito mais, assim parece, do que no capitalismo. A tendência à igualdade vem sendo mantida ao longo dos últimos cem anos – e particularmente neste país, a partir de 1939. Estou convencido (e elaborei sobre isso no meu livro *Full Employment and Free Trade*) de que um sistema de empreendimentos capitalistas pode ser conformado, nesse aspecto, a qualquer padrão de justiça social com o qual a sociedade possa concordar suficientemente. Não existe razão necessária que leve os lucros à injustiça social.

É obviamente razoável que a produção seja conduzida a custo mínimo em termos de recursos utilizados. E isso não é, de modo geral, uma questão apenas de usar menos de tudo. Com freqüência, ela se apresenta como uma escolha entre empregar, digamos, menos carvão e menos óleo e, em vez disso, mais mão-de-obra e mais capital, com, talvez, uma qualidade diferente de carvão. Balanceamentos de tipos semelhantes têm muitas vezes que ser encontrados noutros campos que não a produção industrial, por exemplo, entre artistas e atletas. Ou também por médicos que prescrevem uma cura, ou por projetistas de máquinas; ou – já mais próximo da produção industrial – por fazendeiros que subsistem da própria terra. Em todos esses casos, as pessoas que praticam a economia buscam um equilíbrio entre sacrifícios e conquistas, que elas mesmas podem diretamente sentir e pesar. Porém, o gerente de manufatura, que tem seus recursos supridos de fora, não pode sentir diretamente quão preciosa é cada parcela deles do ponto de vista da sociedade como um todo. Ele tem que ter algum critério externo objetivo para que possa balancear suas utilizações alternativas; em outras palavras, se ele deve empregar racionalmente seus recursos, tem que conhecer a estimativa numérica de cada partícula disponível desses fatores. Tais valores numéricos têm que ser expressos em dinheiro. Para provar isso, preciso chegar à Razão B.2 para o uso do dinheiro.

Iremos perceber que a Razão B.2 é bastante análoga à Razão A. 2. Ela surge da circunstância de que a milhares de gerentes de fábricas são oferecidas milhões de parcelas de recursos (em especial, mão-de-obra e recursos naturais), que têm de encontrar a melhor maneira de utilizá-los.

Vamos supor (para facilitar nossa tarefa) que não existe séria dificuldade para que se calcule com antecedência a medida de satisfação — em termos de vendas totais a determinados preços — que resultará de qualquer distribuição de recursos entre as fábricas existentes. O problema de maximizar esse total é, então, quase o mesmo da maximização da satisfação total de robôs por uma distribuição adequada de recursos entre eles. E, de novo, o problema é, geralmente, bastante insolúvel, exceto pela aplicação do método das aproximações sucessivas, que leve em conta um centro (isto é, uma fábrica) por vez, enquanto desconsidera as inter-relações entre todos os outros.

Felizmente, nesse caso a "satisfação" produzida nos diversos centro é expressa desde o início nas mesmas unidades — a saber, dinheiro. Isso simplifica muito a questão e torna possível a solução nas seguintes linhas. Cada fábrica deve ser suprida com tanto dinheiro quanto necessita, contanto que ela o pague de volta ao fim de um ciclo de produção e venda. As fábricas devem comprar os fatores da produção em conjunto nos departamentos públicos, para que sua utilização leve a vendas mais rentáveis. Cada parcela desses fatores deve ser alocada por leilão para a fábrica que puder fazer o melhor uso dela. Aqui está implícito que os recursos estão à disposição de algumas pessoas – que chamamos aqui "produtores" –, que procurarão vendê-los aos que fizerem maiores ofertas.⁵ Também implícito está que, em particular, a mão-de-obra buscará os salários mais altos e que a terra e outros recursos naturais serão igualmente levados ao mercado com o fito do maior lucro da parte de seus proprietários. Isso é parte integral do método.

Nenhum outro esquema – ou alguma variante próxima dele – pode ser usado para resultar, mesmo que aproximadamente, numa alocação racional de recursos a um grande número de centros produtivos. Portanto, o "ganho do dinheiro" pelos "produtores" que venderão recursos aos gerentes, e dos gerentes que os utilizarão para a venda de bens aos consumidores, é indispensável para o sucesso de tais alocações.

Essa é a Razão B.2 para o uso do dinheiro. Ela, claramente, nos leva para bem perto da discussão sobre os lucros; mas ainda não estamos totalmente prontos para isso.

A CIRCULAÇÃO DO DINHEIRO. O dinheiro que os gerentes de fábricas recebem por empréstimo para a compra de fatores da produção é pago aos produtores e recebido de volta dos consumidores. Assim se dá sua circulação. O coração de tal circulação é o gerente: ele injeta o dinheiro em cada partícula do corpo social como pagamento de sua contribuição para a produção – e o recebe de volta de todos esses cantos como retorno das vendas de produtos acabados. O fluxo que sai dos gerentes serve para alocar recursos para as fábricas, etc.; o fluxo de entrada guia o produto para os usuários. Ao evitar perdas, os gerentes mantêm todo o processo

---

⁵ No esquema da p. 251 essas pessoas são chamadas de W = trabalhadores; L = proprietários de terras; I = investidores.

sob controle. O dinheiro que recebem pelos serviços que prestam, e gastam de novo como consumidores, forma um pequeno sistema separado de circulação, como o do sistema coronário do coração. Pela extensão de nosso esquema, os gerentes são incluídos como "produtores".

Produtores e consumidores são, é claro, as mesmas pessoas, e fazem parte, com efeito, da mesma população. Os instrumentos para a circulação monetária e para o ganho do dinheiro oferecem à população a única maneira possível de cooperar racionalmente com a exploração comum de um conjunto de recursos diversificados, para a produção de uma enorme variedade de bens destinados à distribuição entre as pessoas dessa população.

CONDIÇÕES ESTÁTICAS. Contudo, se a produção e a distribuição se mantivessem inalteradas dia após dia, não haveria necessidade de manter o dinheiro circulando. A circulação só seria utilizada para dar partida no sistema da forma correta, sendo, depois disso, abandonada. Alguma coisa assim ocorre sempre que os métodos monetários são deixados de lado por uma certa razão, em alguma parte do processo econômico; os esquemas de produção e distribuição que vinham prevalecendo são, normalmente, adotados como padrões para as operações ulteriores. As "rações básicas" de papel, por exemplo, ainda hoje se relacionam, na Inglaterra, com a quantidade que os editores usavam em 1939, quando os guias comerciais de produção foram pela primeira vez substituídos por controles de tempo de guerra. Enquanto as condições completamente estáticas da produção tornariam desnecessário o uso do dinheiro, o extremo oposto das mudanças rápidas e grandes pode causar uma interrupção temporária no mecanismo monetário. Para exemplificar, quando, na última guerra, a maior parte da produção de borracha natural do mundo caiu em mãos japonesas, os governos aliados se viram obrigados a confiscar todos os estoques disponíveis do produto. O curso alternativo de pagar preços suficientemente altos para induzir os detentores de estoques de borracha a vendê-los para as fábricas de material bélico, em vez fazê-lo para pessoas privadas (para pneus, pisos de escritórios, etc.), teria proporcionado lucros imerecidos para tais detentores, o que a população não estava disposta a tolerar.

O fato de o racionamento de certas *commodities* em circunstâncias excepcionais ser útil não afeta nossa argumentação, que nega a possibilidade de uma alocação central de recursos para as fábricas e de produtos para os consumidores. Isso porque, com exceção de alguns casos, como a distribuição de leite para as crianças das escolas e a de óleo de fígado de bacalhau para as gestantes, o racionamento é uma imitação desengonçada dos esquemas de distribuição previamente estabelecidos pelo comércio. O racionamento é canhestro porque se trata de um esquema cuja operação não pode continuar, razoavelmente, por qualquer período de tempo. Isso se aplica, de maneira vigorosa, a um sistema de recursos produtivos. Qualquer tentativa de implementar uma alocação central rígida de todos eles (mão-de-obra, matérias-primas, maquinaria, terra) às fábricas conduziria, portanto, a uma quase imediata paralisação de todo o sistema de produção.

POR QUE OS LUCROS? E aí chegamos ao âmago da questão. Descrevi até agora um sistema econômico com base no dinheiro. Num tal sistema, as pessoas, com freqüência, têm ganhos para os quais nada ou pouco fizeram por merecer. Sempre que alguma coisa que eu possuo se torna escassa, seja por aumento da demanda, seja por outro fator qualquer — quer seja minha habilitação especial, quer uma *commodity* que eu tenha em estoque, ou que eu possa rapidamente produzir na minha terra ou na minha fábrica —, eu, inevitavelmente, realizo um lucro com isso. Da mesma forma, como consumidor, eu ganho se o preço do pão ou da luz elétrica cair. O sistema econômico é constantemente reajustado pela incidência de tais lucros — ou com as perdas, que ocorrem com igual freqüência em outros pontos.

Já disse que, em situações extremas, particularmente nas grandes emergências nacionais, medidas são adotadas para evitar lucros exorbitantes em função de escassez súbita. Posso bem imaginar que a consciência pública venha a ficar, no futuro, cada vez mais alerta sobre tais questões, e creio mesmo que há muito espaço para que isso aconteça. Além do mais, meu esboço de uma sociedade que faz dinheiro não está ainda completo, e devo fazer algumas qualificações e adicionar pontos suplementares.

Venho insistindo em que a produção e a distribuição modernas só podem ser organizadas em bases comerciais, mas não sugeri de forma alguma que essa solução é perfeita. Se alguém teima que é necessário uma locomotiva para puxar um trem (contrariando aquelas pessoas que gostariam que os trens operassem em ferrovias cênicas), não se deve achar que esse alguém nega que a eficiência das locomotivas é muito limitada; que elas são barulhentas e podem atropelar seres vivos — pontos muito irrelevantes em face da proposição de que é necessária uma locomotiva para tracionar um trem. E eu acrescentaria que é impossível lidar com qualquer dos inconvenientes causados pelas locomotivas, até que você pare de sonhar com trens sem elas.

REPERCUSSÕES SOCIAIS. Existem milhões de coisas que as pessoas compram e usam, não há o que discutir. Mas nem sempre é assim.

Não, por exemplo, quando elas compram educação ou flores para seus jardins. As pessoas que adquirem conhecimento ou jardins atraentes não reduzem, na mesma escala, a parcela dessas coisas das outras pessoas, já que os benefícios que adquirem são transmitidos numa certa dose para os que estão em torno delas. Efeitos "difusos" similares de atos econômicos individuais – a maior parte deles indesejável – são muito comuns na esfera da produção. Fumaça, barulho, poluição dos rios, doenças industriais, frustração moral do operário da indústria e muitos outros exemplos vêm à nossa mente. O sistema econômico do dinheiro se baseia na suposição de que tais efeitos difusos são irrelevantes; que cada passo individual faz uma contribuição circunscrita e visível (positiva ou negativa) para o bem-estar comum, e que o placar total do bem-estar é atingido pela adição dos escores de cada passo. Dizendo de outra forma, o ganho do dinheiro organiza os aspectos da vida econômica que são atomizados, localizáveis e aditivos, e deixa sem controle esses aspectos "difusos" e "sociais".

Quando tais repercussões se tornam muito proeminentes, é hora de ação das autoridades públicas, que, afinal, são as responsáveis pelo bem-estar público. A pergunta é: o que podem elas fazer? À luz de nossa argumentação, que rejeita a possibilidade de qualquer direção central da vida econômica, as intervenções públicas teriam que ser negativas, em vez de prescritivas. Em sua maior parte, elas consistiriam em restrições nas faixas das atividades comerciais, penalizando com a lei as transações não-sociais. Aí repousa o grande campo da reforma social no qual os últimos cem anos têm feito contribuições decisivas para a civilização. Além disso, em diversos casos distintos, o Estado empreenderia importantes ações positivas, proporcionando educação, saúde e amenidades sociais, que são insuficiente e insatisfatoriamente supridas por fontes comerciais. Apesar de tudo isso, grande parte da produção e do consumo continuará sendo – e tem que permanecer sendo – dirigida em suas particularidades por um sistema de dinheiro que ignora os efeitos "difusos" de suas próprias atividades. O governo pode restringir esse sistema e corrigi-lo aqui e ali por meio de taxas e subsídios especiais, e pode suplementá-lo com serviços públicos; mas não existe princípio organizacional que possa maximizar as vantagens "difusas" perseguidas por tais medidas, com qualquer coisa remotamente parecida com a efetividade com que o ganho do dinheiro maximiza o total das vantagens "localizáveis" e minimiza os custos "localizáveis". Um sistema industrial moderno, portanto, só pode ser racionalmente conduzido enquanto a maioria dos custos for circunscrita, seus produtos apropriados para a distribuição pelos consumidores individuais e plenamente usado por aqueles que os adquirem.[6]

Devo voltar a esse ponto quanto tratar da nacionalização.

PREVENÇÃO DO DESEMPREGO. Já descrevi a circulação do dinheiro. Expliquei como os gerentes pagam aos "produtores" em troca de mão-de-obra e outros recursos, e como o dinheiro volta para eles das mesmas pessoas, gastando como consumidores, em troca de produtos acabados. (Sendo que um pequeno ramo da circulação fica nos bolsos dos gerentes para pagamento de seus serviços.) Já mencionei também que os gerentes têm que recuperar todo o dinheiro que colocaram em circulação, porque tal dinheiro, supos-

---

[6] Veja p. 295 adiante.

tamente, tinha sido apenas emprestado a eles. Devo dizer também que, se eles fracassarem nessa missão, serão compelidos a fechar o negócio ou vendê-lo.

Na realidade, os consumidores, normalmente, não gastam todas as suas receitas, mas preferem economizar parte delas para aumentar seus fundos de seguridade. Dessa forma, os gerentes podem deixar de arrecadar todo o dinheiro que puseram em circulação, e, de acordo com as regras da administração comercial, isso pode forçar sua saída do mercado. Haveria recessão e, por via de conseqüência, desemprego. É verdade que os efeitos da poupança privada podem ser compensados, em maior ou menor grau, pelo dinheiro separado pelos gerentes (de empréstimos) para a construção de novas fábricas. Porém, nas comunidades prósperas em estágio avançado de industrialização, isso não é normalmente bastante para compensar as poupanças, e um estado de depressão crônica tende a prevalecer. Felizmente, essas dificuldades podem ser remediadas por meio de déficits governamentais. Longe de representar "uma incurável contradição interna do capitalismo" (como não cansa de repisar a literatura socialista), o desemprego crônico é devido a um defeito incidental do sistema capitalista, que pode ser eliminado colocando-se de lado certos preconceitos, amplamente difundidos, da condução das finanças públicas.

NACIONALIZAÇÃO. Até agora, eu não disse quase nada sobre terras e outros recursos naturais, e dei algumas indicações sobre algumas fontes onde os gerentes vão buscar seu capital de giro por empréstimo. Uma vez que a construção de novas fábricas seria paga por esses empréstimos, a propriedade das fábricas, presumivelmente, estaria com os que emprestam, que estariam investindo seu dinheiro com a expectativa de receberem uma parcela dos lucros. Mas ainda fica em aberto a questão da propriedade, se pública ou privada, em qualquer dos casos mencionados; o que parece indicar que a questão é — ou deveria ser — irrelevante.

    A diferença essencial entre empresa industrial privada e estatal reside na maneira com que os riscos são assumidos nos dois casos. No primeiro, é deixada aos indivíduos privados a subscrição de capital de giro ou os empréstimos para os gerentes. Eles ficam atentos ao mercado de investimentos e tentam sempre desviar seus capitais para os campos mais promissores. Assim, eles tendem a conseguir a utilização mais rendosa. Como recompensa, ganham uma parcela dos lucros, menos, é claro, o ônus das perdas ocasionais. Além disso, eles recebem juros sobre os empréstimos e o retorno do capital investido; para tanto, lhes é garantido penhorar devedores. Quando o Estado se torna o único investidor, pode se comportar de maneira muito parecida com a descrita. As quantias disponíveis para investimentos são repassadas para diversos agentes individuais, que podem ser remunerados em função dos lucros e juros produzidos. A única diferença desses agentes para os capitalistas privados é que eles são proibidos de fazer débitos com esse capital e de transferi-los por herança. Mas nenhuma dessas características afeta substancialmente o mecanismo do sistema econômico. A propriedade estatal pesa mais quando o Estado decide — como na Rússia soviética — agir como companhia *holding* de todas as empresas, suprindo-as centralmente de capital de curto e longo prazos, e participando dos lucros, bem como arcando com os prejuízos. Isso elimina o mercado de capitais como meio de redistribuição de investimentos e substitui seu método de "aproximações sucessivas" pela decisão mais elaborada de um departamento governamental. Ao mesmo tempo, a supervisão mantida sobre a solvência da empresa é relaxada, já que a vigilância deixa de ser reforçada por qualquer ameaça efetiva de fechamento.

As conseqüências econômicas da propriedade estatal não deixam de ser importantes, e o enfeixamento de todas as poupanças nas mãos do Estado pode resultar em efeitos políticos de longo alcance. O fato notável que deve ser ressaltado é que, em vista da expectativa socialista da "produção planejada para consumo comunitário", a propriedade estatal faz, na realidade, pouca diferença. Páginas atrás, expressei isso em termos abstratos, mas devo expandir esse ponto um pouco mais no ensaio subseqüente. Nesta altura, desejo apenas indicar minhas conclusões, sem pretender tê-las provado por completo.

Suponhamos que o sistema industrial de uma nação é composto por cem mil centros produtivos, cada um deles valendo-se do mesmo mercado de fatores da produção e suprindo com seus produtos o mesmo mercado de bens acabados (ou semi-acabados); cada centro é dirigido por um gerente, o qual, num regime capitalista, é indicado pelos acionistas e que, num sistema de propriedade estatal, é nomeado pelo governo. No capitalismo, o gerente é responsável perante os acionistas pela realização de lucros, enquanto o governo controla as condições segundo as quais os lucros são conseguidos. Sugiro que, nos regimes de propriedade estatal, a situação não é materialmente diferente. O governo (como os acionistas) deve encontrar algum processo administrativo para controlar os gerentes que nomeia. Só pela aplicação de algumas regras gerais pode um governo exercer controle sobre um grande número de pessoas cujas tarefas são determinadas por relações diretas entre elas. Ele tem que estabelecer critérios definidos de eficiência, que devem ser vinculadores por si mesmos, no sentido de que qualquer gerente que os satisfaça pode alegar ter cumprido sua missão e receber completo reconhecimento pelo feito. Os critérios devem ser precisos e facilmente constatáveis, caso contrário poderão premiar os ardilosos e deixar de recompensar os honestos. O único critério preciso e racional do sucesso gerencial é o teste dos lucros nos negócios. E, a partir do momento em que um teste sumário dessa espécie é imposto e aceito como medida de sua eficiência, o gerente tem que desfrutar de toda a liberdade quanto aos meios para alcançá-lo, dentro de regras gerais fixadas para sua operação. Sendo assim, a posição coincide com a vigente no capitalismo privado.

É um erro que persiste em pairar, mesmo quando essa situação é aceita, presumir que o governo, pelo fato de controlar gerentes por ele nomeados, pode dispor de mais regras de controle do que no caso de gerentes privados. As limitações administrativas são as mesmas nas duas situações. Em ambas, o governo pode deixar transparecer suas preferências e pode modificar o critério dos lucros para seu modo. Pode dispensar recompensas e aplicar multas ou taxas especiais, porém, em qualquer caso, tais medidas têm que se basear no mesmo tipo de dados: aqueles que são rápida e confiantemente endossáveis por um certificado de auditoria. A propriedade estatal da indústria tem apenas pequena influência sobre as operações da maquinaria econômica. Nos seus esforços legítimos para assegurar os interesses da sociedade que não são levados em conta pelo sistema baseado no dinheiro (bem como na sua tentativa de eliminar a exploração monopolista, etc.), um governo socialista se limitará ao uso dos mesmos instrumentos da administração, ou muito semelhantes, pelos quais qualquer governo de hoje pode controlar a indústria privada.

Grande parte da confusão e da tensão interna na Rússia soviética se deve à relutância desesperada em admitir tal semelhança. Isso resulta nas tentativas sempre renovadas e freqüentemente violentas de exercer mais controle específico sobre toda a maquinaria da vida econômica do que o compatível com as regras de um sistema produtivo que funcione efetivamente.

Para resumir, não existe alternativa fundamental para o sistema do ganho de dinheiro e da busca do lucro. Nossa moderna economia de alto padrão foi construída sobre um tal sistema, e sua eliminação a reduziria ao nível da agricultura de subsistência. Na prática, isso significaria a extinção de todas as nações altamente industrializadas do Ocidente. Em vez de ansiar pelo mito da "produção planejada para consumo comunitário", temos que progredir mais na reforma de nosso sistema comercial. O último século de reformas já humanizou a sociedade capitalista além do que era esperado. No futuro, deveremos avançar ainda mais rápida e suavemente, se entendermos completamente, afinal, que temos que assumir a defesa desse sistema e aperfeiçoar e desenvolver suas possibilidades.

CAPÍTULO II

Gerência das Tarefas Sociais
Parte I
Essencialmente Descritiva

Minha argumentação pela liberdade da ciência guarda semelhança próxima com a doutrina clássica do individualismo econômico. Os cientistas do mundo são vistos como uma equipe que se propõe a explorar as oportunidades abertas para descobertas, e alega-se que seus esforços só serão eficientemente coordenados se — e apenas se — for permitido que cada um deles siga suas próprias inclinações.[1] Tal afirmação é bastante similar à alegação de Adam Smith a respeito de uma equipe de homens de negócios, valendo-se do mesmo mercado de recursos produtivos com o objetivo de satisfazer diferentes partes do mesmo sistema de demanda. Seus esforços — diz ele — seriam coordenados por uma mão invisível, com o fito da mais efetiva utilização dos recursos disponíveis.

Esses dois sistemas de utilidade maximizada são, na verdade, baseados em princípios similares; e mais que isso: são apenas dois exemplos de todo um conjunto de casos paralelos. Existe uma grande faixa de tais sistemas na natureza que exibem tipos semelhantes de ordens. Eles foram chamados por Köhler de sistemas de "ordem

---
[1] Veja a p. 69 e o restante da Parte I.

dinâmica", cuja designação segui num escrito anterior;[2] porém, penso que seria mais simples chamá-los de sistemas de *ordem espontânea*.

Duas espécies de ordem[3]

Sempre que vemos um arranjo bem-ordenado de coisas e de homens, nós, instintivamente, supomos que alguém, de forma intencional, colocou-os daquele modo. Um jardim bem-arrumado tem que ser cuidado por alguém; uma máquina que trabalhe adequadamente deve ter sido fabricada; uma companhia em exibição tem que ter feito muita ordem-unida sob o comando de alguém: essa é a maneira óbvia com que as coisas emergem. Tal método de estabelecer ordem consiste em limitar a liberdade das coisas e dos homens de permanecerem onde estão ou de se moverem a seu belprazer, pela atribuição de uma posição específica a cada um, num plano pré-arranjado.

Mas existe outro tipo de ordem, menos obviamente determinada, que se fundamenta no princípio oposto. A água em um jarro se acomoda, preenchendo perfeitamente o espaço do recipiente, com densidade uniforme, até o nível de um plano horizontal que forma sua superfície livre: um arranjo perfeito que nenhum artifício humano poderia reproduzir, caso o processo da gravidade e a coesão, das quais o arranjo depende, parassem de funcionar por um momento. No entanto, qualquer quantidade de recipientes de diversificadas e complexas formas, conectados por um sistema de vasos comunicantes, poderia ser preen-

---

[2] "The Growth of Thought in Society" (*Economica*, 1941, p. 428).
[3] O conteúdo desta seção foi extraído de meu artigo em *Economica*, loc. cit.

chida do mesmo modo perfeito e uniforme, até que fosse atingido um plano horizontal comum — bastando para isso que se deixasse um líquido repousar dentro deles.

Nesse segundo tipo de ordem, nenhum constrangimento é aplicado especificamente às partículas individuais; as forças externas, como a resistência dos jarros e a gravidade, fazem efeito de um modo inteiramente indiscriminado. As partículas ficam assim livres para obedecer às forças internas que agem entre elas, e a ordem resultante representa o equilíbrio entre todas as forças internas e externas.

Se as forças externas estivessem ausentes ou fossem desprezíveis, e as internas operassem sozinhas, o equilíbrio resultante teria regularidade ainda mais notável. Fluidos, gases e líquidos tomam formas esféricas, e, nas temperaturas mais baixas, as substâncias se solidificam como cristais, nos quais os átomos se alinham em irrepreensíveis intervalos iguais no espaço tridimensional.

As moléculas de meia dúzia de substâncias diferentes, dissolvidas juntas num copo de água quente, se depositarão com o resfriamento, em coisa de poucos minutos, cada substância formando separadamente seus próprios cristais. Muitos milhões de moléculas de cada substância se separarão das demais e se agruparão esmeradamente em pilhas de espaços regulares. Tal feito pode ter sua magnitude avaliada se imaginarmos a separação e o cuidadoso arranjo em pilhas regulares separadas dos mármores coloridos de uma camada que cobrisse todo o planeta. Essa tarefa manteria toda a humanidade ocupada por anos; no entanto, um resultado semelhante é conseguido espontaneamente em poucos segundos pelas forças internas que agem entre as moléculas.

Fica claro que a intervenção de qualquer agência humana que tentasse assumir a tarefa dessas forças internas seria totalmente inadequada. Se as partículas tivessem que esperar que alguém as pegasse uma a uma para que fossem sendo colocadas em ordem, as autoridades que assumissem a responsabilidade pela ordenação estariam, de fato, meramente compelindo as moléculas a se manterem indefinidamente desordenadas. Isso parece sugerir que, quando grandes quantidades têm que ser arrumadas cuidadosamente, o objetivo só será atingido com o ajustamento mútuo espontâneo das unidades, e não pela designação de lugares especificamente prescritos para elas.

Uma ordem espontaneamente alcançada pode ser muito delicada e complexa. O crescimento e a forma de plantas e animais são exemplos de tal ordem. A evolução de um organismo policelular, a partir de uma célula fertilizada, pode ser encarada como proveniente da tendência de suas partículas, interagindo com o meio nutriente, de chegar a um equilíbrio interno. As células dentro do campo de um "organizador" embrionário têm, de fato, a capacidade — provada por experimentos de mutilação ou transplante — de desempenhar qualquer papel que lhes caiba, através do inter-relacionamento das forças internas dentro dessa área. Toda a evolução das espécies parece ter resultado de um processo continuado de equilíbrio interno da matéria viva, sob diversificadas circunstâncias externas.

Contudo, isso não nos deve levar a um preconceito em favor da ordem ajustada mutuamente contra aquela de planejamento específico. Quando se trata de pequenas quantidades, esta última, quase sempre, tem desempenho muito superior: toda a maquinaria e técnicas mecânicas do homem demonstram tal superioridade quando os números são suficientemente pequenos. Os dois métodos alternativos e opostos de conseguir ordem – pela limitação da liberdade das partículas, ou pela concessão de livre curso às suas interações – têm suas respectivas ocasiões adequadas. A menos que um desses métodos fosse selecionado em função de predileções (por exemplo, "planejadores" insistindo na direção deliberada, ou partidários do *laissez-faire*, no automatismo), deveria ser fácil, em geral, decidir quais tarefas seriam mais bem cumpridas com um deles, e quais com o outro. Eles se combinariam da maneira mutuamente excludente que as funções se combinam, ou seja, cada um preenchendo o espaço vazio aberto pelo outro.

Também é preciso ter em mente que, como regra, não haveria tal interação mútua entre as unidades de um agregado que as arrumasse numa maneira ordenadamente desejada. As forças mútuas, como as que operam entre as moléculas ou entre as células de um organismo, podem estar ausentes de todo, como no caso dos mármores de diversas cores, que não têm a tendência de as separar espontaneamente. Pode também ser que a ordem estabelecida de modo espontâneo resulte indesejável, quando uma reação química, por exemplo, provocada num meio desfavorável, redunda em produtos que não se quer; ou quando o crescimento mórbido mata um organismo.

Isso sugere que, conquanto possa ser possível chegar a certas formas socialmente desejáveis de coordenação na sociedade, deixando-se cada indivíduo ajustar suas ações às dos outros (ou alguma questão de estado resultar da ação de todas as outras), não se pode garantir (1) que qualquer tarefa particular de coordenação concebível poderá ser cumprida com tal técnica ou (2) que qualquer exemplo particular de livre ajuste mútuo entre indivíduos produzirá um resultado desejável. Isso nos alerta para o fato de que mesmo os sucessos mais maravilhosos atingidos por tais ajustamentos não estarão livres de falhas manifestas, nem que representarão apenas ótimos relativos. Entretanto, sugere também que aquelas tarefas que um sistema de ajustes livres pode efetivar não podem ser eficientemente desempenhadas por qualquer outra técnica de coordenação.

Liberdade Privada

Um ensaio anterior desta série, *A Amplitude da Direção Central* (Cap. 8), tratou com algum detalhe dos métodos para estabelecer ordem deliberada na sociedade e tentou provar a completa inadequação de tais métodos para lidar com objetivos cumpridos por ordenação espontânea. Meu propósito básico aqui é pesquisar e fazer uma análise simples dos básico sistemas de ajuste espontâneo na sociedade. Porém, antes de fazê-lo, devo mencionar uma classe de manifestações individualistas que não contribuem para qualquer sistema de ordem espontânea na sociedade. Existem muitas coisas que o indivíduo pode fazer que produzem efeitos sociais diminutos; ou — para ser mais preciso — efeitos sociais que são considerados insignificantes tanto pelas autoridades como pelo consenso da opinião de toda a sociedade. A faixa das coisas que ele pode fazer por sua livre vontade e sem perigo de incorrer em punição ou censura é importante, e é também verdade que essa faixa de tal individualismo privado não deixa de ter relação com o propósito das liberdades públicas. Num ambiente de servidão e escravidão, as liberdades pública e privada, em conjunto, são reduzidas a zero. E a libertação de tal estado é conseguida pelo estabelecimento das liberdades públicas, tanto legais quanto comerciais. Citando Bracton: "Pois essa é uma servidão absoluta com a qual um serviço indeterminado e incerto é prestado, quando não se sabe de noite que tarefa será executada na manhã seguinte, e em que a pessoa fica sujeita a qualquer missão que lhe é imposta." O primeiro passo para a libertação é o estabelecimento de obrigações feudais pelo costume, lei ou cópias escritas. E, finalmente, pela troca dessas obrigações em termos de dinheiro, o detentor de uma cópia se torna arrendatário, com o direito de dispor livremente de sua pessoa e de seu próprio tempo, e de selecionar, segundo seu julgamento, aquilo que lhe é mais conveniente e lucrativo fazer.

Porém, o escopo das liberdades públicas não é, geralmente, proporcional ao da liberdade privada. Os dois podem ser até inversamente relacionados. O niilismo privado prepara a mente para a submissão ao despotismo público; e um regime despótico pode continuar tolerando formas irrestritas de vida privada, que seriam lançadas ao ostracismo social por uma outra sociedade que convivesse com a liberdade pública. Stálin tem mantido uma amplitude de liberdade privada bem maior do que a vigente na Inglaterra vitoriana, enquanto a das liberdades públicas é incomparavelmente menor.

Uma sociedade livre se caracteriza pela faixa de liberdades públicas dentro da qual o indivíduo desempenha uma função social, e não pela amplitude das liberdades privadas socialmente ineficazes. De modo inverso, o totalitarismo não pretende a destruição da liberdade privada, mas nega toda a justificativa para a pública. Numa concepção totalitária, ações pessoais independentes jamais desempenham função social, mas podem apenas satisfazer um desejo particular, enquanto as responsabilidades públicas são assumidas pelo Estado. A concepção liberal de sociedade, que atribui parte decisiva à operação da liberdade individual na vida pública das nações, tem que reconhecer que isso implica uma distinção entre dois aspectos da liberdade: pública e privada. Ambas merecem proteção; mas é perigoso para a primeira que ela tenha que ser — como freqüentemente ocorre — demandada em razão da segunda, e sua justificativa buscada nessa segunda.

Sistemas de ordem espontânea na sociedade

Quando a ordem é conseguida entre seres humanos deixando que eles interajam uns com os outros por iniciativa própria — sujeitos apenas às leis que se aplicam uniformemente a todos eles —, temos um sistema de ordem espontânea na sociedade. Podemos então dizer que os esforços desses indivíduos são coordenados pelo exercício da iniciativa de cada um, e que essa autocoordenação justifica sua liberdade em termos públicos.

As ações desses indivíduos são ditas livres porque não são determinadas por qualquer comando *específico*, seja de um superior, seja de uma autoridade pública. A obrigação a que ficam sujeitos é impessoal e geral. Existem dezenas de aspectos nos quais esses indivíduos não são livres. Eles têm que ganhar a vida, podem ser explorados por seus empregadores, oprimidos por suas famílias, iludidos por suas próprias vaidades, e todos irão morrer; não se alega que eles são livres em outro qualquer sentido que não o expressamente declarado. O quanto essa liberdade tem de valor intrínseco e merece proteção, mesmo a par de sua utilidade social, é uma questão que deixo aberta neste estágio e que tentarei esclarecer mais tarde.

Um agregado de iniciativas individuais só pode conduzir ao estabelecimento de ordem espontânea se cada um levar em conta em sua ação o que os outros fizeram antes no mesmo contexto. Quando grandes quantidades estão envolvidas, esse ajustamento mútuo pode ser indireto; cada indivíduo se adapta a um estado de coisas resultante de ações precedentes do restante. Isso requer que a informação sobre o estado de coisas em questão esteja disponível para cada integrante do agregado, como acontece nos vários mercados, nas conquistas correntes do progresso científico ou na posição atualizada da lei. Pode-se acrescentar que por "indivíduos" entenda-se "corporações agindo como indivíduos".

Sistemas de mercado

O exemplo mais sólido de uma ordem espontânea na sociedade – o protótipo da ordem estabelecida por uma "mão invisível" – é o da vida econômica com base num agregado de indivíduos em competição. Quero aqui esboçar suas características especiais até o ponto necessário para a comparação desse sistema particular espontâneo com outros de diferentes aspectos.

Veremos separadamente o sistema dos produtores e o dos consumidores. Para simplificar as coisas, consideraremos, a princípio, todos os "produtores" como gerentes de plantas, arrendando ou comprando recursos para a produção de bens e serviços para venda aos consumidores. As pessoas de quem eles arrendam ou compram tais recursos (mão-de-obra, terra, capital) serão vistas mais tarde.

Os produtores estão constantemente atentos para a utilização mais lucrativa dos recursos que controlam e para a obtenção de controle sobre mais recursos, até então gerenciados por outros produtores. Conseqüentemente, cada nova decisão de um produtor envolve mudanças em suas demandas ao mercado de fatores de produção. Tais demandas são tornadas públicas em termos de dinheiro, que é usado em comum por todos. Cada decisão nova de um produtor modifica, portanto, os preços dos quais dependem as decisões ulteriores de todos os outros produtores. São esses os ajustamentos mútuos entre decisões de produtores individuais.

Cada ajustamento tenderá a diminuir a quantidade de recursos necessários à produção de uma dada satisfação oferecida aos consumidores. No conjunto, eles tenderão a reduzir a um mínimo os custos totais da produção. O resultado é um estado de ordem, já que forma um agregado possuidor de uma vantagem em função de uma colocação particular de elementos diversificados e numerosos. É uma ordem estabelecida espontaneamente, porque tem origem em ações independentes de indivíduos, guiados por uma situação comum previamente criada por ações similares independentes de outros indivíduos do mesmo grupo. É um caso de ordem espontânea na sociedade.

Antes de passar aos consumidores, permitam-me elaborar um pouco mais sobre as sérias supersimplificações desse esquema. Os gerentes (M) barganham, é claro, pelos recursos da produção que outros possuem. Podemos supor que (na ausência da escravidão) cada trabalhador (W) pode negociar suas condições de trabalho. Existirão, além disso, algumas pessoas que chamaremos de "proprietários de terras" (L) capazes também de comercializar suas terras para uso de instalações industriais, agricultura e outras finalidades produtivas, e, finalmente, alguns investidores (I) que disporão do capital. As tratativas dos gerentes com as pessoas chamadas W, L e I serão feitas em mercados separados, cada um dos quais é um sistema de ordem espontânea, espontaneamente ajustado aos outros dois.

Por fim, no outro lado dos gerentes estão os consumidores (C), completando um quadro que pode ser esquematizado como se segue — onde as setas duplas indicam relações de mercado:

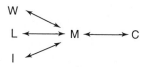

Voltemo-nos agora para o sistema que prevalece entre os gerentes (M) e os consumidores (C). Estes últimos também estabelecem um sistema de ordem espontânea. As aquisições consecutivas dos compradores, cada uma das quais é ajustada às condições de mercado criadas pelas compras anteriores, tendem a produzir uma condição na qual os consumidores recebam — sujeita às condições em vigor das receitas — a máxima satisfação para suas preferências entre os bens e serviços disponíveis. Tal sistema é suplementado por um outro que opera entre os gerentes que competem pela demanda dos consumidores.

Os sistemas de ordem espontânea (à esquerda de M) que asseguram a produção a custo mínimo estão vinculados aos sistemas de ordem espontânea (à direita de M) que garantem a máxima satisfação, pelo fato de que os consumidores são as mesmas pessoas W, L, I e M. C representa a população como consumidores e W, L, I e M, como produtores. A essa situação já nos referimos antes (pp. 230-31).

Sistemas de ordem intelectual

Dos sistemas de ordem espontânea que fazem parte da vida intelectual da sociedade, tomarei primeiro como exemplo o Direito, e, em particular, o Direito Comum.

Considere-se um juiz presidindo uma sessão de tribunal e decidindo sobre um caso difícil. Enquanto pondera sobre sua decisão, ele se reporta, conscientemente, a dúzias de precedentes, e, inconscientemente, a muitos mais. Antes dele, numerosos juízes ocuparam aquela cadeira e decidiram de acordo com os códigos penais, com os precedentes, com a eqüidade e a conveniência, da mesma forma que ele agora terá que decidir; sua mente, à proporção que analisa os vários aspectos do caso, está em constante contato com todos esses juízes. E, além das referências puramente jurídicas, ele sente toda a tendência contemporânea das opiniões, o meio social como um todo. Sua decisão só se revestirá da força da convicção e estará pronta para ser declarada quando ele estabelecer todos esses significados do caso e responder a eles, à luz de sua própria consciência profissional.

No momento em que esse ponto é atingido e o julgamento anunciado, a onda começa a se movimentar em sentido contrário. A adição feita ao Direito pela decisão recém-tomada pode ser enorme ou sem muita importância; de qualquer forma, ela representa uma interpretação do Direito até então vigente, reforçando ou modificando seu sistema em algum aspecto. Ela faz com que esse Direito seja visto, dali por diante, de forma um pouco diferente. A opinião pública recebeu também uma nova resposta e um novo estímulo. Cada decisão tomada no tribunal orienta todos os futuros juízes no julgamento de casos ainda não-pensados.

MICHAEL POLANYI

A operação do Direito Comum constitui assim uma seqüência de ajustamentos entre juízes que se sucedem, guiados por uma interação paralela entre juízes e o público em geral. O resultado é o crescimento ordenado do Direito Comum, reaplicando e reinterpretando com firmeza as mesmas regras fundamentais, e as expandindo, assim, num sistema de crescentes amplitude e constância. Tais coerência e aptidão que esse sistema possui em qualquer tempo são a incorporação direta da sabedoria com que cada decisão judicial consecutiva se ajusta a todas as decisões precedentes e a quaisquer mudanças justificadas na opinião pública.

Por conseguinte, as operações de um sistema judicial consuetudinário são um exemplo de ordem espontânea na sociedade. Mas vemos que ele difere profundamente dos sistemas produtivo e de consumo pelo fato de que alcança mais do que vantagens temporais. Enquanto um sistema econômico de ordem espontânea coordena ações individuais meramente para servir a um interesse material instantâneo de seus participantes, um processo ordenado de administração judicial estabelece um sistema válido e duradouro de pensamento legal.

O outro exemplo de ordem de espontânea nos leva ao tema de abertura deste livro, que é a Ciência. Cada cientista, na busca da descoberta, tem à sua frente os resultados científicos e as opiniões de todos os outros cientistas até então, que estão resumidos em livros didáticos ou – para os trabalhos mais recentes – em publicações correntes e debates públicos. Na formulação de seu problema, no modo com que persegue e chega às suas conclusões, ele segue os métodos reconhecidos da ciência, com as variações pessoais que julga convenientes.

O cientista difere do juiz porque não está diante de um caso para decidir, mas tem que selecionar seu próprio problema para investigação. No início da carreira, ele se especializa em certos ramos da ciência que parecem se ajustar às suas inclinações, e, então, ao longo dos anos de aprendizado na pesquisa, ele segue procurando algum problema especialmente talhado para seus dons, com cuja solução ele espera atingir resultados importantes. Uma vez que o crédito de uma nova descoberta vai para o cientista que primeiro a publica, todos anseiam pela divulgação de seus resultados tão logo se sentem seguros a respeito deles. Isso induz o cientista a informar sem retardo a seus colegas o progresso atingido. Por outro lado, sanções sérias estão em aplicação contra as publicações prematuras, e os cientistas cujas conclusões forem consideradas apressadas sofrem perda considerável na reputação; isso protege a opinião científica de ser quedar confusa com uma inundação de alegações erradas, postas em circulação por investigadores muito ambiciosos. Cada novo pleito apresentado por um cientista é recebido com certa dose de ceticismo pelo público científico, e o autor pode sentir necessidade de defendê-lo contra possíveis objeções. Destarte, cada proposta de adição ao corpo da ciência é submetida a um processo regular de escrutínio, e os argumentos de ambos os lados são levados à audiência pública antes que a opinião científica decida aceitar ou rejeitar a nova idéia em questão.

Na maneira com que o cientista, esgrimindo com um problema, aceita como premissa uma grande massa de conhecimento previamente estabelecido e o submete à orientação de padrões científicos enquanto leva também em conta toda a tendência da opinião científica corrente, ele se assemelha a um juiz se referindo ao precedente e ao código penal e os interpretando à luz do pensamento contemporâneo. Porém, na maneira com que o cientista seleciona um problema novo, ao qual deve aplicar seus talentos da forma mais vantajosa, chega à descoberta e divulga o feito tão logo está seguro de sua validade, pressionando por sua aceitação pela opinião científica – ele age mais como um homem de negócios, o qual procura por uma nova aplicação rendosa dos recursos à sua disposição e depois corre para fazer a propaganda e a recomendação de seus produtos aos consumidores, antes que alguém possa se antecipar a ele.

O primeiro método de ajustamento é comum a juízes e cientistas e é um processo de *consultas*. O crescimento constante do direito e da ciência resulta de atos consultivos pelos quais os respectivos sistemas são mantidos. Entre homens de negócios, por outro lado, poucos são os contatos consultivos entre eles. Conquanto as idéias comerciais também se mantenham em crescimento contínuo, seu cultivo não é a principal missão do sistema comercial. O ajustamento mútuo entre homens de negócios é primordialmente orientado pelo empenho por vantagens individuais, e vimos que o mesmo se aplica, de forma modificada, a alguns importantes aspectos do trabalho científico. Nos dois casos, temos um ajustamento *competitivo* que, seja onde opere, tende a maximizar a produção e a minimizar os custos. Enquanto a "consulta" assegura o crescimento sistemático da ciência, as forças competitivas que agem na vida científica tendem a buscar a utilização mais econômica tanto do poder intelectual quando dos recursos materiais aplicados na busca pela descoberta.

Mas ainda está faltando alguma coisa nesta análise. A discussão pública, para a qual as alegações científicas são aspiradas antes que possam ser aceitas como estabelecidas pela ciência, é um processo de ajustamentos mútuos que nem é consultivo nem competitivo. Esse tipo de ajustamento pode ser ilustrado por dois advogados (defesa e acusação), cada um tentando trazer o júri para seu lado. Quando essa discussão se alastra por grandes círculos, cada participante ajusta sua argumentação ao que foi dito antes, e, assim, todas as divergências e aspectos mutuamente excludentes de um caso são revelados, o público é persuadido, afinal, a aceitar um (ou alguns) e rejeitar os outros. Pode-se dizer que as pessoas que participam da controvérsia por meio da qual esse resultado é alcançado cooperam com um sistema de ordem espontânea. Esse tipo de coordenação se assemelha a uma ordem competitiva em função do papel nela desempenhado pela luta de diferentes indivíduos tentando conseguir vantagens mutuamente excludentes. Porém, numa controvérsia que é tanto sincera como honesta, os participantes objetivam principalmente apresentar a verdade, confiando que ela prevaleça sobre o erro. Portanto, sugiro que a competição envolvida numa controvérsia sincera e honesta deva ser classificada separadamente como *sistema de ordem espontânea baseada na persuasão*. A coordenação mútua das atividades científicas inclui, então, modos de interação dos três tipos: consulta em primeiro lugar, competição como segunda em importância e persuasão como terceira.

O direito e a ciência são apenas dois entre os muitos campos intelectuais da sociedade. Embora quaisquer outras atividades da mente não formem sistemas precisos como o jurídico e o científico, todas prosperam de forma semelhante pelos esforços mutuamente ajustados de contribuintes individuais. Assim, a linguagem e a escrita são desenvolvidas pelas comunicações individuais, por meio delas, de uns com os outros. A literatura e as várias artes, tanto pictóricas como musicais; as profissões, inclusive médicos, agrônomos, fabricantes e os vários prestadores de serviços técnicos; todos os corpos dos pensamentos religioso, social e político — todos eles, e muitas outras ramificações da cultura humana, são fomentados por métodos de ordem espontânea similares aos descritos para a ciência e o direito. Cada um desses campos representa um legado comum acessível a todos, aos quais os indivíduos criativos, em gerações sucessivas, respondem na forma de inovações propostas, que, se aceitas, são assimiladas ao legado comum e repassadas como orientações para as gerações que ainda virão.

COBIÇA *VERSUS* PROFISSIONALISMO

Desde sua gradual ascensão na Idade Média, o capitalismo moderno tem estado sob o fogo da crítica, primeiro pelas Igrejas, depois pelo movimento socialista, por buscar o lucro como meio de vida. R. H. Tawney que, em seu *Religion and the Rise of Capitalism*, registrou os primeiros estágios da crítica, contribuiu, como socialista, para a presente fase dela com o livro *The Acquisitive Society*. Aqui, ele expressa o desejo, que sempre desempenhou algum papel nas aspirações socialistas, de que a vida industrial fosse orientada pelos padrões profissionais, no lugar da busca pelo ganho pessoal.[4]

---

[4] "A diferença [escreve Tawney] entre a indústria como hoje existe e uma profissão é, então, simples e inconfundível (...) A essência da primeira é que seu único critério é o retorno financeiro que oferece aos acionistas. A essência da outra é que, embora os homens nela ingressem para ganhar a vida, a medida de seu sucesso é o serviço que realizam, não os ganhos que amealham." *The Acquisitive Society*, p. 108.

Já analisei, lado a lado, os sistemas econômico e intelectual de ordem espontânea e mostrei que as ações individuais pelas quais o primeiro funciona são puramente competitivas, enquanto as do segundo são, em primeiro lugar, consultivas, isto é, ajustadas com referência a uma opinião profissional estabelecida. É fácil ver, agora, por que tem que ser assim.

Um sistema intelectual de ordem espontânea só pode emergir de um sistema de pensamento existente. Este último, transmitido pela tradição, pode absorver novos participantes e guiar suas contribuições de acordo com os padrões tradicionais inerentes a ele. Sistemas dessa espécie podem correr o risco da exaustão; podem ser minados pelo crescimento de uma contradição interna ou rachados pela dissensão sobre alguma questão nova. Contudo, enquanto o sistema viver e for julgado verdadeiro, seu cultivo é reconhecido como um propósito em si mesmo, e seus padrões são aceitos por méritos próprios como orientadores para aquelas ações de cultivo. Tal sistema de pensamento apenas pode existir, na realidade, quando se ajusta a uma estrutura social que se dedica à tarefa de incorporá-lo.

As atividades econômicas não podem ser guiadas por padrões profissionais porque não existe sistema de pensamento do qual tais padrões possam derivar com respeito a esse campo. É uma tolice procurar por padrões de propriedade que pudessem determinar racionalmente a distribuição de tão imensa variedade de bens – milhões de linhas de mercadorias – que se espera da produção de um sistema industrial moderno. O sucesso da produção industrial, que se propõe a satisfazer anseios individuais de consumidores, tem que ser, afinal, testado pela satisfação desses consumidores. E o único teste racional, pelo menos na vasta maioria dos casos, é o desejo de o consumidor comprar um produto, num mercado competitivo, a um preço que proporcione lucro aos que o fizeram. Os produtores, portanto, têm que realizar um lucro pela venda de seus produtos, e tal lucro tem que ser seu guia.

O inverso acontece, de novo, com as atividades para o cultivo de um sistema de pensamento. Porque, em primeiro lugar, é impossível embrulhar e entregar a consumidores individuais os resultados de tais trabalhos, os quais, na realidade, não podem ser absolutamente consumidos. A satisfação que proporcionam é de natureza intrinsecamente comunitária, como a dada pelos belos edifícios públicos e pelas vitórias na guerra. Em segundo lugar, mesmo que os resultados pudessem ser individualmente consumidos, os membros do público, *per se*, não seriam competentes para julgá-los, mas teriam que se valer dos guardiães dos padrões profissionais que agem como agentes públicos na supervisão dos vários campos de cultivo mental e suprem uma avaliação competente de seus frutos.

Financiamento das atividades intelectuais

Se os produtos intelectuais não podem, em geral, ser avaliados pelo que conseguem no mercado, algum outro método tem que ser aplicado para recompensar apropriadamente seus autores e, onde necessário, proporcionar-lhes laboratórios e outros recursos para a produção intelectual. Já lidei antes com essa questão, quando discuti o financiamento governamental de universidades, e lá recomendei que as autoridades públicas deveriam seguir em todas as particularidades a orientação da opinião profissional. Devo acrescentar aqui que a soma total do dinheiro alocado para fins culturais terá que ser avaliada por tais autoridades em relação a modos alternativos de gastar essas somas, seja entre cidadãos individuais para suas satisfações pessoais, seja entre agências públicas para propósitos coletivos. Tais decisões requerem da opinião pública o desenvolvimento de um senso de aptidão que possa igualmente reconhecer gastos extravagantes e deficiências gritantes no orçamento cultural, e manter um curso médio racional que evite os dois. Esse é o tipo de julgamento em que se baseiam a dimensão e o padrão dos gastos culturais públicos ou semipúblicos. Em tempos passados, ele alocava grandes fortunas para a construção de catedrais, paróquias e mosteiros, cuja simples manutenção tornou-se, hoje, precária, embora pudesse agora contar com o apoio de população muito maior e mais rica. Em vez disso, escolas e universidades seculares estão se expandindo rapidamente na atualidade, e a generosidade privada vem bancando fartamente a construção de laboratórios. Os totais – e, no final, também, é claro, os vários itens – dessas doações têm sido calculados, em cada caso, por uma avaliação dos retornos sociais marginais, balanceados em relação aos benefícios marginais alternativos, tanto sociais como individuais.

Lembremo-nos de uma importante atividade intelectual cujos frutos não podem ser avaliados como um todo pela opinião profissional, e sim, primordialmente, pelo que podem conseguir no mercado. As invenções e outros avanços do conhecimento técnico se assemelham às conquistas da ciência pura pelo fato de melhor beneficiarem a sociedade quando podem ser livremente desfrutados por todos, mas diferem da ciência pura porque só são justificados pelo teste da lucratividade. É interessante notar a dificuldade em visualizar instituições que possam proporcionar um teste comercial para a lucratividade das invenções e, ao mesmo tempo, deixam o conhecimento nelas contido livremente disponível para todos.⁵ Suponha-se que os que suprem recursos para o desenvolvimento de invenções desejassem o retorno do capital investido e qualquer lucro esperado das vendas dos produtos feitos das invenções. Eles esbarrariam na impossibilidade, de vez que as invenções se tornariam, sem retardo, disponíveis para todos. Os competidores, apossando-se das invenções sem qualquer despesa, poderiam – e provavelmente fariam – vendê-las a preço baixo, pela quantia exatamente necessária à recuperação dos custos do desenvolvimento. Parece, assim, que o financiamento das invenções só poderia ser racionalmente conduzido por meio de um título legal de exploração exclusiva, assegurado àqueles que as financiassem; porém, tal restrição é inadequada às invenções como uma forma de conhecimento e reduziria bastante sua utilidade social. Além disso, como é difícil definir racionalmente títulos legais como esses, o procedimento para estabelecer o monopólio do inventor, que é o da lei das patentes, envolve todas as notórias injustiças que abundam na execução dessa lei. Dificilmente existe outra legislação tão vastamente condenada como insatisfatória pelos especialistas, enquanto eles parecem não dar qualquer esperança de um remédio eficaz contra suas deficiências.

Parte II
Análise Formal

O impasse no qual nos encontramos hoje quanto ao financiamento racional das invenções oferece um exemplo vívido de todo um especto de embaraços mais momentosos. Estamos em presença

---

⁵ Uma análise detalhada desse assunto é encontrada em meu artigo "Patent Reform", *Review of Economic Studies*, 1944.

de um objetivo que deveria ser alcançado pela sociedade, mas não se consegue imaginar uma instituição para concretizá-lo. Trata-se de exemplo de tarefa social que, no tempo presente, temos que considerar inadministrável.

A existência de tarefas sociais que parecem tanto desejáveis como plausíveis, mas que são, de fato, impraticáveis, preparou o palco, ao longo da história, para uma vasta gama de conflitos humanos. Todas as batalhas da reforma social foram travadas com esse pano de fundo, com os conservadores quase sempre exagerando com aspereza e os progressistas temerariamente subestimando os limites da gerência. É difícil encontrar uma mazela social que não tenha sido defendida, em uma ocasião ou outra, como parte da ordem natural das coisas. Desde o início do século passado, a reforma social vem enfrentando, regularmente, oponentes que criticam seus projetos como contrários às leis da política econômica. Dickens escreveu em *Hard Times* uma reveladora sátira sobre as teorias econômicas correntes entre os fabricantes de Coketown:

> Eles ficaram arruinados quando se requereu que enviassem as crianças às escolas; eles ficaram arruinados quando foram nomeados inspetores para verificar seu trabalho; eles ficaram arruinados quando esses inspetores ficaram em dúvida se eles tinham justificativa para picar pessoas em suas máquinas; eles ficaram desarmados por completo quando se sugeriu que talvez não precisassem fazer tanta fumaça.

Na verdade, não se passaram ainda quinze anos desde que a teoria econômica deu apoio generalizado à doutrina que considerava não-erradicável o periódico desemprego em massa; uma visão desastrosa que poucos, hoje em dia, aceitariam. No entanto, o perigo da desconsideração dos limites da exeqüibilidade social não é menos terrível. A tentativa de Lênin de substituir as funções do mercado por um sistema econômico centralmente dirigido causou muito maior devastação do que as piores formas do *laissez-faire* jamais o fizeram. Não há método geral pelo qual dois erros fatídicos opostos possam ser evitados. Com a revisão da história, ainda permanecemos com a responsabilidade de decidir, em cada ocasião nova, quais objetivos sociais devemos considerar alcançáveis e quais os impossíveis. Esse é o problema da gerência social.

Policentricismo

No presente ensaio, tenho até aqui me preocupado em estender o conceito de autocoordenação – reconhecido desde Adam Smith como operando dentro de um mercado – para várias outras atividades no campo intelectual e em esclarecer o relacionamento entre os sistemas intelectual e econômico, fazendo analogias entre os dois. Mostrei antes[6] que a tarefa que é conseguida espontaneamente pelos ajustamentos mútuos não pode ser executada deliberadamente através de uma corporação. Agora, desejo definir algumas tarefas sociais que podem ou não ser gerenciadas; mas que, se gerenciáveis, só podem ser concluídas pelo ajustamento espontâneo mútuo. Devo procurar fazer isso elaborando o conceito de *policentrismo*. Tal conceito pode ser definido com o uso dos modelos mostrados nas Figuras I e 2.

---

[6] Vide pp.184-94.

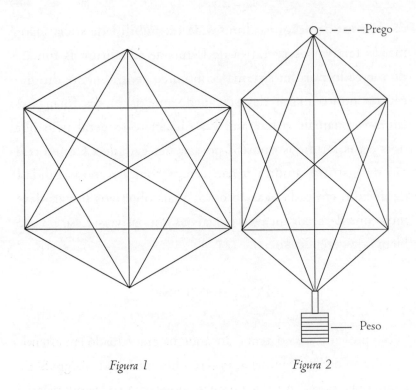

Figura 1   *Figura 2*

Uma estrutura construída de barras é mostrada na Figura I. Vemos seis pontas conectadas umas às outras por barras, amarras ou suportes. Suponhamos agora que a estrutura é pendurada por uma das pontas num prego e que seja colocado um peso na ponta exatamente oposta, como mostrado na Figura 2. Toda a estrutura será destorcida de maneira definida; cada ponta será deslocada em relação a todas as outras. Para calcular os alongamentos e encurtamentos resultantes das barras, temos que conhecer seu coeficiente de elasticidade, ou seja, as deformações conseqüentes caso sejam puxadas ou pressionadas ao longo de seus eixos. De posse de tal conhecimento, poderíamos estabelecer um conjunto de equações simultâneas, mostrando em termos matemáticos que a resultante das forças aplicadas em cada ponto é igual a zero, exceto na ponta pendurada e na submetida ao peso, onde as resultantes devem ser iguais e opostas às cargas que agem naquelas pontas.[7]

O deslocamento mútuo das pontas na estrutura pendurada possui "policentrismo", ou seja, as pontas ficam dispostas de modo que o deslocamento de cada uma delas com respeito a todas as outras se relaciona de uma maneira prescrita com o deslocamento de cada uma dessas últimas com cada uma das outras — e assim indefinidamente. Devo dizer que a totalidade desses deslocamentos representa um caso de *ordem policêntrica*. A tarefa de ordenar policentricamente diversos elementos é denominada *tarefa policêntrica*.

A estrutura carregada ilustra uma tarefa policêntrica de tipo especial, isto é, uma que pode ser matematicamente *formalizada*. Seu desempenho pode ser dado em termos de solução de um conjunto de equações simultâneas. Isso se deve ao fato de que as relações (i.e., deslocamentos) que requerem ajustamento entre centros individuais podem ser *especificadas* na forma de quantidades numericamente mensuráveis que participam de equações plenamente especificáveis. As tarefas policêntricas que podem ser matematicamente formalizadas se classificam em três grupos. Algumas podem ser calculadas *exatamente*, outras, somente *por uma seqüência de aproximações sucessivas*, e outras ainda são completamente *incalculáveis*.

Por cálculo exato quero dizer aquele que, simultaneamente, leva em conta todas as condições da tarefa e opera metodicamente so-

---

[7] Supõe-se que a estrutura sem carga está livre de resistências internas, e que o peso das barras é insignificante; as pontas onde elas se conectam permitem que girem livremente no plano da figura.

bre os símbolos que as representam, até que o arranjo não-conhecido, determinado pelas condições conhecidas, surge como uma função explícita dessas condições. O cálculo exato só pode ser executado nas tarefas policêntricas que envolvem um número comparativamente pequeno de centros. Tal número é sujeito a duas espécies de limitações. Uma delas surge da precisão limitada dos dados experimentais que entram no cálculo. As "propriedades elásticas" das barras são sempre conhecidas até um grau limitado de precisão (na melhor das hipóteses, cerca de I por cento), e, quando tais magnitudes são introduzidas nas fórmulas para os deslocamentos não-conhecidos, sua imprecisão geralmente tem um efeito cumulativo sobre o resultado, que cresce ainda mais com o número de centros envolvidos. Parece que, por causa disso, R. V. Southwell expressa tal fato quando declara, no seu *Theory of Elasticity* (1935, p. III), que o maior número de equações lineares simultâneas, representando uma estrutura carregada, que pode ser tratado com confiança na precisão do resultado final, era dez ou doze.[8] Existe, no entanto, uma outra limitação que surge quando se supõe que os "dados conhecidos" que entram no conjunto de equações simultâneas têm precisão absoluta. Isso se deve, como J. von Neumann e H. H. Goldstine mostraram,[9] ao fato de que é necessário "arredondar" os números obtidos ao longo do cálculo das incógnitas num conjunto extenso de equações lineares. Cálculos desse tipo são impraticáveis a menos que executados com a ajuda de

---

[8] Esse ponto foi confirmado por meio de correspondência com *Sir* Richard Southwell.
[9] *Bull. Amer. Math. Soc.*, 53 (1947), 1021.

máquinas de cálculo, e estas só podem operar com um limitado número de dígitos. Von Neumann e Goldstine estimaram que o número (k) de equações lineares simultâneas que pode ser avaliado por qualquer máquina de cálculo moderna é limitado em 150. Tal restrição ($k < 150$) deriva de as máquinas trabalharem com doze decimais ou 40 dígitos binários, sendo a primeira relativa às máquinas de calcular comuns de escritório e a outra, aos computadores eletrônicos modernos. As limitações impostas a k em função do erro de "arredondamento" são, portanto, as mesmas em ambos os casos. Porém, a máquina de calcular alcança seu limite efetivo num k muito menor, devido à sua baixa velocidade. Isso porque, para a resolução de k equações, são necessárias cerca de k^2 multiplicações, o que com $k = 150$ chega a 3.500.000; mesmo com o computador eletrônico, isso necessitaria na prática (de acordo com estimativa que devo ao professor M. H. A. Newman) de cerca de dez horas de operação. Enquanto o erro de "arredondamento" pode ser reduzido nos computadores eletrônicos sem muita dificuldade pelo aumento do número de dígitos que podem ser trabalhados, seu limite de velocidade faz um aumento de k acima de 150 parecer impraticável. Deve ser mencionado que supomos aqui que nos preocupamos com sistemas de equações no quais praticamente todos os coeficientes das incógnitas têm valores significativos. Uma estrutura desse tipo mostrada na Figura I, com cargas convenientes ligadas a ele, deve representar um problema com tais características.

O desfecho dessa discussão é estabelecer um limite no número de pontas n que nossa estrutura poligonal pode ter para que a distorção causada pela carga possa ser numericamente calculável. Existe uma fórmula para k (a ordem de redundância) de acordo com a qual $k = r - 2j + 3$, com r = número de barras e j = número de juntas. No nosso caso

$$j = n \quad \text{e} \quad r = \frac{n(n-1)}{2},$$

e, portanto, $k = 150$ é alcançado pela primeira vez quando $n = 20$. Concluímos que a tarefa policêntrica representada pela distorção sob carga de um polígono com n vértices do tipo mostrado na Figura I só pode ser calculada por métodos exatos (no sentido acima definido) até o limite de $n = 20$.

Uma vasta faixa de problemas policêntricos formalizados, cujas soluções ultrapassam as possibilidades do cálculo exato, pode ser resolvida por um método adequado de aproximações que é de grande interesse para nós, já que representa um paradigma perfeito de uma coordenação por ajustamentos mútuos independentes. O método consiste em tratar com *um centro por vez, enquanto se supõe que todos os outros estão fixados em relação ao resto, naquele momento*.[10] Tal procedimento é chamado de "Método da Relaxação", que R. V. Southwell desenvolveu sistematicamente e destacou na ciência da engenharia em 1935.[11] Trabalha-se com um dos centros calculando-se seu deslocamento com respeito aos outros, que são supostos fixos. Ao se realizar tal "ajustamento" para todos os centros, um de cada vez,

---

[10] Uma referência de passagem a esse método já foi feita na p. 224.
[11] Vide *Theory of Elasticity*, de R. V. Southwell (1935), e, com mais detalhes, em *Relaxation Methods in Engineering Science* (1940) e *Relaxation Methods in Theoretical Physics* (1946), do mesmo autor.

obtém-se uma primeira – e bastante imprecisa – aproximação da ordem policêntrica. Repetindo-se o "ajustamento" para cada centro, vai se chegando, até o ponto que se desejar, à forma correta da estrutura carregada. Normalmente são suficientes duas ou três repetições do processo.

O Método da Relaxação pressupõe que o problema de cada centro simples pode ser calculado por métodos exatos. Isso permite uma extensão indefinida da tarefa policêntrica, desde que tal extensão não envolva aumento da dificuldade para os cálculos feitos para cada centro. Normalmente, isso é verdade. Aplica-se, por exemplo, nas grandes estruturas usadas nas pontes ferroviárias e nos aviões, onde o número de braços ligados por pinos em cada junta não aumenta com o tamanho da estrutura. Porém, se num polígono completamente entrelaçado (i.e., onde cada canto é conectado a todos os outros) o número de centros vai aumentando, o problema fica cada vez mais difícil e pode chegar ao estágio de se tornar completamente incalculável. Com efeito, no problema de "ajustar" um canto de um polígono totalmente entrelaçado (caso em que $j = 1$), verificamos que o limite $k = 150$ será alcançado quando $n = 153$. Entre $n = 20$ e $n = 153$, podemos, portanto, avaliar os problemas de polígonos carregados totalmente entrelaçados com a ajuda de aproximações sucessivas canto a canto; enquanto acima disso (i.e., para $n > 153$), fica uma região na qual o cálculo não é mais absolutamente possível.

A analogia entre as operações do Método da Relaxação e uma série de ajustamentos mútuos que levem a um sistema de ordem espontânea pode se tornar ainda mais notável pelo seguinte procedimento imaginário. Para a avaliação numérica de um problema policêntrico muito urgente, poderíamos empregar uma equipe de matemáticos e encarregar cada um deles do cálculo de um centro. Cada matemático seria instruído a executar o ajustamento de seu centro e anunciar o resultado para todos outros calculadores. Tão logo um deles tivesse registrado os resultados de todos os outros, faria um segundo ajuste no seu próprio centro, que levaria em consideração os ajustes previamente feitos pelos outros matemáticos em seus centros. Assim, em alguns estágios consecutivos, uma tarefa policêntrica de qualquer dimensão poderia ser executada à mesma velocidade, desde que os problemas surgidos nos centros individuais permanecessem com o mesmo grau de dificuldade.

Temos aqui uma réplica da equipe de montadores de quebra-cabeça descrita anteriormente para ilustrar a lógica da autocoordenação entre cientistas.[12] Não obstante, nosso novo paradigma é, em vários aspectos, um avanço em relação à versão anterior. A equipe de calculadores, que se combinam eficazmente para executar a tarefa policêntrica pela operação independente em cada centro, não é uma ficção, mas representa o processo real pelo qual a ciência da engenharia domina os problemas policêntricos. A superioridade do Método da Relaxação, no qual se baseia nosso modelo de ordem espontânea, é notória; seu valor prático na solução de problemas de outra forma insolúveis está bem estabelecido. Ademais, o método exato de cálculo de problemas policêntricos, cuja faixa parece comparativamente tão limitada, supre-nos — como contrapartida da autocoordenação — com um modelo de coordenação por autoridade central. Esse método envolve simultaneamente

---

[12] p. 71.

todas as condições às quais os diversos centros do problema estão sujeitos, e finalmente produz um ajustamento de cada centro onde entram simultaneamente todas essas condições (expresso por todo o conjunto de coeficientes). Isso é precisamente o que a autoridade central coordenadora teria que fazer, e a impotência comparativa desse procedimento é uma ilustração autêntica da impotência da direção central, quando confrontada com o processo de autoajustamento mútuo.

A equipe de calculadores policêntricos tem uma vantagem adicional ao exemplificar a coordenação espontânea na sociedade. Ela estabelece a espécie de ordem que os indivíduos que operam no mesmo mercado determinam entre si. A tarefa policêntrica executada pelos calculadores é um problema mínimo, e a tarefa objetivada pelo mercado pode ser descrita em termos semelhantes: as operações do mercado tendem para um mínimo de custos e um máximo de satisfação, o que, em conjunto, é exposto como um máximo de utilidade econômica.

Porém, antes de avaliar esse paralelo, devemos estender nosso conceito de tarefas policêntricas. Até aqui, falei apenas de problemas policêntricos que podem ser matematicamente formulados, como os que se apresentam comumente aos engenheiros e também ocorrem no campo da ciência, por exemplo, os problemas da astronomia e da física atômica que envolvem muitos corpos. Num senso mais amplo, todavia, podemos considerar cada problema relacionado com o balanceamento de grande quantidade de elementos como uma tarefa policêntrica. O sistema de reflexos posturais que nos mantêm em equilíbrio enquanto sentados, de pé ou caminhando realiza uma tarefa policêntrica muito complexa. E, desse nível puramente animal, podemos subir constantemente até as mais altas conquistas artísticas, morais e intelectuais. A sabedoria, segundo Kant, é a capacidade do homem de harmonizar todos os seus propósitos na vida; assim, o objetivo da sabedoria é uma tarefa policêntrica. Na pintura de um quadro, cada pincelada tem que ter uma significativa relação com todas as outras. Diz-se que Mozart era capaz de ouvir, simultaneamente, todas as notas de uma ópera que tinha acabado de compor. Todas as artes buscam harmonias policêntricas. Entre as reações reflexas e os níveis supremos de criação, existem numerosos níveis intermediários de inteligência prática que levantam problemas similares de policentrismo. Um cardápio bem-variado deve combinar pratos e vinhos harmoniosamente, e um *gourmand* sofisticado ajustará seu pedido de forma a tirar o melhor proveito de tal harmonia. O médico que prescreve uma cura para uma doença dos pulmões estará também considerando o coração, os rins e a digestão do paciente, bem como suas posses e as condições de sua família. Todas essas são tarefas policêntricas que não podem ser matematicamente formuladas.

A solução de tarefas policêntricas dessa espécie é uma habilidade característica dos seres vivos e, em especial, dos animais. Nos níveis inferiores, isso pode ser identificado como homeostase ou ação intencional, enquanto, nos níveis mais elevados, manifesta o poder do homem para o julgamento inteligente. Nos dois casos, o balanceamento é alcançado por um organismo que reage a uma faixa completa de impulsos que o atingem a partir de todos os "centros", que são, em conjunto, levados em conta por esse organismo. Ele avalia o significado simultâneo de todos os impulsos, quer por reflexos, quer conscientemente, e, assim guiado, produz uma solução para a tarefa policêntrica, ou, quando muito, uma dose de sucesso nessa direção.

Entre essas tarefas policêntricas, que são *completamente não-formalizáveis*, e as do engenheiro, que são *completamente formalizáveis*, existe uma faixa intermediária que posso descrever como *"teoricamente formalizáveis"*.

As tarefas econômicas caem nessa última classe. Numa visão mais ampliada, todas as tarefas policêntricas são econômicas, porque é da essência de todos os problemas que sejam estabelecidos dentro de certas condições limitadoras, e uma tarefa policêntrica procura sempre fazer o melhor com um certo número de elementos disponíveis, dentro desses limites, para um objetivo comum. Mas um problema se torna bem mais econômico se os numerosos "elementos" são diferentes tipos de bens consumíveis ou formas distintas de recursos aplicados na produção desses bens, e a escassez desses recursos ou dos bens produzidos por eles constitui essa limitação. A espécie particular de sabedoria, ou prudência, necessária à administração de tais situações é chamada "economia" no sentido técnico.

O primeiro entre os exemplos freqüentemente citados é o da dona-de-casa prudente, que distribui seu dinheiro pelas diferentes compras possíveis de modo a maximizar sua utilidade total. Cada item comprado deve ser balanceado contra todos os outros, e assim indefinidamente. Aí está a tarefa policêntrica da escolha do consumidor. Robinson Crusoé tem uma tarefa dessas ainda mais complexa para resolver, se deseja balancear cada item das necessidades e prazeres simples que satisfaz, seja contra cada outro item, seja contra cada item de esforço despendido para conseguir tais satisfações — enquanto cada esforço, por seu turno, tem que ser balanceado contra todos os outros esforços e contra cada forma de satisfação para a qual ele contribui. Isso define a tarefa policêntrica da produção de auto-subsistência.

O julgamento exercido pela dona de casa nas compras ou pelo fazendeiro auto-subsistente ao executarem suas tarefas tem certas características que o habilitam à formulação matemática, formulação esta que seria inútil tentar em outros campos da prudência ou das decisões artísticas. Os bens que são consumidos ou o trabalho que é executado podem ser especificados quantitativamente, ou podem ser, em certa medida, supostamente especificáveis, sem séria distorção dos fatos. Isso tem estimulado o levantamento de equações matemáticas que ilustrem os problemas enfrentados pela dona-de-casa e pelo produtor auto-subsistente. O significado dessas equações é, entretanto, muito diferente dos daqueles problemas matematicamente expressos da engenharia ou da astronomia, que classifiquei como completamente formalizáveis. Isso porque, em primeiro lugar — e obviamente — as donas-de-casa e os fazendeiros não sabem nada sobre equações que pudessem expressar seus problemas, e, mesmo que soubessem, não as entenderiam. Em segundo lugar, tais equações não podem ser avaliadas, porque os coeficientes que nelas entram não são mensuráveis, e os símbolos referentes a eles não têm, portanto, significação numérica. Tais equações são valiosas porque exibem certas características lógicas do problema a que se referem, mas não podem ser usadas para resolver esses problemas. Elas oferecem um modelo matemático para decisões econômicas. Se o consumidor pudesse ser representado por um robô,[13]

---

[13] Vide p. 222.

a função do robô poderia ser totalmente especificada em termos matemáticos, os quais satisfariam equações por meio das quais a teoria econômica descreve o problema do consumidor. Da mesma forma, um Robinson Crusoé mecânico teria que satisfazer a teoria matemática do produtor auto-subsistente. Foi nesse sentido que eu disse que os problemas econômicos aos quais fiz referência eram *teoricamente formuláveis*. Sua formulação matemática só tem significado na teoria, não na prática.

Devo mencionar aqui que o problema econômico que os gerentes industriais enfrentam só pode também ser teoricamente formalizado. Ele consiste na maximização dos lucros, pela transformação de recursos da produção em artigos que possam ser vendidos, em particular para consumidores, sendo que tanto os recursos como os artigos são valorados por preços correntes. A formulação matemática das funções gerenciais é, uma vez mais, um modelo matemático. Um gerente industrial moderno empregará mais cálculos (direta e indiretamente) que Robinson Crusoé, mas, é claro, não podem ser dados valores numéricos para a maioria dos "dados" dos quais depende, ou mesmo colocá-los em relações matemáticas específicas entre eles.

O resultado importante da teoria econômica é mostrar que um agregado de indivíduos, resolvendo como produtores e consumidores os problemas atribuídos a eles, chegaria à autocoordenação se orientado por uma "mão invisível". O sistema resultante de ordem espontânea é definido como um mínimo de custos de produção, combinado com uma máxima utilidade de distribuição. Uma longa lista de qualificações tem que ser adicionada a tal declaração para deixar bastante claro que o mínimo de custos é um *mínimo relativo*, que varia de acordo com o quadro institucional, p. ex., para cada estágio da legislação social — e que o máximo de utilidade é um *máximo relativo*, definido com respeito a uma certa distribuição de rendas, a um certo nível de honestidade entre vendedores e de credulidade entre consumidores, e assim por diante. Embora tais qualificações devam ser lembradas, elas não devem obscurecer o fato de que um certo ótimo *relativo* é conseguido, de acordo com a teoria econômica, pelas decisões econômicas independentes de uma multidão de indivíduos agindo tanto como produtores quanto como consumidores.

O ótimo econômico alcançado pela mão invisível na sociedade pode ser agora comparado com o problema mínimo avaliado por nossa equipe de calculadores que ajustam uma estrutura policêntrica a um dado conjunto de cargas. A solução que os computadores encontrarão é caracterizada por um mínimo de energia de estresse armazenada nas barras sujeitas a cargas conhecidas. De modo semelhante, os indivíduos que resolvem os diversos problemas econômicos dentro de um mesmo mercado calculam, por intermédio de seus ajustamentos mútuos independentes, a tarefa policêntrica da alocação ótima de recursos e da distribuição dos produtos. Nos dois casos, o problema geral pode ser representado por um conjunto de equações lineares simultâneas. Na realidade, tal conjunto proporcionará uma solução para a estrutura, mas fornecerá apenas um modelo teórico para o problema econômico da sociedade.[14] Os calculadores executam uma operação matemática real, enquanto os indivíduos na vida econômica resolvem diversos problemas

---

[14] A primeira formulação matemática abrangente desse problema se deve a Enrico Barone (1908), cujo artigo "The Ministry of Production in the Collectivist State" seguiu uma sugestão anterior de Pareto em *Cours d'economie politique*, II, 1897. O artigo de Barone foi republicado em inglês como Apêndice a *Collectivist Economic Planning*, ed. F A. Hayek, Routledge (1935).

por um julgamento abrangente que só pode ser formalizado na teoria. Podemos notar também que os problemas dos computadores não são policêntricos e podem ser rigorosamente resolvidos, mas o modelo matemático que representa os problemas econômicos dos produtores e dos consumidores é sempre policêntrico.

Policentrismo e gerência

Podemos agora resumir nosso exame da gerência e (correndo o risco de algumas repetições) afirmar mais sistematicamente os resultados que podem ser derivados para os limites da gerência dos conceitos de policentrismo.

Para dar precisão à noção de gerência, devemos caracterizar as tarefas sem nos preocuparmos com seu desempenho real e, na verdade, sem levar em conta o fato de elas poderem ou não ser executadas. Só então estaremos em condições de empreender a pesquisa do campo das tarefas concebíveis, selecionar aquelas que são gerenciáveis e decidir por quais meios cada uma delas deverá ser executada. Esse programa, contudo, parece muito vasto para fins práticos, já que iria demandar a formulação de uma gama indefinida de tarefas impossíveis. É preferível, por conseguinte, a abordagem por partes da questão pelo exame de algumas tarefas que são hoje desempenhadas e dos métodos pelos quais elas estão sendo vitoriosamente cumpridas. Uma vez esclarecido por que certas tarefas podem ser desempenhadas de uma determinada maneira, podemos explorar racionalmente um campo limitado de tarefas inadministráveis que bordejam aquelas que são gerenciáveis. Podemos assim definir uma fronteira além da qual estão aquelas tarefas que, no momento, podemos classificar como *não-gerenciáveis* — como também, sem dúvida, aquelas outras que talvez o progresso futuro do pensamento venha a nos ensinar como tratar.

O policentrismo, como apresentado pela estrutura carregada da Figura 2, foi introduzido para caracterizar certas tarefas que, tendo sido assim definidas, foram divididas em três tipos: (1) formalizáveis, (2) não-formalizáveis e (3) teoricamente formalizáveis. Somente uma pequena faixa de problemas policêntricos formalizáveis comparativamente simples pode ser avaliada exatamente: i.e., levando-se em conta, simultaneamente, todas as condições do problema. Por mais que o aprimoramento dos métodos computacionais possa estender essa faixa, sempre estará fora dela uma gama vastamente maior de problemas policêntricos mais complexos que apenas podem ser resolvidos pela aproximação centro a centro. Esse método pode ser efetivamente organizado e acelerado pelo emprego de uma equipe de calculadores independentes, um para cada centro. O método apropriado para a gerência de tarefa policêntrica não é, portanto, pela coleta de todos os dados num centro e por sua avaliação em conjunto. O método muito mais poderoso e preciso é o de resolver o problema de um centro por vez, enquanto se faz vista grossa para as outras condições estabelecidas pelo problema como um todo, ou seja, para a maioria esmagadora das relações a serem concretizadas. É a atividade "não-planejada" de uma equipe de calculadores independentes, cada um dos quais limita seu interesse ao centro de que está encarregado, que, assim, parece receber suporte da autoridade da prática científica estabelecida.

Só quando uma tarefa pode ser formalizada como um problema matemático é que se torna capaz de ser rigorosamente definida, independentemente do modo como pode ser executada. Não se tem clara a decisão sobre a colocação de um mural na parede ou sobre a instalação de uma estátua antes da seleção do artista que irá produzi-los. Se, em vez de contratar um pintor para fazer seu retrato, você se decidir por um comitê de artistas cujos integrantes iriam, alternadamente, aplicando pinceladas sobre a tela, o resultado seria, por certo, uma pintura, mas também, sem dúvida, seria bem diferente daquele que poderia ser produzido por um só pintor. Esses exemplos ilustram que a tarefa e o cumprimento dela não podem ser mantidos separados no caso dos problemas não-formalizáveis.

Já expliquei que as questões econômicas ocupam posição intermediária entre as tarefas totalmente formalizáveis e as totalmente não-formalizáveis: elas são *teoricamente* formalizáveis. Podemos montar modelos matemáticos para problemas econômicos e especular sobre métodos matemáticos para resolvê-los. O fato de um modelo matemático poder ser estabelecido para as funções desempenhadas por uma economia de mercado como um todo deu força, no passado, à idéia de que o sistema econômico poderia ser gerenciado centralmente pela solução do conjunto de equações simultâneas que constituíssem o modelo.[15] Esse projeto recebeu oposição de F. A. Hayek[16] pelo fato de ser impraticável por duas

---

[15] "Price Formation in a Socialist Community", de H. D. Dickinson, *Economic Journal* (1933). Em *On the Economic Theory of Socialism*, de O. Lange e F. M. Taylor, (1938) e em *Economics of Socialism*, de H. D. Dickinson, (1939), a solução de equações simultâneas é ainda contemplada, mas outros métodos de gerência são preferidos. No entanto, mais recentemente, Th. Balogh (*Political Quarterly*, 1944, p. 258) faz referência a Barone como indicador – pela formulação matemática do ótimo econômico – dos princípios de uma economia centralmente planejada.

[16] *Collectivist Economic Planning*, de F. A. Hayek, Londres (1935).

razões: seria impossível a coleta dos dados numéricos necessários, e, mesmo que eles se tornassem disponíveis, seria excessivo o trabalho para a execução dos cálculos propostos.

A discussão precedente sobre policentrismo aclara um pouco mais a situação. Revela, primeiro, que um modelo teórico que é útil para mostrar o sistema de escolhas envolvido num sistema econômico não pode, de fato, ser usado para calcular o resultado dessas opções, porque os símbolos que representam os "dados conhecidos" não têm, em sua maioria, significação numérica. Essencialmente, não interessa a essa conclusão se o argumento se restringe à avaliação matemática de apenas partes das escolhas realizadas num sistema econômico, como dizem os autores acima citados. A habilidade gerencial não pode ser substituída por um cálculo matemático tanto quanto a prudência de uma dona-de-casa ou a preferência de um trabalhador por uma função ou outra, quando procura emprego. Supor "curvas de demanda" empiricamente levantadas para produtos consumidos e "curvas de oferta" igualmente observadas para recursos de produção não faz elevar as equações simultâneas que definem o problema da produção acima do *status* de modelo matemático.

Em segundo lugar, a inquietante questão da quantidade de trabalho inútil envolvida na avaliação de um grande número de equações simultâneas (H. D. Dickinson[17] menciona conjuntos de duas ou três mil) tem que ser reconsiderada à luz do que foi dito quanto à possibilidade de cálculo de tais conjuntos. O número de equações simultâneas que têm que ser resolvidas com

---

[17] *Economics of Socialism*, p. 104.

sucesso normalmente se restringe, de fato, a umas poucas, em vista da imprecisão dos dados conhecidos. Se os resultados alcançados tendem a se tornar sem significação num problema de deformação elástica, caso se escolham exemplos representados por mais de doze equações simultâneas, não é provável que se tenha muitos exemplos de equilíbrio econômico, com dados conhecidos suficientemente precisos, que justifiquem sistemas de equações maiores.[18] Além disso, é difícil se constatar como a quantidade de esforço que se está diposto a devotar à avaliação de um tal sistema pode, materialmente, mudar o limite de $k <150$, uma vez que, por exemplo, um crescimento de dez vezes nesse limite faria o tempo de cálculo aumentar de cerca de mil vezes e o estenderia além de todo um ano de trabalho continuado, ao fim do qual todos os dados teriam se tornado obsoletos.

Mesmo que esses dois pontos pudessem ser superados, sabemos agora que a melhor maneira de avaliar um problema policêntrico

---

[18] (*a*) Desde que, é claro, todos os dados tenham valores significativos; se sua grande maioria é zero, o problema degenera e não pode ser mais tratado dentro do quadro desse argumento.

(*b*) Cálculos econômicos com base em perto de cinquenta equações lineares simultâneas foram recentemente executados pelo professor Wassily Leontief ao avaliar relações "entrada-saída". Não consegui encontrar qualquer debate publicado sobre o efeito que as imprecisões dos dados conhecidos tiveram sobre o significado de seus resultados finais. Um alerta enfático foi dado pelo professor Oscar Morgenstern a esse respeito na discussão sobre o artigo do professor Leontief para a American Economic Association (Cleveland, Ohio, 27 de dezembro de 1948), publicado na *American Economic Review* 39, 1949, p. 238. Enquanto Morgenstern admite que "a solução de equações lineares simultâneas, que excedam o número de vinte e trinta, não é empreitada impossível hoje em dia", ele indica claramente que isso só pode ser feito "pela coleta de dados de qualidade superior com erros de observação conhecidos ao máximo possível".

representado pelas equações de um ótimo econômico não seria com o cálculo direto desse conjunto de equações, mas com um processo de avaliação centro a centro. A lição do Método da Relaxação é que esse processo proporciona um enorme ganho na velocidade, na precisão e na economia de esforço, e que pode ser encarado, em geral, como o único exeqüível.[19] Ela nos ensina que, ao contrário da opinião geral, o verdadeiro trato científico de um sistema econômico de muitos centros não consiste em levar em consideração, conjuntamente, todos os elementos do problema, mas em desconsiderar sua grande maioria a cada passo dado, exatamente da maneira com que as pessoas que buscam o lucro operam num mercado de recursos e produtos.

Devo, no entanto, reafirmar as conclusões tiradas, uma vez mais mantendo distância da controvérsia sobre o planejamento central. *Da mesma forma que um conjunto de equações simultâneas representa o modelo matemático de um sistema policêntrico de economia, também o Método da Relaxação representa o modelo matemático da maneira pela qual as operações matemáticas executadas independentemente em cada centro econômico produzem a solução da tarefa econômica.* A autocoordenação geral das atividades executadas em cada centro econômico resulta da mesma lógica usada na equipe de calculadores antes descrita. O escopo da avaliação por autocoordenação é muito maior que o da avaliação pela direção central; ele será bem-sucedido em ampla gama de policentrismo, na qual a direção central é impraticável

---

[19] Suponha-se que temos 1.000 máquinas de cálculo operando em 1.000 centros de uma tarefa policêntrica e que se pode substituir todas elas por uma só máquina avaliando todo o problema; a quantidade do trabalho cresceria de um milhão de vezes.

por inteiro. Ao se fazer uso dessas conclusões, é preciso ter sempre em mente que elas são mera amplificação de um modelo matemático que não pode ser, realmente, avaliado porque a maioria dos símbolos representantes dos dados conhecidos não tem significação numérica. A avaliação dos problemas locais surgidos em cada centro econômico é, de fato, feita por uma investigação balanceada da situação naquele centro, sem absolutamente qualquer cálculo.

As conclusões aqui tiradas da natureza policêntrica das tarefas econômicas não são mais gerais do que as do ensaio anterior, A *Amplitude da Direção Central* (Cáp. 8). Lá, eu parti da suposição de que o mercado, na verdade, produz um sistema de ordem espontânea e que, assim, resolve — podemos agora dizer — uma tarefa policêntrica. Foi então mostrado que essa forma de gerência social não poderia ser substituída pela de uma ordem corporativa, sem paralisar a execução da tarefa policêntrica. Afora isso, lá não foi feita qualquer tentativa de examinar a justificativa do mercado como um método de gerência econômica geral.

PARTE III
Crítica da Liberdade

O GOVERNO DA ORDEM ESPONTÂNEA

Tendo enfatizado com suficiente ênfase as qualificações às quais está sujeita, devo apresentar agora, para ulteriores discussões, a seguinte tese: "Uma tarefa policêntrica só pode ser socialmente gerenciada por um sistema de ajustamentos mútuos."

Dela, segue-se imediatamente que, se nenhum sistema de ajustamentos mútuos pode ser projetado para levar ao desempenho social de uma tarefa policêntrica, então ela é não-gerenciável. Em outras palavras, uma tarefa dessas só pode ser abordada na medida em que um sistema de ajustamentos mútuos exeqüíveis conduza a algo que se assemelhe a ela. As implicações dessa conclusão serão mais facilmente reconhecidas se primeiro dermos um olhar de relance nas instituições que sustentam os ajustamentos mútuos nos sistemas de ordem espontânea existentes.

Em parte anterior deste livro, descrevi amplamente as instituições por meio das quais a opinião científica comanda a vida científica e mantém contatos vitais com círculos exteriores à ciência. Todos os sistemas intelectuais de ordem espontânea são similarmente regidos pela opinião profissional, que é usualmente organizada num corpo profissional.

Os sistemas econômicos espontâneos não são regidos por opinião profissional, para a qual falta fundação suficiente, mas por instituições da propriedade e das trocas. Dominando essas duas últimas encontra-se a lei privada. No Código Civil da França (deixando fora a lei da família), Duguit reconhece apenas três leis fundamentais, e nada mais – liberdade de contrato, inviolabilidade da propriedade e dever de compensar os outros por danos infligidos por erro próprio.[20] Daí se vê que a principal função da ordem espontânea jurídica existente é governar a ordem espontânea da vida econômica. Um sistema *consultivo* do Direito desenvolve e implementa as regras com as quais opera um sistema *competitivo* de

---

[20] *Historical Introduction to the Theory of Law*, de J. Walter Jones, Oxford (1940), p. 114.

produção e distribuição. Nenhum sistema de mercado pode funcionar sem um quadro jurídico que garanta direitos proprietários adequados e faça cumprir os contratos.

A maior dificuldade de um sistema de propriedade universal do Estado, como o hoje estabelecido na Rússia soviética e o parecido com isso nos países adjacentes à Rússia, está na ausência de uma ordem jurídica efetiva que implemente os contratos e estabeleça responsabilidade por danos, de acordo com regras fixas. Existe um apropriado e completo Código Civil na Rússia que poderia ser aplicado com essa finalidade.[21] O governo soviético, repetidamente, pressiona suas empresas a lutar umas contra as outras por seus direitos, entendendo que essa é a única maneira com que a ordem pode ser mantida dentro de seu sistema produtivo. No entanto, parece que tais apelos não têm surtido efeito. Todas as empresas soviéticas são financiadas e estritamente controladas por várias divisões do mesmo Banco Estatal, ao qual elas têm que prestar contas quanto aos seus fundos. Controle adicional sobre elas é exercido pela autoridade do planejamento central, que supervisiona seus resultados produtivos. Considerando-se as apertadas restrições bem como o estado de inflação crônica, que torna todos os bens vendáveis sem perdas sérias, não surpreende que as empresas soviéticas

---

[21] "A Rússia soviética tem agora um conjunto completo de Códigos e Atos como os que compõem, normalmente, a legislação privada e comercial de um país moderno", escreve S. Dobrin em *Law Quarterly Review*, Vol. 49 (1933) p. 260. "Aqui e ali [diz ele] um advogado burguês pode encontrar na Lei Comercial soviética alguma cláusula, ou cláusulas, que o lembrem que a lei que tem em mãos é ato de um Estado socialista, mas o corpo da lei parecerá a ele extremamente familiar – mais ou menos a regulamentação de um país moderno comum na matéria em questão."

não mostrem iniciativa ou inclinação para irem à corte umas contra as outras, a fim de assegurar o pagamento de um parceiro contratual faltoso. Assim, o espasmódico e esporádico cumprimento de obrigações contratuais na Rússia continua a espalhar a desordem, e confirma que a existência e a aplicação da lei privada são um requisito essencial para a manutenção de um sistema policêntrico ordenado de produção, mesmo sob a propriedade universal do Estado.

Falando de modo geral, os ajustamentos mútuos necessários para o estabelecimento de uma ordem econômica competitiva têm que ser iniciados por agentes individuais, com poder para dispor de recursos e produtos, sujeitos a regras gerais; esses ajustamentos mútuos são barganhas concluídas por meio do mercado; a aplicação de regras gerais aos conflitos entre os que barganham constitui a ordem jurídica da lei privada, que é, em si, um sistema de ajustamentos mútuos. A liberdade econômica e uma importante amplitude de independência jurídica formam assim, em conjunto, a base institucional para o desempenho social de uma tarefa econômica de cárater policêntrico.

LIBERDADE E GERÊNCIA

Já chegamos à conclusão de que a gerência social de tarefas policêntricas requer um conjunto de instituições livres. Mais particularmente, que a tarefa de alocar uma quantidade enorme de recursos para um grande número de centros produtivos, com o objetivo de processá-los para que resultem em produtos na variedade dos dias de hoje e distribuí-los mais tarde, racionalmente, a consumidores que chegam a dezenas de milhões, requer, para sua gerência social, um sistema de lei civil que estabeleça direitos (vendáveis) de propriedade e faça com que os contratos sejam cumpridos. Isso resulta numa aproximação bastante razoável daquilo que Marx expressou, dizendo que "as forças da produção" determinam "as relações de produção". Se seus seguidores tivessem aplicado corretamente sua visão às perspectivas de um sistema de propriedade estatal, eles concluiriam que, uma vez que esse sistema teria que executar a mesma tarefa econômica que o capitalismo, só poderia funcionar se operasse por intermédio das mesmas "relações produtivas", i.e., a mesma ordem jurídica da propriedade e dos contratos. Isso poderia ter poupado a humanidade de muita rixa inútil.

O erro oposto, cometido pelos partidários do *laissez-faire*, consistiu, em essência, na suposição de que só existe um ótimo econômico que pode ser conseguido pela mercado e que, conseqüentemente, apenas um conjunto de leis da propriedade e dos contratos é compatível com uma economia que objetive esse ótimo econômico único. Já citei a denúncia de Dickens, cem anos atrás, quanto à maneira pela qual os efeitos maléficos das instituições existentes eram declarados não-erradicáveis por poderosas instituições existentes, informadas por teorias econômicas populares. Porém, é justo que se adicione que, a despeito disso, o século transcorrido ofereceu, na prática, uma negação constante do *laissez-faire*. Foi um século de contínua reforma social, que provou a existência de uma faixa indefinida de ótimos relativos para os quais a economia de mercado pode tender. Demonstrou que é tarefa da legislação social descobrir e implementar aprimoramentos do quadro institucional, com o objetivo de modificar deliberadamente o sistema de ordem espontânea estabelecido pelo mercado.

Esse movimento pela reforma econômica pode prosseguir indefinidamente. Ele incorpora, em grande medida, nossas esperanças de uma boa sociedade. Não obstante, existe considerável literatura hoje em dia que evidencia muita engenhosidade nas sugestões de melhora do ótimo econômico, mas que dificilmente dá qualquer atenção ao problema de sua implementação institucional. A formalização teórica das tarefas econômicas nos empresta o poder para definir precisamente toda uma faixa de tais tarefas, quase sem levar em conta a possibilidade de gerência dessas tarefas. A teoria econômica moderna nos dá uma análise valiosa das limitações às quais o sistema existente de empresas privadas está sujeito, tais como competição imperfeita, retornos crescentes e itens-custos indivisíveis; e isso levou à formulação de novos sistemas nos quais tais deficiências são eliminadas. Propostas foram feitas para o estabelecimento da competição perfeita pela substituição do teste do lucro comercial pelo critério da equalização dos "custos marginais" aos "retornos marginais". Outras sugestões incluíram as recompensas governamentais para os investimentos que permitam "retornos crescentes" com base na curva total dos custos. Sob tais regras novas o mercado deve tender para os ótimos perfeitos.

A maioria dos escritores que apresentaram tais propostas é socialista, o que implica ser a nova e aperfeiçoada economia de mercado passível de aplicação sob a propriedade estatal. O fato de o Estado ser proprietário das ações de uma empresa e nomear seu gerente não lhe confere, por si só, novos poderes de controle sobre esse gerente. Ele só poderia adquirir tais poderes se inventasse novos testes de eficiência que funcionassem como os até aqui usados pelos acionistas privados e impelissem o gerente a fazer algo diferente do que fazia antes. Se, no entanto, tais testes pudessem ser inventados e aplicados para recompensar com justiça e constância dez mil gerentes nomeados pelo Estado, esses mesmos testes poderiam ser igualmente aplicados para recompensar gerentes nomeados pela iniciativa privada, e, por intermédio desses últimos, os acionistas das empresas. Se eles não puderem ser empregados para o controle de empresas privadas também não poderão ser usados nas estatais, porque o problema de gerenciamento nos dois casos é o mesmo.[22] As sugestões para o aperfeiçoamento do ótimo econômico que não levarem em conta esses problemas institucionais nada mais serão do que exercícios de construção de modelos matemáticos.

Em função das deficiências de nosso sistema de mercado, alguns escritores voltam-se para alguma coisa vagamente designada por "alternativa totalitária". Se isso é feito por esperança, medo ou desespero, não vem ao caso. Seja qual for a maneira exata com que o sistema econômico dos países totalitários opere – sobre o qual as informações que temos são muito incompletas –, seguramente não é a partir de um centro. A maioria dos rígidos controles econômicos exercidos pelo governo (desde que genuínos e não sirvam, meramente, à presença do planejamento central) se preocupa em cercar a circulação monetária excessiva.[23] Não existe qualquer indicação nos fatos conhecidos – como também não existe possibilidade na teoria – de que os governos totalitários possam estabelecer um ótimo econômico perfeito pelo exercício de seus ilimitados e legais poderes executivos.

---

[22] Compare com as pp. 235-40. Vide também *Principles of Economic Planning*, de A. W. Lewis, 1949 (p. 104): "As empresas nacionalizadas devem financiar suas operações em bases não-discriminatórias."

[23] Compare com p. 215.

A opinião contemporânea, com seu gosto indiscriminado pela explicação de eventos históricos como respostas racionais às necessidades técnicas ou econômicas, tem inclinação por considerar a abolição da liberdade econômica e de outras liberdades na Rússia como resultado da "crise capitalista" ou da "tecnologia moderna", ou "da necessidade de rápida industrialização" e coisas assim. Tais explicações, que nunca chegaram a detalhes, parecem sem fundamento e, no meu modo de ver, não merecem o trabalho para sua contestação.

A "alternativa totalitária" é uma ficção da mente, mas existem alternativas importantes, numa escala menor, entre diferentes formas de gerenciamento, correspondentes a tarefas econômicas um pouco distintas. Caso se queira manter o desemprego em níveis baixos de 1,5%, como na Inglaterra de hoje, então é preciso montar (desde que a mobilidade da mão-de-obra e do capital não cresça muito além dos níveis de hoje) o controle de preços, que resultaria nas filas de consumidores e na sua exposição ao favoritismo e à descortesia da parte dos negociantes, e montar também um labirinto de leis de licenças que levariam, por exemplo, a uma discussão do consumidor com um funcionário público a respeito da necessidade ou não da compra de uma nova banheira para substituir aquela que já demonstrava melancólicos sinais de desgaste pelo quase meio século de uso por antigos donos. O igualitarismo levanta as mesmas questões, ao contribuir para as pressões inflacionárias, e produz, além disso, uma desagradável tendência pelos gastos imprudentes nas contas dos negócios. Na administração de serviços sociais em larga escala tem-se que escolher também o grau com que se checam abusos, penalizando os beneficiários mais necessitados. As escolhas marginais entre eficiência e liberdade econômicas são reais e importantes e são apenas um exemplo de muitas escolhas semelhantes entre diversas espécies de bem social, de que os reformadores têm que estar conscientes a cada passo.

Sintetizando a argumentação feita até aqui nesta seção. O ótimo econômico perseguido pela sociedade moderna determina, fundamentalmente, a natureza das instituições necessárias para sua gerência; mas isso deixa espaço para possibilidades ilimitadas de reformas criativas e até permite, embora apenas numa pequena faixa, a variação conjunta de objetivos econômicos e de instituições requeridas para sua consecução.

Com essa perspectiva em mente, retornemos agora para a perturbadora conclusão a que chegamos no final da seção precedente, onde eu disse que tanto a liberdade econômica como a ordem jurídica estabelecida para a salvaguarda e orientação dessa liberdade só se justificam para fins de gerência de uma tarefa econômica particular. Se isso é aceito, então (apesar de toda a cautela recém-sugerida a respeito de suposições rígidas e extremadas) segue-se que, se o ótimo econômico que objetivamos for radicalmente alterado, poderá acabar o espaço, seja para a liberdade econômica e para um sistema de leis contratuais por meio do qual se exerça essa liberdade, seja para um sistema jurídico pelo qual se desenvolvam e administrem essas leis.

Acredito que isso é verdade e que existem muitos casos que podem ilustrá-lo. No ensaio anterior, *Lucros e Policentrismo*, ressaltei alguns exemplos relevantes. Se um sistema econômico moderno, uma vez ajustado pelo mercado, fosse operando indefinidamente em linhas idênticas de produção e distribuição, deixaria de representar uma tarefa de ajustamentos policêntricos e poderia, a partir de então, ser adequadamente regido pelos costumes e pelo direito público. Supondo-se uma população estacionária, todas as funções produtivas poderiam se tornar hereditárias e a distribuição também fixada por um sistema de obrigações hereditárias. Teríamos uma economia baseada no *status*, na qual "os canais de obrigação social funcionam como substitutos do mercado". Essa citação vem da descrição de Raymond Firth sobre a economia polinésia.[24]

Em *A Amplitude da Direção Central,* também mencionei o extremo oposto de uma economia sujeita a mudanças técnicas com tal rapidez que a realocação de fatores da produção e a redistribuição de produtos não podem ser deixadas com o mercado, pelo receio de lucros excessivos inesperados, de um lado, e privações muito imerecidas, do outro. Essas condições surgem, normalmente, em tempo de guerra, e requerem racionamento e controle de preços. Tais medidas são também uma tentativa de substituir as operações do mercado — pelo menos, parcialmente — por um sistema de direito público.

É, na verdade, bastante fácil, e há interesse em construir exemplos de tarefas econômicas policêntricas que seriam totalmente

---

[24] *Primitive Polynesian Economy,* de Raymond Firth (1939), p. 36. O autor parece sugerir que essa forma de gerência da economia não tem relação com a tarefa econômica realizada. "Deve ser enfatizado [ele diz] que não é o pequeno número de desejos nativos que permite que o sistema funcione sem um mecanismo de preços; é o padrão social específico por meio do qual esses desejos são satisfeitos, e os bens e serviços transferidos." É possível que a função econômica aqui executada — ou alguma coisa equivalente a ela — seja levada a efeito pelo mercado, mas o ponto relevante é que seria totalmente impossível estabelecer um padrão social específico de obrigações sociais que substituísse as funções usuais do mercado moderno, enquanto o pequeno número de nativos e a natureza repetitiva dos desejos numa sociedade primitiva permitem dispensar o mercado.

não-gerenciáveis pelo emprego dos mecanismos de mercado. Citarei duas delas.

(1) Imaginemos que a tecnologia de produção fosse igual à dos dias presentes: necessitando da alocação de grande variedade de fatores da produção para, digamos, centenas de milhares de centros produtivos; e adicionemos a condição de que todos os produtos fossem ou para uso coletivo ou para distribuição sob a forma de serviços sociais gratuitos. A posição é alcançada com a suposição de que a taxação é aumentada (dos 40%, em média, na Inglaterra de hoje) para 100% da renda. Não existiriam então incentivos materiais para o ganho de salários, a realização de lucros, etc., e, provavelmente, os homens como produtores não estariam dispostos a competir por tais pagamentos se eles lhes fossem ofertados. Nesse caso, a tarefa policêntrica de produzir a custo mínimo (e de decidir um nível total de produção no qual os custos marginais se igualassem aos produtos marginais) seria estritamente insolúvel.[25]

(2) Como exemplo complementar, podemos imaginar uma tecnologia que produza bens para a satisfação de consumidores individuais, e o faz, principalmente, à custa de males sociais, i.e., odores, radiações, infecções, barulhos, poluição de rios, aspectos desoladores generalizados, etc., que se espalham por todo o país; cada fábrica causando uma espécie particular de custo social que dependeria, de uma forma definitiva, do seu produto. A tarefa econômica da comunidade seria, então, obter um total de bens e serviços a um mínimo do total de custos sociais, expresso como o todo

---

[25] Colin Clark, no *Econ. Journ.*, 55 (1945), 371, sugeriu que 25% da renda nacional seriam aproximadamente o limite para a taxação em qualquer país não-totalitário em tempos de paz.

das repercussões desagradáveis, e fixar o produto total num nível em que qualquer quantidade adicional dessas repercussões teria que ser igual e oposta ao valor marginal do produto total. Essa é uma tarefa policêntrica, porque requer o equilíbrio entre grande número de itens variáveis contra todos os outros. Devemos excluir a possibilidade de que o equilíbrio fosse alcançado pela consciência individual, e, conseqüentemente, teríamos que contar com um sistema de grande número de ajustamentos mútuos de enorme quantidade de centros. Isso poderia ser feito se o incômodo causado por cada fábrica pudesse ser avaliado em função de sua produção e cobrado do gerente sob a forma de multas, graduadas de acordo com a produção. Mas é impossível, já que não existe um mercado para trocas mútuas de uma grande diversificação de odores, barulhos, infecções, poluição de rios, etc., partidos de milhares de lugares diferentes. Uma tecnologia dessa espécie seria, portanto, inteiramente não-gerenciável.

Devo me concentrar, para o propósito da argumentação que se segue, no caso I. Com efeito, está bem dentro do domínio da possibilidade que tenhamos, algumas vezes, que objetivar uma tarefa econômica dessa espécie. Um país rico, engajado durante meio século numa corrida armamentista generalizada; ou permanentemente lançando todos os seus recursos acima de um mínimo de consumo individual para confrontar alguma catástrofe natural, como o alastramento de uma nova praga mortal, ou uma súbita deterioração do clima; ou talvez decidindo, por razões de eqüidade, aumentar os serviços sociais a tal ponto que a maior parte da renda nacional seria distribuída dessa forma – tal país teria que elevar o nível de taxação permanentemente para perto de 100%.

Michael Polanyi

Conquanto tal fato tornasse impossível qualquer alocação racional dos recursos, eles teriam, apesar disso, que continuar sendo alocados, mesmo que só existissem suposições vagas para embasar tais alocações. O esquema, uma vez adotado, seria provavelmente executado indefinidamente, já que não haveria modo racional de melhorá-lo. Que forma de administração da economia poderia ser adotada não podemos dizer, e não precisamos discutir aqui. Só nos interessa uma conclusão: que o mercado e todo o sistema de direito civil que o rege desapareceriam. Não haveria lugar para a liberdade econômica, a propriedade, as obrigações contratuais, nem para todo o edifício da lei e da jurisprudência, a maior parte do qual se preocupa com a propriedade e com as obrigações contratuais.

Status das Liberdades Públicas

Será que a liberdade pública não é, de forma alguma, um propósito em si mesma? Obviamente que não é, enquanto método de gerência social para uma dada tarefa econômica. Não estamos, contudo, de modo irremediável, vinculados a qualquer tarefa econômica particular e podemos, concebivelmente, preferir um estado de relativa pobreza no qual seja possível manter uma ordem econômica mais livre. A opulência e até mesmo os instrumentos para a defesa não são requisitos totalmente determinantes da vida nacional. As tarefas econômicas não podem nem mesmo ser racionalmente formuladas sem que se pressuponha uma sociedade na qual outros propósitos que não os da satisfação dos sentidos estejam também incorporados; da mesma forma, nenhuma sociedade pode se basear exclusivamente no apetite sensual de seus membros. Nem pode qualquer nação sobreviver moralmente, e, no fim, fisicamente, pela implacável exploração de seu poderio militar. A grandeza nacional depende tanto da generosidade quanto da força; os ganhos mais importantes foram obtidos por nações quando arriscaram seus interesses nacionais vitais exercendo a contenção moral em relação a outras nações. Uma nação pode, de fato, cortejar o desastre na sustentação de sua natureza moral caso tenha que sobreviver como uma espécie de povo que não desejaria ser. Daí a razão de as tarefas econômicas – seja objetivando a aquisição da riqueza ou os instrumentos para a defesa – não serem rigidamente formuladas; ao contrário, a aceitação racional de uma tarefa econômica tem que ser sempre pesada quanto às suas implicações sociais. A necessidade de se fazer opções marginais dia a dia entre eficiência e liberdade econômica já foi realçada na seção anterior.

A liberdade pública pode ser totalmente apoiada como um objetivo em si mesma, na medida em que é método para a gerência social de propósitos que são objetivos por si sós. A liberdade da ciência, a liberdade de credo, a liberdade do pensamento em geral são instituições públicas pelas quais a sociedade abre para seus membros a oportunidade de servirem a propósitos que são objetivos em si mesmos. Pelo estabelecimento dessas liberdades, a sociedade se constitui como uma comunidade de pessoas que acreditam na validade e no poder das coisas da mente e nas suas obrigações para com essas coisas. Logicamente, a aceitação dessas crenças é anterior à liberdade. Não existe justificativa para que se demande liberdade de pensamento, a menos que se creia que o pensamento tem poder por mérito próprio. Ainda assim, é verdade que, no desenvolvimento mental de algumas pessoas de nossos dias, a seqüência causal foi, muitas vezes, invertida. Primeiro, elas não puderam mais suportar a repetição de mentiras, seguida da contradição, e só mais tarde entenderam que isso implicava a crença na possibilidade de conhecer a verdade e na obrigação de divulgá-la. O repúdio forçado ao comunismo de muitos escritores ocidentais, que antes eram simpáticos a ele, ocorrido nos anos seguintes aos julgamentos em Moscou de 1936-38, fez do restabelecimento de valores absolutos a principal preocupação desses escritores. O primeiro protesto que Tito levantou contra Moscou foi que o Partido não podia sobrepujar a verdade. Falando de modo geral, foi o colapso da liberdade na Europa que despertou no Ocidente um nova conscientização sobre as crenças nas quais se fundamenta tal liberdade. Mas as crenças permanecem sendo, entretanto, anteriores a essas liberdades.

Crítica das liberdades públicas

Se essa é a razão pela qual as liberdades públicas procuram justificativa para si mesmas, então, inevitavelmente, ficarão sujeitas a três tipos de acusações que têm sido assacadas, com persistência, pela posição totalitária. Segundo ela, a condução das questões públicas por esse método, 1. submeteria o bem público às decisões e motivos pessoais de indivíduos; 2. subjugaria, assim, a sociedade ao mando de uma oligarquia privilegiada; e 3. permitiria, ao mesmo tempo, que a sociedade derivasse para rumo não desejado por ninguém.

Permitam-me esclarecer um pouco mais as três acusações.

(1) Os indivíduos, sejam produtores ou consumidores, que ganham a vida operando num mercado, estão engajados na corrida competitiva pelo ganho pessoal. Os cientistas, os juízes, os aca-

dêmicos, os ministros da religião, etc., são orientados por sistemas do pensamento para o crescimento, a aplicação e a disseminação daquilo a que se dedicam; suas ações são determinadas por interesses profissionais. Todas essas pessoas engajadas na formação de vários sistemas de ordem espontânea são guiadas por incentivos padronizados que não se destinam à promoção do bem-estar do corpo social como um todo. O negociante tem que buscar o lucro, o juiz, distribuir a justiça, o cientista, perseguir a descoberta, pois é isso que os torna homens de negócios, juízes ou cientistas, conforme o caso; eles ignoram a maneira com que suas ações afetam o bem público como um todo, e, caso possuam tal conhecimento, não devem se deixar desviar do desempenho de seus deveres profissionais.[26]

---

[26] Para uma discussão mais geral sobre esse ponto, eu gostaria de citar de novo meu artigo "The Growth of Thought in Society", (*Economica*, 1941): " (...) inerente à natureza social das organizações sociais é a divergência entre o motivo padronizado do indivíduo e o propósito do todo, do qual participa. Um subordinado trabalhando para uma corporação tem que ser cuidadoso e disciplinado em suas obrigações, mas, afora isso, os interesses da corporação a que serve não são preocupações suas. Sua atenção está apropriadamente voltada para os detalhes a ele confiados e para as intenções exatas de seu superior; seu incentivo legítimo é ganhar uma promoção por agradar ao seu superior. A corporação tem que ser organizada e dirigida de tal forma que o melhor modo de a empresa progredir é pela obediência do empregado a tal linha de ação. A posição do indivíduo que compartilha de um sistema de ordem espontânea é similar. O problema que enfrenta é de sua inteira responsabilidade. Para a solução desse problema, para a consecução de suas próprias tarefas especiais, ele deve sua total devoção. As regras que tem que seguir e por meio das quais tem que obter a aprovação pública para seus feitos precisam ser tais que salvaguardem o progresso da ordem espontânea, sempre que as ações individuais forem tomadas em obediência a elas.

O caráter oficial do empregado ou do funcionário público, diferentemente do da pessoa privada, e as limitações impostas às suas intenções pela disciplina

(2) Grande poder é exercido sobre o bem público por esses indivíduos. No capitalismo, os homens de negócios processam a maior parte da riqueza nacional e direcionam as atividades do dia-a-dia daqueles engajados em produzi-la. Os interesses sociais confiados a um judiciário independente e aqueles afetados pela livre condução da ciência não são menos importantes. Na realidade, as atividades mentais cultivadas por vários ramos da profissão da linguagem escrita — poetas, jornalistas, filósofos, romancistas, pastores, historiadores, economistas — são talvez as mais decisivas para a

---

são, normalmente, muito bem conhecidos. Mas o caráter oficial de uma pessoa que age independentemente do indivíduo público que partilha um sistema dinâmico não é comumente reconhecido com tanta clareza.

A ciência econômica analisa a situação relativa a um sistema de produção competitiva. Os incentivos padronizados do produtor individual foram definidos, e suas obrigações normais consideradas, como distintos das motivações privadas que o induzem a perseguir tais incentivos e a aceitar tais obrigações. É também claro que ele não tem responsabilidade pela prosperidade nacional ou planetária em geral, que é o objetivo do sistema, tomado em conjunto, do qual participa. Ele pode tentar reformar a vida dos negócios, tanto como pioneiro no seu próprio trabalho ou como um votante, um escritor, etc. Ele pode doar todas as suas rendas para a caridade ou para o Partido Comunista, mas não pode continuar nos negócios, a menos que continue — enquanto no desempenho de suas funções — perseguindo os lucros para sua firma.

A distinção dupla entre motivações privadas e padronizadas, e entre essas e um objetivo geral, é clara num tribunal. Quem se propõe a testemunhar o faz por diversas razões; um advogado pode trabalhar por amor ao dinheiro, para satisfazer sua vaidade, por razões políticas, ou ainda por caridade; um juiz, pela ambição, pelo amor ao academicismo jurídico, etc. Mas, uma vez a corte instruída, o juiz em sua cadeira, testemunhas prestado juramento, tudo recai nos padrões das motivações oficiais. A eles, todos devem se restringir: afastando-se não apenas das inclinações pessoais, como também de quaisquer tentativas de objetivar os elevados propósitos do qual participam. As testemunhas têm que se ater aos fatos e não tergiversar; os advogados, defender suas causas e não assumir atitudes judiciais; o juiz, aplicar a lei, por mais que deseje emendá-la."

formatação das questões públicas e para a determinação do destino da sociedade. Encaradas sob esse prisma, as atividades das pessoas empenhadas em ajustamentos competitivos, consultivos e persuasivos que constituem nossos sistemas de ordem espontânea podem muito bem parecer com o regime de uma oligarquia, usurpando poder público. As vantagens pessoais que essa oligarquia possui, em virtude de sua posição, podem tornar suas prerrogativas irresponsáveis muito invejadas. Particularmente, quando a herança da propriedade e as oportunidades acentuadas oferecidas às crianças cujos pais têm posição preeminente tendem a tornar hereditárias suas posições de poder e privilégio, dentro de uma classe restrita de famílias; a classe que, sob a influência do marxismo, passou a ser conhecida como burguesia. É nesse sentido que as liberdades públicas ocidentais podem ser descritas como "liberdades burguesas", pelas quais o interesse público é retirado do controle do Estado para ser submetido ao comando de uma oligarquia burguesa irresponsável.

(3) Embora a "oligarquia", que faz, principalmente, uso das liberdades públicas na sociedade do Ocidente usufrua de considerável benefício por sua função, permanece o fato de que os sistemas de ordem espontânea formados pelas atividades individuais se movem em conjunto para direções não especificamente desejadas por ela ou por quem quer que seja. As liberdades públicas constituem um sistema de autocoordenação sob o qual a sociedade se move para destinos desconhecidos.

Tomemos a vida econômica. É, de fato, verdade dizer-se que "Em 1938, a Grã-Bretanha produziu X milhões de toneladas de aço e Y milhões de toneladas de carvão", mas só no sentido no qual é correto afirmar-se "Nesta manhã, na Inglaterra, foram barbeadas 10 milhões de faces e 40 milhões de narizes foram assoados." Essas coisas aconteceram na Inglaterra porque as pessoas envolvidas tinham razões para assim agir, não porque uma intenção abrangente as tivesse levado a tal procedimento. As toneladas seriam então representadas como muito desejadas numa "economia planejada", em que o carvão e o aço produzidos estavam entre as "metas de produção" preferidas. Tais metas, contudo, como os planos de que fazem parte, não passam de ficções da mente.[27]

De novo, podemos invocar a jurisdição dos tribunais, onde um processo bem-organizado é distinto dos interesses públicos, como concebidos pelo Estado, e, freqüentemente, contrário a eles, se bem que suas conseqüências possam até ser indesejáveis para as próprias cortes, ou até mesmo não previstas por elas. Na ocasião em que os advogados e os tribunais negaram sucessivamente aos Stuarts, na Inglaterra, o direito de assento em suas próprias cortes, eles conseguiram uma vitória política, mas não para si mesmos. Estabeleceram a supremacia da lei em relação ao monarca. Quando os sete bispos indiciados por calúnia por James II foram inocentados pela corte de justiça, a monarquia foi sacudida porque tinha entrado em conflito com esse princípio, operando impessoalmente. Da mesma forma, a absolvição do cardeal de Rouen (envolvido no *affair* do colar), sob Luís XIV, pelo Parlamento de Paris, sinalizou a Revolução Francesa, coisa que aquele Parlamento jamais sonhara, e, se o tivesse feito, seria para aboministrá-la. As absolvições, em 1878, de Vera Zasulitch, que atirou contra o general Trepow, e de Dimitrov, em 1933, acusado de abrir fogo contra o Reichstag, foram atos de

---

[27] Veja pp. 210-17.

judiciários independentes, conflitando com os interesses públicos, como vistos pelo executivo responsável, e carregados de conseqüências inesperadas e, na verdade, totalmente imprevisíveis. A teoria jurídica do autoritarismo moderno se propõe a eliminar tais contradições, negando validade a qualquer regulamento legal, caso conflite com a política executiva do governo.[28] Assim, tal política colocada em vigor abole, de fato, o mando da lei e a liberdade dos indivíduos sob a lei.

O Estado que subsidia a pesquisa científica está objetivando o progresso da ciência; porém as descobertas resultantes não são premeditadas e chegam mesmo a ser imprevisíveis. Enquanto a ciência for livre, a humanidade caminhará, por seu próprio risco, para destinos desconhecidos. A descoberta da fissão atômica em 1938 levou, no prazo de seis anos e meio, à construção da bomba atômica, que só falhou em arrasar a humanidade porque, até agora, tem sido extrema a dificuldade para fabricar tais bombas. Se descobertas posteriores tornarem essa bomba facilmente disponível, de modo que uma pequena planta industrial possa montá-la ao preço de 10 libras esterlinas, a ameaça à comunidade da parte de indivíduos criminosos e subversivos, que podem ter a posse de um artefato como esse, tornar-se-ia tão grande que só a supervisão mais rigorosa de toda a raça humana, por meio de uma autoridade policial central, poderia assegurar a continuidade de existência da humanidade no planeta. Ain-

---

[28] Compare, p. ex., *Historic Introduction to the Theory of Law*, de J. W. Jones (1940), Capítulo XI. O noticiário recente pode servir para ilustrar o ponto. O *Manchester Guardian* reporta, em 25 de setembro de 1949, de Praga, que "O Sr. Harvey Moore, um convidado inglês ao Congresso de Advogados da Tchecoslováquia, foi prontamente denunciado pelo vice-ministro tcheco da justiça, Dr. Dressler, como 'reacionário burguês e fora de moda' quando defendeu liberdade para advogados e juízes."

da assim, a proteção contra esses perigos por intermédio do planejamento do progresso da ciência, de modo que ela só desse origem a resultados socialmente desejáveis, é impossível. "Planejar" a ciência é suprimi-la; e somente nesse sentido poderia o "planejamento da ciência" proteger-nos contra as conseqüências do progresso científico.

Essas são as pesadas acusações levantadas contra a gerência da sociedade por ordem espontânea. Na próxima seção, tentarei respondê-las e a outras críticas contra a liberdade, levantadas em partes prévias deste ensaio.

A DEFESA DA LIBERDADE

A lógica da liberdade é coordenar espontaneamente ações individuais independentes a serviço de certas tarefas. Fomos levados a admitir a possibilidade de que algumas das tarefas perseguidas pela sociedade moderna talvez tenham que ser abandonadas no futuro. A tarefa econômica da sociedade pode vir a ser reformulada, em resposta a desenvolvimentos técnicos muito novos, de modo a resultar na eliminação do mercado e de grande parte de nosso sistema jurídico. Pode chegar o dia em que a condução livre da ciência natural tenha que ser barrada. Existem muitas maneiras pelas quais as mais preciosas liberdades de hoje podem deixar de ser relevantes ou mesmo admissíveis.

Porém, duvido de que por meio de tais especulações possamos obter uma orientação autêntica para nós mesmos ou oferecer alguma para as gerações vindouras. Não conseguimos antever suficientemente a maneira pela qual o estado tecnológico das liberdades públicas provavelmente mudará, nem a extensão dessa mudança. Já disse antes neste livro que nosso objetivo primordial é o de formar uma sociedade boa, que respeite a verdade e a justiça e que cultive o amor entre os concidadãos. A sustentação das crenças definitivas que constituem a sociedade boa deve hoje tornar tal sociedade tanto boa como livre. Acredito que, na busca do estabelecimento de uma sociedade boa, o homem está cumprindo sua obrigação transcendente, e que é certo aceitar como insondáveis as finalidades últimas para onde isso pode nos conduzir.

Porque *estamos* à deriva; sujeitos aos riscos deste universo cujo futuro desconhecemos. A recente ascensão do homem das fileiras dos animais, sua breve história de vida civilizada, seus feitos criativos luminosos, por meio dos quais ele passou a se ver com a perspectiva de espaço, tempo e história – são todos eventos que deixam não-declarados sua origem definitiva e seu curso futuro. As concepções à luz das quais os homens julgarão nossas próprias idéias daqui a mil anos – ou mesmo a cinqüenta – estão além de nossa imaginação. Se uma biblioteca do ano 3000 caísse hoje em nossas mãos, não entenderíamos seu conteúdo. Como podemos conscientemente determinar um futuro que está, por sua própria natureza, fora de nossa compreensão? Tal suposição revela apenas a estreiteza de uma visão desinformada pela humildade. O superplanejador que – como Engels na apaixonada declaração do seu *Anti-Dühring* – anuncia que os homens "com plena consciência, determinarão sua própria história" e "saltarão do reino da necessidade para o reino da liberdade" demonstra a megalomania de uma mente tornada sem imaginação pelo abandono da fé em Deus. Quando é eventualmente assegurado poder a esses homens para controlar os destinos finais de seus conterrâneos homens, eles os transformam em forragem para suas empreitadas desenfreadas. E as manias de grandeza de hoje se transformam em manias de perseguição, e convertem o planejamento da história em reino do terror.

A lógica que evita que o homem controle o curso à deriva da história também limita a possibilidade de eliminação do sistema oligárquico sob o qual uma sociedade livre atinge seus objetivos. A tarefa que só pode ser executada por ajustamentos mútuos independentes demanda um quadro institucional que sustentará posições independentes. Os detentores de tais posições terão que perseguir as obrigações e os incentivos padronizados de seus postos, fazendo vista grossa para os interesses públicos como um todo; enquanto o tipo elevado de habilitação que o desempenho dessas funções independentes, com freqüência, requer inevitavelmente possuirá um valor de escassez, para o qual os membros da "oligarquia" serão capazes de extrair um preço substancial sob a forma de gratificações, salários, lucros, etc.

Visto dessa perspectiva, tal sistema de privilégios deve ser aceitável, particularmente se combinado com igualdade de oportunidades. De qualquer forma, sua existência continuada parece indispensável, até que a solidariedade social atinja níveis ainda inexplorados de sensibilidade. Nosso anseio por uma fraternidade completa entre os homens deve sempre conceder espaço para a maquinaria social. Onde os membros da burguesia ajudaram a ascensão ao poder de um regime — como o de Lênin ou Hitler — que destruiu ou reduziu enormemente seus próprios privilégios, sua classe foi, via de regra, substituída por uma guarda pretoriana servil, desfrutando de não menos privilégios, que suprimiu ou perverteu a grande herança que a burguesia tinha cultivado durante todo o período de sua ascendência.

Aqueles que destruiriam uma sociedade que só pode ser operada pelo inter-relacionamento de objetivos individuais independentes, estreitos e, muitas vezes, puramente egoístas deveriam ponderar sobre o fato de que a eliminação das deficiências existentes de nossa sociedade poderia conduzir a males maiores. Não importa quão freqüentemente esse tipo de alerta tenha se revelado falso no passado, seu princípio ainda é verdadeiro. Permanece como último recurso para cada um de nós, em nossas próprias consciências, balancear os riscos da complacência com os da negligência. O perigo de que essa decisão última venha a se tornar errada a mim parece comparativamente pequeno, desde que continuemos humildemente procurando orientação para as matérias sobre as quais jamais tenhamos a esperança de alcançar domínio completo.

Michael Polanyi

Bibliografia

OBRAS SELECIONADAS DE MICHAEL POLANYI

The Contempt of Freedom. Londres: C. A. Watts, 1940.

"The Growth of Thought in Society." *Economica* 8 (novembro de 1941): 428-56.

Science, Faith and Society. Londres: Oxford University Press, 1946.

Personal Knowledge. Chicago: University of Chicago Press, 1958 (The Gifford Lectures, 1951-1952).

Beyond Nihilism. Londres: Cambridge University Press, 1960.

"History and Hope: An Analysis of Our Age." *Virginia Quarterly Review* 38 (Primavera de 1962): 177-95.

The Tacit Dimension. Garden City, N. Y.: Doubleday, 1966.

Society, Economy & Philosophy: Selected Papers [de 1917-70]. Editado com uma Introdução de R. T. Allen, New Brunswick, N. J.: Transaction Publishers, 1997. Esse livro possui extensa bibliografia das obras políticas e filosóficas de Polanyi.

Ensaios de Michael Polanyi. Coleções Especiais. University of Chicago. Joseph Regenstein Library.

OBRAS SECUNDÁRIAS SELECIONADAS

The Way of Discovery: An Introduction to the Thought of Michael Polanyi, de Richard Gelwick. Nova York: Oxford University Press, 1977.
Michael Polanyi: A Critical Exposition, de Harry Prosch. Albany: State University of New York Press, 1986.
Polanyi, de Richard Allen. Londres: Claridge Press, 1990.

Índice onomástico

A

Acton, Lord, 74
África do Sul, 101
After Lenin (M. Farbman), 208n
Alemanha, 9, 30, 64n, 75, 94,
    105, 135, 156, 158, 160, 171
Alexander, Franz, 74
An Economic History of Soviet Russia
    (L. Lawton), 203n
Andersag, 94
Anderson, 140
Animals Looking into the Future
    (Kepner), 57n
Argentina, 101
Aristóteles, 104
Ashby, Eric, 115n
Associação dos Trabalhadores
    Científicos, 117n, 145
Aston, F. W., 139
Attlee, C., 28, 64n
Austrália, 101, 102

B

Bacon, F., 34, 43, 134
Balogh, Th., 279n
Barkla, 140
Barone, E., 276n, 279n
Bélgica, 30, 82
Bentham, J., 170
Bergel, 94
Bernal, J. D., 120, 146
Bevin, 29
Blackett, P. M. S., 39, 40
Bohr, N., 125
Boring, E. G., 42n
Born, M., 94
Boyle, R., 134n
lei de Boyle, 50
Bracton, 247
Bragg, W. H., 102
Bragg, W. L., 140
Braid, J., 42
Brain Mechanism and Intelligence
    (K. Lashley), 57n

Brasch, 94
Brasil, 101
Breit, 94
Brutzkus, B., 203n
Buber, M., 52

C

Capital, O *(Marx)*, 160
Chadwick, *Sir* James, 140
Charcot, J. M., 42
Churchill, W., 64n, 136
Clark, C., 293n
Cline, 94
Cockcroft, *Sir* John, 94
Cole, G. D. H., 74
Colombo, C., 95
Compton, A. H., 140
Confissões (Rousseau), 164
Contempt of Freedom, The
   (M. Polanyi), 120n
Copérnico, 122, 123, 126,
   127, 133
Crime e Castigo (Dostoevski), 170
Crowther, J. G., 120, 133, 134,
   136, 137, 138, 140, 141

D

Darwin, *Sir* Charles, 39, 48, 94,
   101, 113, 119
de Broglie, L. V., 94
Demônios, Os (Dostoievski), 170
De Revolutionibus (Copérnico), 122

Descartes, 34, 43
Dickens, C., 262, 287
Dickinson, H. D., 198, 199,
   279n, 280
Dirac, P. A. M., 94, 140
Dobb, M., 199, 208, 209
Dobrin, S., 285n
Dostoevski, F. M., 170
Doubinin, N. P., 109n, 113
Dreyfus, 159
Duguit, 284
Durbin, E. F. M., 198

E

Economic Analysis and Policy
   (J. E. Meade), 198n, 200n
Economics of Control
   (A. P. Lerner), 200n
Economics of Socialism
   (H. D. Dickinson), 279n
Egito, 101
Einstein, 38, 101, 125, 126,
   127, 139
Elliotson, J., 41
Engels, F., 62, 113, 166
   "Anti-Dühring", 304
Esdaile, J., 41, 42
Estados Unidos, 94, 197

F

Faraday, M., 137
Farbman, M., 208

Fermat, P. de, 25, 27
Fermi, E., 140
Fichte, J. G., 160
Firth, R., 292, 292n
França, 30, 158, 159, 284
Franck, J., 140
Freedom and Reform
   (F. H. Knight), 197n
Fresnel, A. J., 38
Freud, S., 101
Full Employment and Free Trade
   (M. Polanyi), 216n, 228

G

Galileu, 37, 74, 75, 101, 122, 123, 133
Germany's Revolution of Nihilism
   (H. Rauschning), 169
Goebbels, 174
Goldstine, H. H., 266, 267
Guerra e Paz (Tolstoi), 158

H

Hafstad, 94
Hahn, O., 39
Harvey, W., 101
Hayek, F. A. v., 198, 276n, 279
Hegel, G. W. F., 160, 165, 167
Heiden, K., 171
Heisenberg, W., 94, 140
Helmholtz, H. v., 135

Himmler, H., 105
History of Experimental Psychology
   (E. G. Boring), 42n
Hitler Speaks (H. Rauschning), 105n
Hitler, A., 136, 162, 167, 171, 173, 305
Hogben, L., 120
Holanda, 30, 82, 101
Holbach, barão d', 158
Hume, David, 44

I

Inglaterra, 10, 42, 80, 94, 111, 131, 134, 140, 143, 145, 146, 147, 157, 158, 162, 195, 231, 247, 290, 293, 300, 301

J

James, W., 48n
Jefferson, Th., 168
Jewkes, J., 198, 217
Joliot, J. F., 140
Jones. J. W., 284n, 302n
Joule, J. P., 135
Joyce, James, 221
Jung, C. G., 74

K

Kant, I., 165, 272
Kapitza, P., 141, 142
Karrer, P., 94

Kepler, 37, 74, 75, 122, 123, 125, 133
leis de Kepler, 44, 123
Kepner, 57n
Knight, F. H., 10, 196, 197, 198
Köhler, W., 241
Kolbanovsky, 114n
Kritzmann, L., 203
Kuhn, R., 94

L

Landsberg, 135
Lange, O., 94, 197n, 198, 199, 279n
Laplace, 124
Larin, I., 204n
Lashley, H., 57n
Laski, H., 74
Laue, M. v., 140
Lauritsen, 94
Lawrence, E. O., 94
Lawton, L., 203n
Lecky, W. E. H., 159
Lênin, 170, 174, 204, 208, 209, 210, 263, 305
Leontief, W., 281n
Lerner, A. P., 198
Levy, H., 117
Lewis, A. W., 289n
Locke, J., 101, 157, 158, 161
Lorrimer, F., 204n

Lutero, M., 68
Lysenko, T. D., 15, 60, 61, 108, 109, 111, 112-14, 147

M

Mach, E., 38
Manifesto Comunista (Marx), 166
Marx, K., 62, 113, 124, 160, 166, 172, 287
Maxwell, C., 26, 38, 125, 136, 137, 138, 139
Mayer, J. R., 135
Meade, J. E., 198
Mendel, 60, 76
leis de Mendel, 60, 108
Mesmer, F. A., 41, 42
México, 101
Michelson, 38, 39, 139
Michurin, I. V., 107, 108, 113, 114
Miljutin, W. P., 202
Millikan, R. A., 139
Milner, D. C., 38
Milton, 10, 147, 148, 157
Mises, L. v., 195, 196, 198, 198n
Montaigne, 34
Morgenstern, O., 281n
Mozart, W. A., 272
Mussolini, B., 167, 174

N

Narodniki (Populistas), 170
Neumann, J. v., 266

Newman, M. H. A., 267
Newton, I., 26, 43, 74, 75, 101, 122, 123, 124, 125, 133
Nietzsche, Fr. W. v., 160, 171
Nova Zelândia, 101, 102

O

October Revolution, The (Stalin), 205n
Oldham, J. H., 52
On the Economic Theory of Socialism (O. Lange e F. M. Taylor), 279n
Ordeal by Planning (J. Jewkes), 198, 217
Origem das Espécies (Darwin), 119

P

Pais e Filhos (Turgueniev), 169
Pasteur, L., 101
Patent Reform (M. Polanyi), 261n
Perrin, F., 139
Pitágoras, 74
Planck, M., 125, 139
Planned Chaos (Ludwig von Mises), 198n
Platão, 134
Political Economy and Capitalism (M. Dobb), 199n
Population of the Soviet Union, The (Frank Lorrimer), 204n
Prezent, I. I., 114
Primitive Polynesian Economy (Raymond Firth), 292n

Principia (Newton), 123
Principles of Economic Planning (A. W. Lewis), 289n
Principles of Literary Criticism, The (I. A. Richards), 34n
Principles of Psychology, The (W. James), 48n

R

Raman, C. V., 135
Rauschning, H., 105n, 169
Rayleigh, Lord, 39
Religion and the Rise of Capitalism (R. H. Tawney), 257
Richards, I. A., 34n
Ritz, 124
Road to Serfdom, The (Hayek), 198
Robinson Crusoé, 273
Rousseau, J. -J., 124, 164
Rubens, 140
Runge, 125
Rússia Soviética, 35, 59, 121, 207, 237, 240, 285
Rutherford, *Lord*, 94, 95, 102, 139

S

Santo Agostinho, 155
Sartre, J. -P., 57
Schrödinger, E., 140
Science for the Citizen (L. Hogben), 120

Science, Faith and Society
   (M. Polanyi), 45n
Smekal, A., 135
Smith, Adam, 12, 241, 263
Social Functions of Science
   (J. D. Bernal), 120
Social Relations of Science, The
   (J. G. Crowter), 120
Socialism (Ludwig von Mises), 196
Sócrates, 178
Southwell, R. V., 266, 268
Soviet Communism
   (S. e B. Webb), 208n
Spencer, H., 124
Stalin, J., 170, 197, 205, 207, 247
Stirner, 171

T

Tawney, R. H., 257
Taylor, F. M., 279n
The Acquisitive Society
   (R. H. Tawney), 257
Theory of Elasticity
   (R. V. Southwell), 266
Theory of Law (J. W. Jones), 284n
Tito, 297
Todd, A. R., 94
Toynbee, A. J., 74
Trotsky, L., 200, 206, 207
Turgueniev, 169
Tuve, 94

U

Urey, 140

V

Vavilov, N. I., 110, 111, 112, 114n, 115n, 147
Vavilov, Sergei, 109n
Vesalius, 101
Voltaire, 124, 158, 177

W

Wagner, R., 167
Walton, 94
Ward, W. S., 42
Watson Watt, *Sir* Robert, 145
Webb, S. e B., 208, 208n, 210n
Westphal, 94
Williams, 94
Wilson, W., 174
Wirtschaftsleben und Wirtschaftlicher Aufbau in Sowjet Russland, 1917-1920 (I. Larin), 204n

Y

Young, Th., 37

Z

Zola, E., 86

markgraph
Rua Aguiar Moreira, 386 - Bonsucesso
Tel.: (21) 3868-5802   Fax: (21) 270-9656
e-mail: markgraph@domain.com.br
Rio de Janeiro - RJ